DAS REICH DER
DINOSAURIER

Konzept: David West Children's Book
Realisation: John Malam, Steve Parker
Layout: Julie Joubinaux, Rob Shone
Illustrationen: Norma Burgin, Mark Dolby, Graham Kennedy, Peter Komarnysky, Damian Quayle, Neil Reed, Pete Roberts; Allied Artists: James Field, Terry Riley; SGA: Mike Atkinson, Chris Forsey, Rob Shone
Lektorat: James Pickering

Parragon
Queen Street House
4 Queen Street
Bath BA1 1HE, UK

Übersetzung aus dem Englischen: Scriptorium, Köln
Redaktion und Satz: Ralph Henry Fischer und Birgit Beyer, Köln
Koordination: Antje Seidel, Köln

ISBN 1-40541-317-4

Printed in China

DAS REICH DER DINOSAURIER

INHALT

Kapitel drei
GROSSE PFLANZENFRESSER

Kapitel vier
PANZER, HÖRNER, KNOCHENPLATTEN

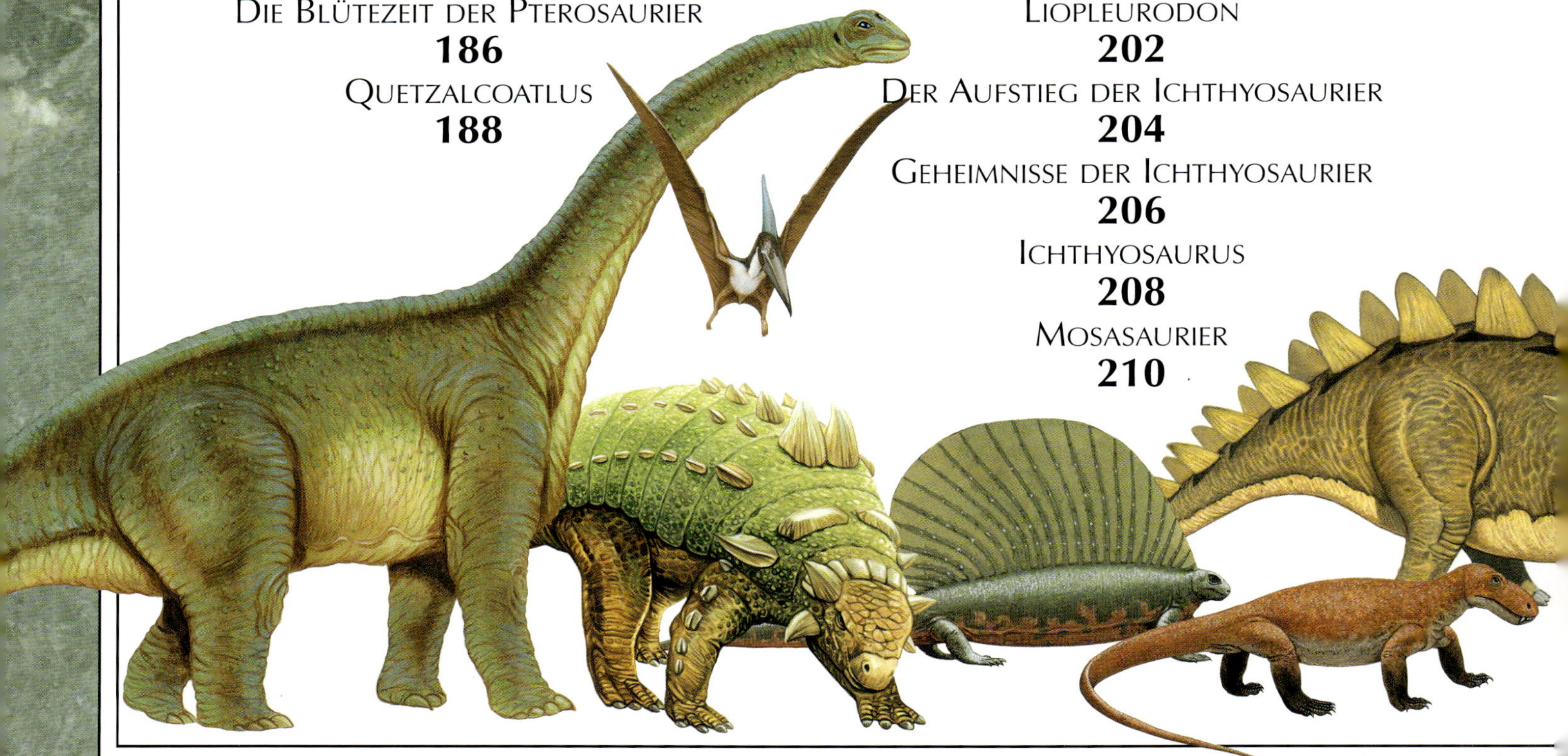

KAPITEL EINS

VORFAHREN DER DINOSAURIER

Das Leben entstand auf der Erde vor etwa 3,8 Milliarden Jahren und eroberte vom Meer aus nach und nach das Land und den Himmel. Tiere und Pflanzen mussten unter den verschiedensten Umweltbedingungen überleben, und in jedem Lebensraum gab es Tiere, die an die dortigen Bedingungen besonders gut angepasst waren – die Reptilien waren hierbei äußerst erfolgreich.

Zu Zeiten der Dinosaurier sah die Erde ganz anders aus als heute – hier eine Landschaft vor etwa 100 Millionen Jahren. Damals traten die ersten Blütenpflanzen in Erscheinung und Eiche, Ahorn, Walnuss und Buche wuchsen neben Koniferen, Cycadeen (Palmfarnen) und Farnen.

REPTILIENMERKMALE

Reptilien zählen zu den Wirbeltieren. Sie legen hartschalige Eier, haben eine geschuppte Haut und sind Kaltblüter – ihre Körpertemperatur passt sich der Temperatur ihrer Umgebung an.

Dinosaurier – die größten Landreptilien

REPTILIEN BEHERRSCHTEN DIE WELT

Vor sehr langer Zeit waren die Reptilien die erfolgreichsten Tiere auf der Erde. Diese Ära, als sie das Leben auf der Erde dominierten, wird als Mesozoikum bezeichnet. Es begann vor 250 Millionen Jahren, dauerte 185 Millionen Jahre und endete vor 65 Millionen Jahren. Mesozoikum bedeutet „Erdmittelalter". Ihm ging das Paläozoikum („Erdaltertum") voraus, und das Känozoikum („Erdneuzeit") folgte ihm.

PRÄHISTORISCHE REPTILIEN

Im Mesozoikum beherrschten die Reptilien konkurrenzlos Land, Wasser und Himmel – andere Tierklassen, wie Säugetiere, Fische und Insekten, lebten lediglich zwischen ihnen. Daher nennt man das Mesozoikum auch das Zeitalter der Reptilien. Zu ihnen zählt man die Plesiosaurier (die Meeresreptilien) und die flugfähigen Reptilien (die Pterosaurier) – am bekanntesten von allen wurden aber die Landbewohner: die Dinosaurier.

MODERNE REPTILIEN

Vor 65 Millionen Jahren begann ein neuer Abschnitt der Erdgeschichte – unser eigenes Zeitalter, in dem die Säugetiere zur herrschenden Tierklasse wurden. Viele Reptilienarten, auch die Dinosaurier, gelangten nicht über diese Schwelle, einige aber überlebten bis heute: Krokodile, Eidechsen, Schildkröten, Schlangen.

Heute leben etwa 6000 verschiedene Reptilienarten auf der Erde.

Während die Dinosaurier das Land eroberten, beherrschten ihre reptilen Verwandten den Himmel und das Wasser. Schnell fliegende Pterosaurier glitten auf ledrigen Schwingen durch die Luft, und schlanke Pesiosaurier, Pliosaurier und fischähnliche Ichthyosaurier durchschwammen die Meere.

DER URSPRUNG DER REPTILIEN

Die ersten Reptilien traten vor etwa 300 Millionen Jahren auf. Diese neuen Tiere entwickelten sich aus einer älteren Gruppe, den Amphibien.

EIN DOPPELLEBEN

Amphibium bedeutet „doppeltes Leben" und bezeichnet Tiere, die sowohl auf dem Land als auch im Wasser leben können. Als erste Wirbeltiere entwickelten Amphibien Beine mit Füßen an Stelle von Flossen. Dank der Füße können sie sich an Land bewegen, und da die Füße Schwimmhäute aufweisen, können sie auch schwimmen. Das Land ist Amphibien also nicht versperrt, dennoch sind sie weiterhin ans Wasser gebunden: Wie Frösche und Lurche heute legten auch die frühen Amphibien ihre Eier im Wasser ab. Um das Land endgültig erobern zu können, mussten sich zuvor ihre Körper und ihre Lebensweise entscheidend verändern.

AUS DEM WASSER

Für die frühen Amphibien hatte das Leben im Wasser zahlreiche Nachteile. Ihre Jungen – die Kaulquappen – wurden im Wasser geboren und häufig von Fischen und Wasserskorpionen gefressen. Auch erwachsenen Amphibien drohte noch dieses Schicksal. Um in größerer Zahl zu überleben, mussten sie sich dem Leben an Land anpassen.

AMPHIBIENFÜSSE

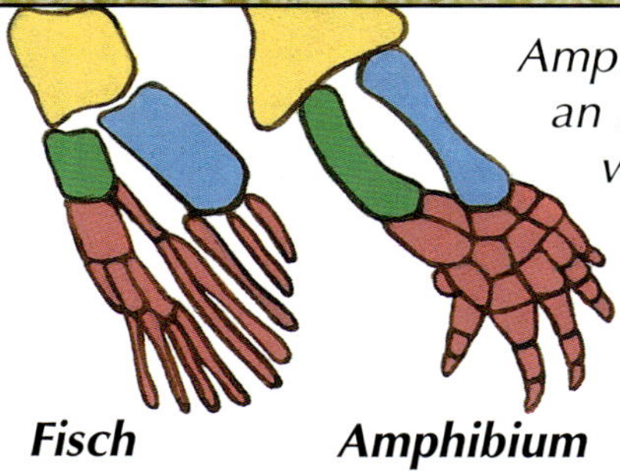

Amphibien haben an ihre Lebensweise angepasste Füße. Ihre Fußknochen unterscheiden sich von denen der Fischflossen. Sie sind wie einzelne Finger und Zehen ausgebildet und ermöglichen die Fortbewegung sowie das Klettern und Graben an Land. Fische können ihre Flossen so nicht gebrauchen.

LEBEN AN LAND

Zwei wesentliche Veränderungen machten Amphibien für ein dauerhaftes Leben an Land tauglich: Ihre dünne, glatte Haut wurde allmählich dicker und bedeckte sich mit Schuppen; diese neue Hülle verhinderte ein Austrocknen des Körpers. Und ihre Jungen schlüpften nun an Land und nicht mehr im Wasser – sie waren die ersten Reptilien der Welt.

MODERNE AMPHIBIEN

Heute sind auf der Erde mehr als 4200 Amphibienarten zu finden. Man unterteilt sie in drei Gruppen: Frösche und Kröten, Lurche und Salamander sowie in den Tropen heimische wurmartige Schleichenlurche. Die kleinsten Frösche sind gerade einen Zentimeter lang, die größten Salamander erreichen 1,5 Meter Länge.

Amphibien gibt es seit 350 Millionen Jahren. Wie Reptilien, Säugetiere, Fische und Vögel besitzen sie eine Wirbelsäule, unterscheiden sich aber von den anderen Wirbeltieren durch eine feuchte und glatte Haut ohne Schuppen, Haare oder Federn. Amphibien waren die ersten Tetrapoden der Welt – Tiere mit vier Extremitäten. Sie entwickelten sich aus Fischen mit fleischigen, knochigen Flossen.

ICHTHYOSTEGA

Devon, vor
370 Mio. Jahren
Grönland
1,5 m lang

Eines der ersten Amphibien der Welt, für Wissenschaftler ein „vierbeiniger Fisch“: Er besitzt zwar einen fischartigen Kopf und Rumpf, seine vier Beine mit Schwimmfüßen zeigen aber, dass er sich teilweise an das Leben an Land angepasst hatte, auch wenn er nicht viel Zeit dort verbrachte. Vermutlich benötigte *Ichthyostega* seine Beine, um Pflanzen überwinden zu können, die in die Flüsse ragten, in denen er den Großteil seines Lebens zubrachte. Seine kurzen, steifen Beine waren nicht sehr beweglich, an Land musste er sich wohl mit den Vorderbeinen vorwärts ziehen, während sein Körper hinterher rutschte.

EOGYRINUS

Karbon, vor
300 Mio. Jahren
Europa
4,6 m lang

Eogyrinus war eines der größten Amphibien, die je existierten, und ein überaus kräftiger Schwimmer. Er konnte sich mit Hilfe seines langen Schwanzes schnell durchs Wasser bewegen. Womöglich war er ein Jäger, der in flachem Wasser lauerte wie heute noch die Krokodile. Auch wenn er im Wasser sicher beweglicher war, konnte er sich wohl auch Beute am Ufer greifen.

ERYOPS

Karbon, vor
290 Mio. Jahren
Nordamerika
1,5 m lang

Eryops lebte in Sumpfgebieten. Er war ein großer Fleischfresser mit einem gedrungenen Körper und vier kurzen, kräftigen Beinen. Der Schwanz war kurz und der Kopf breit und lang. Seine starken Kiefer waren mit vielen scharfen, spitzen Fangzähnen bestückt, wie sie ein Beutegreifer benötigt. *Eryops* könnte Fische, Riesenkakerlaken, Tausendfüßer, Libellen und kleinere Amphibien und Reptilien gejagt haben.

SEYMOURIA

Perm, vor
280 Mio. Jahren
Nordamerika
60 cm lang

Seymouria war ein kleines Tier, das die meiste Zeit wie ein Reptil an Land verbrachte, aber wie ein Amphibium zum Laichen ins Wasser zurückkehrte. Es bewegte sich fort, indem es sein Rückgrat schlangengleich von einer Seite zur anderen krümmte. Die kurzen Vorderbeine deuten auf eine langsame Bewegung hin. *Seymouria* könnte sich als Allesfresser von Pflanzen und Fleisch ernährt haben, aber auch Aasfresser gewesen sein.

ERYOPS – UNGESCHICKT AN LAND

Eryops *war eines der ersten echten vierbeinigen Tiere, die sich an Land bewegen konnten. Er war allerdings kein guter Läufer. Seine kurzen Beine konnten den Körper wohl kaum über dem Boden halten, sodass er wahrscheinlich mit dem Bauch darüber hinweg schleifte. Und mit einer solchen körperlichen Einschränkung ließen sich nur kurze, breitbeinige Schritte machen.* Eryops *wird sich also äußerst langsam und mühselig fortbewegt haben, aber in seinem ureigensten Element, dem Wasser, war er womöglich ein geschickter Schwimmer.*

Vor der Herrschaft der Reptilien entwickelte sich eine große Artenvielfalt von Amphibien. Jede dieser Arten bildete ganz besondere Merkmale aus, wie zum Beispiel der erwachsene *Gerrothorax* Kiemen.

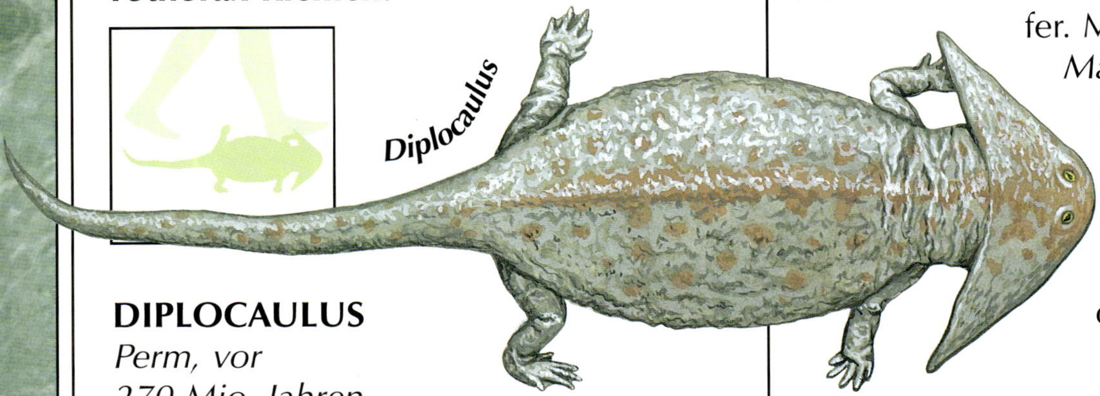

DIPLOCAULUS

Perm, vor
270 Mio. Jahren
Nordamerika
1 m lang

Zu einem Körper ähnlich dem heutiger Salamander entwickelte *Diplocaulus* einen extrem dreieckigen Schädel. Die „Flügel“ an den Kopfseiten könnten dem schnellen Gleiten durchs Wasser gedient haben, ebenso aber auch der Abwehr, denn sie erschwerten es seinen Feinden, *Diplocaulus* zu verschlingen.

MASTODONSAURUS

Trias, vor 230 Mio. Jahren
Europa, Afrika
4 m lang

Mastodonsaurus war ein gewaltiges Amphibium mit kurzem Körper und Schwanz und einem mächtigen, flachen Schädel. Bei einem voll ausgewachsenen Tier konnte dieser Schädel 1,5 Meter lang sein. Seine Kiefer waren dicht mit kleinen, scharfen Zähnen besetzt, und aus seinem Unterkiefer ragten zwei Stoßzähne durch Öffnungen im Oberkiefer. Man glaubt, dass *Mastodonsaurus* sich ausschließlich von Fischen ernährte, die er in den Seen, Teichen und Sümpfen fing, in denen er lebte.

PARACYCLOTOSAURUS

Trias, vor 235 Mio. Jahren
Australien, Indien, Südafrika
2,3 m lang

Der recht große *Paracyclotosaurus* hatte einen flachen Körper, der dem eines heutigen Salamanders ähnelte. Er konnte zwar zeitweise an Land leben, aber vermutlich verbrachte er die meiste Zeit im Wasser. *Paracyclotosaurus* lauerte vielleicht Fischen dicht unter der Wasseroberfläche auf. Wenn ein unvorsichtiger Fisch vorbeikam, hob er seinen mächtigen Kopf, öffnete sein Maul weit und saugte die Beute hinein. Auch moderne Beutegreifer wie Krokodile verwenden diese Fangtechnik, um sich kleinere Leckerbissen zu schnappen.

GERROTHORAX

Trias, vor 210 Mio. Jahren
Europa, Skandinavien
1 m lang

Gerrothorax war unter den frühen Amphibien insofern ungewöhnlich, als er seine Lamellen-Kiemen auch im Erwachsenenalter behielt. Bei anderen Arten bildeten sich die Kiemen beim Wechsel vom Larvenstadium (Kaulquappen) zum erwachsenen Tier zurück. *Gerrothorax*, der wie eine riesige Kaulquappe mit einem abgeflachten Körper aussah, konnte mit seinen Kiemen unter Wasser atmen. Er hatte einen breiten Kopf, auf dessen Oberseite die Augen dicht beieinander lagen. Womöglich harrte er auf dem Grund eines Teichs oder Flusses seiner Beute.

DER LEBENSZYKLUS

Die frühen Amphibien begannen ihr Leben im Wasser. Die Kaulquappen schlüpften aus Eiern und hatten Kiemen. Zunächst wuchsen die Vorder-, dann die Hinterbeine. Erwachsene verloren ihre Kiemen und atmeten mit Lungen – an Land und im Wasser.

ACANTHOSTEGA

Acanthostega war ein früher Tetrapode – ein Tier mit vier Extremitäten, die Finger und Zehen aufwiesen. Als die versteinerten Überreste dieses Amphibiums gefunden wurden, meinte man, einen Beweis dafür zu haben, dass Tiere Beine entwickelt hatten, um sich vom Leben im Wasser zu befreien. Als man aber die Extremitäten von _Acanthostega_ näher untersuchte, stellte man fest, dass dieses Tier weit mehr im Wasser als an Land zu Hause war.

FISCHARTIGER TETRAPODE

Acanthostega besaß eine Mischung aus Fisch- und Vierbeinermerkmalen. Er vereinte Schwanzflosse, Nasenlöcher und Kiemen eines Fisches mit den Beinen und Füßen eines Vierbeiners.

AM LIEBSTEN IM WASSER

Seine Gliedmaßen geben Auskunft über die Lebensweise von *Acanthostega*. Da ihnen Hand- und Fußgelenke fehlten, waren sie wohl zu schwach, um den Körper außerhalb des Wassers zu tragen. Folglich hat *Acanthostega* den größten Teil seines Lebens im Wasser verbracht und seine Glieder als Paddel genutzt. Vielleicht schob er sich im flachen Wasser mit den Beinen durch Pflanzengestrüpp. Jedenfalls hatte er nur am Bauch Schuppen, der Rest des Körpers war glatt, was darauf hindeutet, dass *Acanthostega* seine weiche Unterseite schützen musste, wenn er an Land kroch.

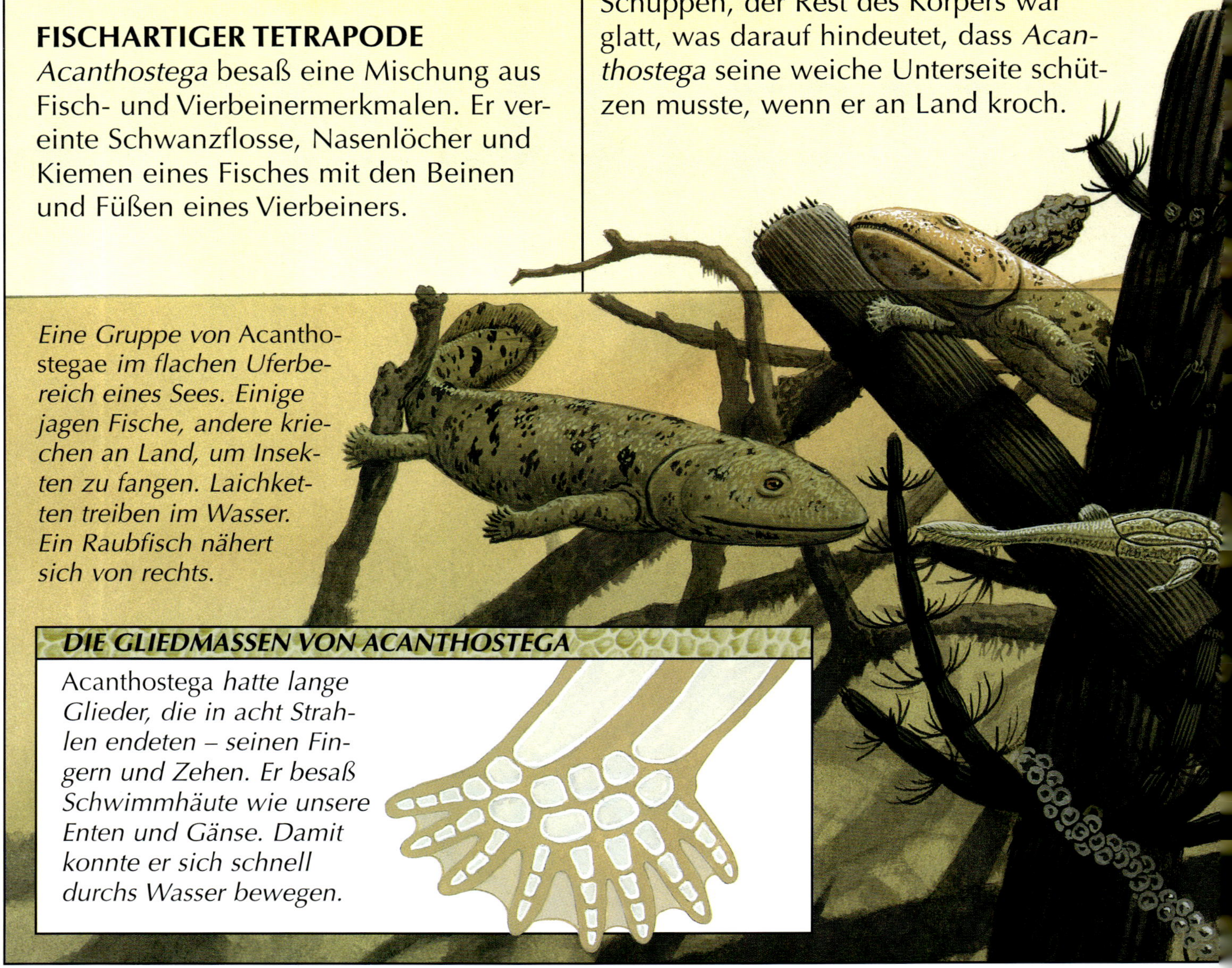

Eine Gruppe von Acanthostegae *im flachen Uferbereich eines Sees. Einige jagen Fische, andere kriechen an Land, um Insekten zu fangen. Laichketten treiben im Wasser. Ein Raubfisch nähert sich von rechts.*

DIE GLIEDMASSEN VON ACANTHOSTEGA

Acanthostega *hatte lange Glieder, die in acht Strahlen endeten – seinen Fingern und Zehen. Er besaß Schwimmhäute wie unsere Enten und Gänse. Damit konnte er sich schnell durchs Wasser bewegen.*

FAKTEN ZU ACANTHOSTEGA

Name: *Acanthostega*
Lebte: *vor 370 Mio. Jahren*
Fundort: *Grönland*

Länge: *60 cm*
Nahrung: *Fische, Insekten*
Habitat: *Seen und Teiche*

ABWECHSLUNGSREICHE KOST

Die Zähne von *Acanthostega* waren zum Fang von Fischen und anderen kleinen Wasserbewohnern geeignet. Er wird auch kleine Landtiere gefangen haben.

DIE ERSTEN REPTILIEN AN LAND 1

Die ersten Reptilien traten vor etwa 350 Millionen Jahren auf. Die paddelartigen Glieder ihrer amphibischen Vorfahren hatten sich immer mehr zu Armen und Beinen mit Fingern und Zehen entwickelt, zugleich fand aber eine noch weit wichtigere Veränderung statt: die Entwicklung von Eiern mit harter Schale. Dieser Schritt befreite die Reptilien endgültig vom Wasser, da sie nun nicht mehr zum Laichen dorthin zurückkehren mussten. Jetzt konnten sie das Festland endgültig besiedeln.

WESTLOTHIANA

Karbon, vor 350 Mio. Jahren
Europa
30 cm lang

Der 1988 entdeckte und nach der schottischen Region Westlothia benannte *Westlothiana lizziae* (kurz „Lizzie") verband noch frühe Vierbeiner- mit Fischmerkmalen. Er lebte an einem großen Süßwassersee und jagte wahrscheinlich Tausendfüßer, Weberknechte und Insekten. Er ist eines der ältesten bisher gefundenen Reptilien – allerdings halten ihn einige Experten nicht für ein vollkommenes Reptil, sondern eher für ein Amphibium. Darum bezeichnet man ihn auch als „reptiliomorph" – als „unechtes" Reptil, aus dem sich dann die echten Reptilien entwickelten.

PETROLACOSAURUS

Karbon, vor 300 Mio. Jahren
Nordamerika
40 cm lang

Die elegante, schlanke Eidechse *Petrolacosaurus* ist einer der frühesten bekannten Diapsiden – so heißt eine Gruppe von Reptilien mit zwei Öffnungen in den Schädelseiten, an denen Muskelgruppen aufgehängt waren. Diese Fenster saßen direkt hinter den Augen. Aus den frühen Diapsiden wie *Petrolacosaurus* entwickelten sich schließlich die Dinosaurier. Vergleicht man *Petrolacosaurus* mit den heutigen Eidechsen, war er wahrscheinlich ein schneller Insektenjäger.

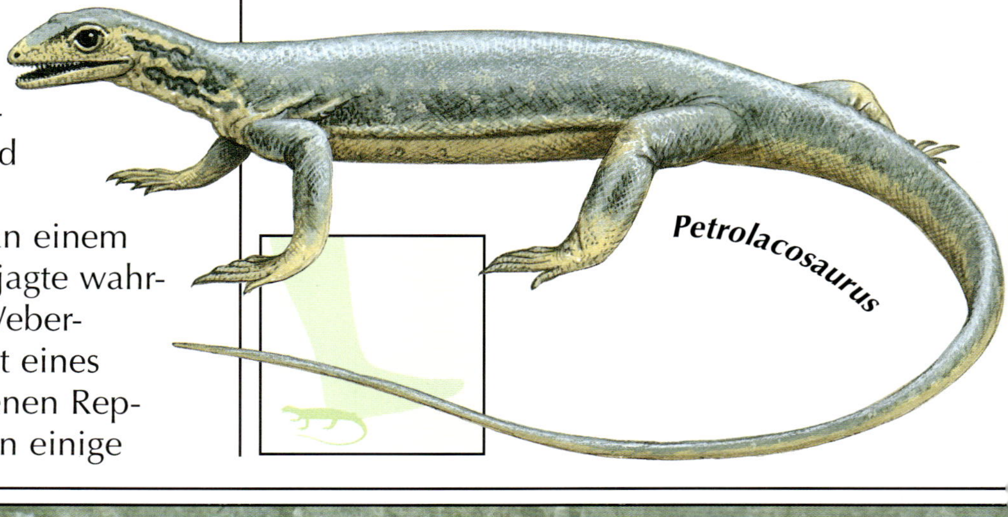

REPTILIENEIER

Zu den wichtigsten Merkmalen von Reptilien gehört, dass sie hartschalige (wissenschaftlich: amniotische) Eier legen. Die harte Schale verhindert ein Austrocknen des Eis und erlaubt darum die Eiablage an Land. Erst diese Entwicklung ermöglichte den Tieren das Leben und die Vermehrung auf dem Trockenen – sie mussten nicht mehr wie ihre amphibischen Vorfahren ins Wasser zurückkehren.

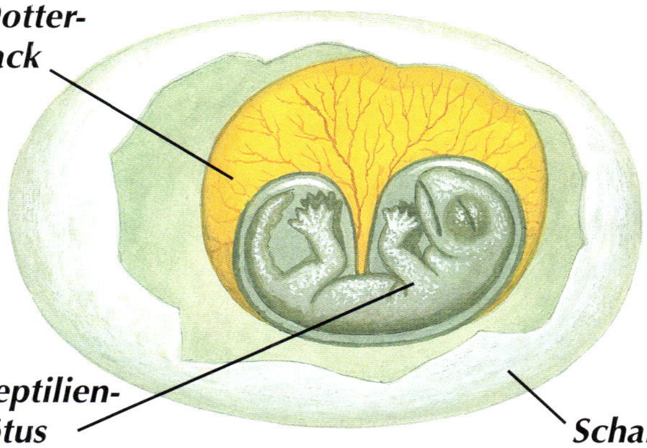

PALEOTHYRIS

Karbon, vor 300 Mio. Jahren
Nordamerika
30 cm lang

Der kleine, schnelle *Paleothyris* hatte scharfe Zähne und große Augen. Er ernährte sich wahrscheinlich von Insekten und anderen Wirbellosen (Tieren ohne Wirbelsäule), die er am Waldboden jagte. *Paleothyris* war ein frühes Reptil, besaß aber auch noch einige amphibische Restmerkmale wie die Schädelform. Wie *Petrolacosaurus* gilt *Paleothyris* als ein direkter Vorfahre der späteren Dinosaurier, auch wenn er selbst noch kein echtes Reptil war.

PAREIASAURUS

Perm, vor 250 Mio. Jahren
Südafrika, Europa
2,5 m lang

Pareiasaurus war ein Tier mit massivem Körperbau und einander überlappenden Hautschuppen, das sich von Pflanzen ernährte. Die Schuppen haben ihn sowohl vor Feinden geschützt, als auch den massigen Körper gestützt. *Pareiasaurus* gilt als ein Verwandter der Schildkröten – seine Schuppen haben sich vielleicht allmählich zu ihrem harten Panzer entwickelt.

Pareiasaurus

In der langen Geschichte des Lebens auf der Erde haben sich einige Tiere niemals über ein bestimmtes Stadium hinaus entwickelt – sie endeten als eine Sackgasse der Natur. Hierzu zählen *Askeptosaurus* und der Rest seiner Familie krokodilähnlicher Tiere. Andere jedoch entwickelten sich weiter und verbesserten ihre Erfolg versprechenden Merkmale weiter. *Lagosuchus* war zwar noch kein Dinosaurier, hatte aber schon einige ihrer Eigenschaften.

MILLERETTA

Perm, vor 250 Mio. Jahren
Südafrika
60 cm lang

Milleretta war ein kleines, schnelles frühes Reptil, das sich von Insekten ernährte. An seinem Hinterschädel gibt es eine konkave Stelle, die auf Trommelfelle hindeutet – möglich also, dass er hören konnte. Trotz dieses fortschrittlichen Merkmals zählt *Milleretta* zu den Anapsiden – Reptilien, deren Schädel eher solchen von Schildkröten ähneln als denen von Echsen und Schlangen. *Milleretta* war also nicht direkt mit den Dinosauriern verwandt.

SCUTOSAURUS

Perm, vor 250 Mio. Jahren
Europa
2,5 m lang

Scutosaurus ähnelte dem ihm verwandten *Pareiasaurus* und lebte in kleinen Herden. Er war ein langsamer, massiger Pflanzenfresser, der sich von Wasserpflanzen auf Süßwasserseen und Teichen ernährte. Seine flachen, blattförmigen Zähne hatten Sägekanten, die leicht durch Blätter und Stängel schneiden konnten. Durch die Lücken zwischen seinen Zähnen konnte aufgenommenes Wasser abfließen, während die Pflanzen im Maul zurückblieben. Ein ausgewachsener *Scutosaurus* hatte ein Horn auf der Nase und Dornen am Kiefer. Seine Haut war dicht mit knochigen Auswüchsen besetzt, die ihn vermutlich vor Beutegreifern schützen sollten.

ASKEPTOSAURUS

Trias, vor 220 Mio. Jahren
Europa
2 m lang

Askeptosaurus gehörte zu einer Familie früher Diapsiden, die man Thalattosaurier nennt. Sie waren krokodilähnliche Tiere, die die meiste Zeit im Wasser verbrachten und nur zur Eiablage an Land kamen. *Askeptosaurus* war schlank und hatte einen lang gestreckten Hals, Körper und Schwanz. Im Wasser bewegte er sich wahrscheinlich wie ein Aal. Er ernährte sich von Fischen und konnte vermutlich recht tief tauchen, um sie mit seinen langen, zahnbewehrten Kiefern zu greifen.

LAGOSUCHUS

Trias, vor 230 Mio. Jahren
Südamerika
40 cm lang

Lagosuchus war ein leicht gebautes, frühes Reptil mit bemerkenswert langen, schlanken Beinen und gut entwickelten Füßen – Merkmalen, die er mit den Dinosauriern teilt. Er war der geborene Läufer. Vermutlich hat er seine Schnelligkeit zur Jagd auf Insekten genutzt, aber natürlich half sie ihm auch bei der Flucht vor Beutegreifern.

REPTILIENHÄNDE

Die Form einer Tierhand verrät viel über die Lebensweise. Amphibienhände können schlecht greifen. Aber die Schwimmhäute zwischen Fingern und Zehen eignen sich gut zum Paddeln im Wasser. Eine Reptilienhand dagegen ist weiter entwickelt, mit langen schlanken Fingern, die greifen, ziehen und sich in den Boden wühlen können.

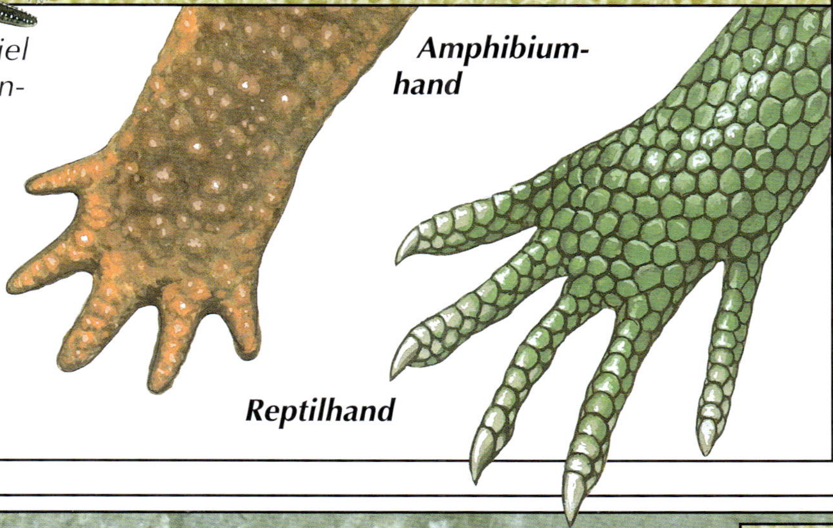

Die Geschichte des Lebens auf der Erde ist die Geschichte der Evolution – Lebewesen lernen allmählich, sich an Veränderungen der Umwelt anzupassen, oder sie sterben aus. Einige solcher Anpassungen bei den frühen Reptilien wurden zu wichtigen Merkmalen der späteren Saurier. Der erwähnte Diapsiden-Schädel ist ein Beispiel dafür, ebenso aber die Fähigkeit, auf zwei Beinen zu stehen. Dieses Merkmal findet man zuerst bei *Euparkeria*, und es perfektionierte sich dann bei den Fleisch fressenden Dinosauriern späterer Zeiten.

EUPARKERIA

Trias, vor
240 Mio. Jahren
Südafrika
60 cm lang

Der leicht gebaute Fleischfresser *Euparkeria* hatte längere Hinter- als Vorderbeine, was ihn von anderen frühen Reptilien seiner Zeit unterscheidet. Womöglich konnte er sich als eines der ersten Reptilien auf seinen Hinterbeinen aufrichten und über kurze Strecken rennen – womit er schneller gewesen wäre als seine vierbeinigen Artgenossen. Reptilien wie *Euparkeria* entwickelten sich zu Dinosauriern und Pterosauriern.

LONGISQUAMA

Trias, vor 230 Mio. Jahren
Asien
15 cm lang

Diese seltsame Kreatur ist nach ihren ungewöhnlichen Schuppen benannt, die in zwei Reihen auf ihrem Rücken wuchsen. Die langen, gebogenen Knochenfortsätze haben die Wissenschaftler seit der Entdeckung *Longiquamas* 1969 vor ein Rätsel gestellt. Falls das Tier diese Schuppen zur Seite ausstrecken konnte, hätte es sie als Segelflächen nutzen und damit durch die Luft segeln können. Einige Forscher glauben jedoch, dass die Schuppen bunt gefärbt waren und lediglich der Brautwerbung dienten.

PARADAPEDON

Trias, vor 210 Mio. Jahren
Asien
1,3 m lang

Paradapedon war ein Rhynchosaurier, ein fassförmiges, schweineähnliches Tier, das auf allen Vieren lief. Rhynchosaurier waren in der Trias vor etwa 220–200 Millionen Jahren die meist verbreiteten Reptilien. Im Unterschied zu anderen Rhynchosauriern war *Paradapedon* ein Pflanzenfresser. Er benutzte seinen Schnabel zum Kauen zäher Farne. Als im Jura die Nadelhölzer die Farne verdrängten, starben die Rhynchosaurier aus.

HYPSOGNATHUS

Trias, vor 210 Mio. Jahren
Nordamerika
33 cm lang

Hypsognathus hatte knochige Dornen an den Schädelseiten, mit denen er sich vermutlich gegen Angreifer verteidigte, indem er den Kopf ruckartig von einer Seite zur anderen schwenkte. Er war ein Pflanzenfresser, der seine Nahrung mit stumpfen, kegelförmigen Zähnen im hinteren Maul zermahlte. Das kleine, gedrungene Tier bewegte sich wahrscheinlich nur sehr langsam vorwärts.

SCHÄDELÖFFNUNGEN

Reptilien werden nach der Anzahl von Fenstern in ihren Schädeln definiert, an denen Muskeln befestigt sind:
1. Anapsiden: keine Fenster
2. Synapsiden: ein Fenster auf jeder Seite
3. Diapsiden: zwei Fenster auf jeder Seite. Dinosaurier, Pterosaurier und Plesiosaurier haben sich aus den Diapsiden entwickelt. Zu den heute lebenden Diapsiden zählen Krokodile, Echsen, Schlangen und Vögel.

1. Anapside
2. Synapside
3. Diapside

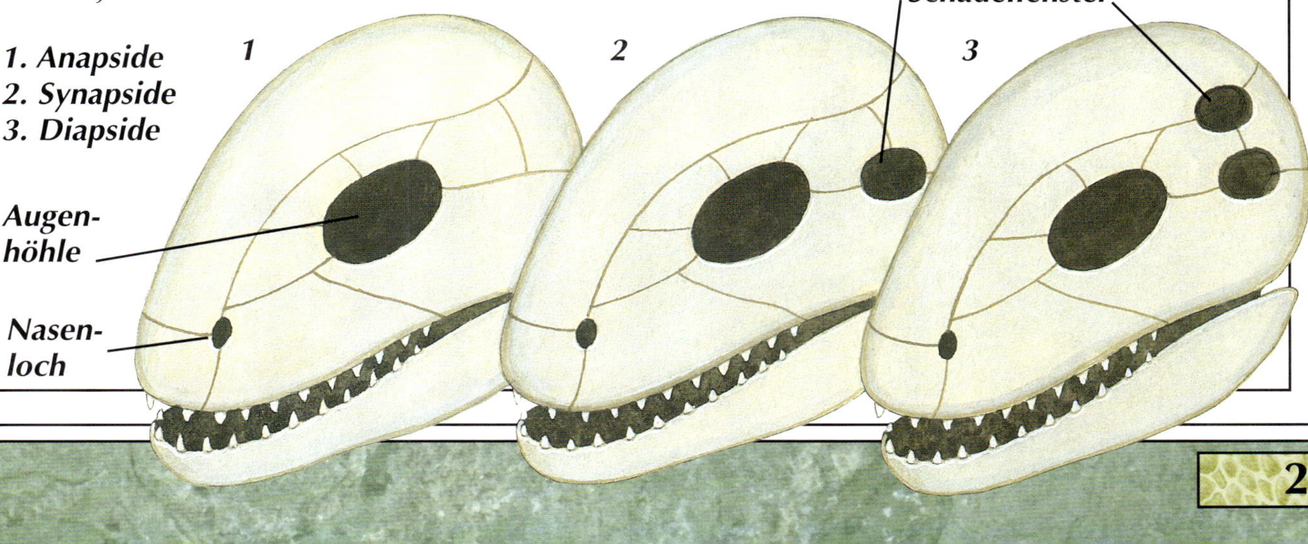

Eines der frühesten bekannten Reptilien wurde an der berühmten Fossilien-Fundstelle in Joggins im kanadischen Nova Scotia entdeckt. Hier nagt die Meeresbrandung unablässig an den Klippen und legt dabei Überreste von Tieren und Pflanzen frei. 1851 wurden in Joggins die versteinerten Reste einer prähistorischen Tierart gefunden. Sie erhielt den Namen *Hylonomus,* was „Waldmaus" bedeutet. Das kleine Reptil lebte vor 310 Millionen Jahren.

EIDECHSENÄHNLICH

Hylonomus war ein anapsides Reptil und gehörte damit zur ältesten Gruppe primitiver Reptilien. Sein Schädel hatte außer für Augen und Nasenlöcher keine weiteren Öffnungen: Er glich noch dem eines Amphibiums. Wahrscheinlich besaß *Hylonomus* keine Trommelfelle. Mit seinem langen, schlanken Körper und Schwanz, vier gut entwickelten Extremitäten und Kiefern voller kleiner, scharfer Zähne sah er aus wie eine kleine Eidechse und lebte wohl auch so.

Ein Hylonomus-Paar auf ihrem heimischen Waldboden, kurz nachdem eine Flut viele Bäume entwurzelt hat. Ein Tier klettert in einen verrotteten Baumstumpf, aus dem es sich nicht wird befreien können.

FAKTEN ZU HYLONOMUS

Name: *Hylonomus*
Lebte: *vor 310 Millionen Jahren*
Fundort: *Kanada*
Länge: *20 cm*
Nahrung: *Spinnen, Tausendfüßer, Insekten*
Habitat: *Waldboden*

WALDBODEN

Hylonomus lebte auf dem Boden eines Waldes, dessen Bäume bis zu 30 Meter hoch waren und in dem Farne gediehen. In diesem schattigen Lebensraum versteckte das Tier sich vor Jägern, suchte nach Nahrung und zog seine Jungen auf.

SCHARFE ZÄHNE

Als Fleischfresser lebte *Hylonomus* vermutlich von Insekten und anderen kleinen Wirbellosen wie Tausendfüßern, Würmern und Spinnen. Seine scharfen, spitzen Zähne konnten diese weichen Tiere leicht zerbeißen. Vielleicht waren sie auch in der Lage, Landschnecken aufzuspießen, bevor seine Kiefer die harten Schalentiere knackten.

GEFANGEN IM BAUMSTUMPF

Wir kennen Hylonomus*, weil mehrere vollständige Fossilien an einem Ort gefunden wurden. Vor Millionen von Jahren wurde ein Wald überflutet, viele Bäume stürzten dabei um. Nach Rückzug des Wassers kletterten die kleinen Reptilien in die verrottenden Baumstümpfe – eine tödliche Falle.*

PELYCOSAURIER / SÄUGERÄHNLICHE REPTILIEN

Etwa 80 Millionen Jahre vor den Dinosauriern traten zwei Gruppen von Reptilien auf den Plan, die noch von Bedeutung sein sollten: die merkwürdigen „Segelrücken", aus denen sich dann die säugerähnlichen Reptilien entwickelten – die Vorfahren der Säugetiere.

DIMETRODON-ZÄHNE

Dimetrodon *bedeutet „zwei Sorten Zähne". Vorne im Kiefer saßen lange, scharfe Fangzähne, auf die weiter hinten zahlreiche kürzere Zähne folgten, die sich zum Zerkleinern von Fleisch eigneten.* Dimetrodon *war der größte Beutegreifer seiner Zeit und erlegte Beute in jeder Größe.*

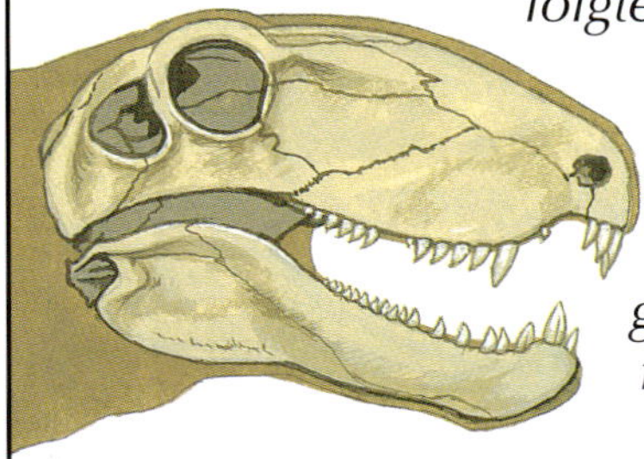

DIMETRODON

Perm, vor 280 Mio. Jahren
Nordamerika
3,5 m

Dimetrodon ist der bekannteste Pelycosaurier – eine Familie von Reptilien mit hohen Rückensegeln aus Haut und Knochen. Der massige *Dimetrodon* bewegte sich auf vier kurzen Beinen und war ein Fleischfresser. Er hatte einen großen Schädel und kräftige Kiefer voller scharfer Zähne. Die Funktion des „Segels" ist nicht ganz klar. Die meisten Forscher glauben, dass es die Körpertemperatur regulierte, indem es Wärme aufnahm und abgab. Andere vermuten, das farbige Segel diente der Brautwerbung.

EDAPHOSAURUS

Perm, vor 280 Mio. Jahren
Nordamerika und Europa
3,5 m lang

Mit seinem auffälligen Rückensegel aus hautbespannten Wirbelfortsätzen muss *Edaphosaurus* an den Sümpfen und Seen seines Lebensraums äußerst beeindruckend gewirkt haben. Im Gegensatz zu anderen Pelycosauriern war er jedoch ein Pflanzenfresser, was man an seinen stumpfen und kegelförmigen Zähnen gut erkennen kann.

TITANOSUCHUS

Perm, vor 270 Mio. Jahren
Südafrika
2,5 m lang

Titanosuchus zählt zu einer Gruppe säugerähnlicher Reptilien (oder reptilienähnlicher Säuger), die man Therapsiden nennt. Diese Tiere sind die direkten Vorfahren der Säugetiere, die erstmals vor rund 200 Millionen Jahren auftraten. Therapsiden besaßen Merkmale sowohl von Reptilien als auch von Säugetieren. *Titanosuchus* war ein Beutegreifer, der mit seinen scharfen Schneide- und Fangzähnen Beute wie den langsamen Pflanzenfresser *Moschops* mühelos erlegen und verzehren konnte.

MOSCHOPS

Perm, vor 260 Mio. Jahren
Südafrika, 5 m lang

Der größte aller säugerähnlichen Reptilien, *Moschops*, war ein Pflanzenfresser mit einem fassförmigen Körper, kurzem Schwanz und dicken Beinen. Im Inneren des massigen Körpers befand sich ein riesiger Darm – ein typisches Merkmal der meisten Pflanzenfresser. *Moschops* brauchte ihn, um die größtmögliche Energie aus seiner Nahrung zu ziehen. Wie andere Pflanzenfresser hatte er stumpfe Zähne. Den Fossilienfunden zufolge lebte er in kleinen Herden, die, ähnlich unseren Kühen, niedrige Vegetation abgrasten.

Die säugerähnlichen Reptilien, die Therapsiden, waren eine große Gruppe prähistorischer Tiere. Sie traten vor etwa 300 Millionen Jahren in Erscheinung und bevölkerten die Erde 120 Millionen Jahre lang. Ihre Schädel ähnelten denen von Säugetieren, allerdings bewegten sich die meisten Therapsiden wie Reptilien fort.

TAPINOCEPHALUS

Perm, vor 270 Mio. Jahren
Südafrika
4 m lang

Der große und kräftig gebaute säugerähnliche *Tapinocephalus* war ein behäbiger Pflanzenfresser, ähnlich wie *Moschops*, der zur gleichen Zeit in der gleichen Region lebte. Wie andere Tiere der Familie hatte auch *Tapinocephalus* einen ungewöhnlich kräftigen Schädel – einige Wissenschaftler vermuten, dass er damit Kopfstöße austeilte, womöglich beim Kampf der erwachsenen Tiere um die Führungsposition in der Herde.

ESTEMMENOSUCHUS

Perm, vor
255 Mio. Jahren
Europa
3 m lang

Das gewaltige säugerähnliche Reptil *Estemmenosuchus* lebte wahrscheinlich in Herden an See- und Teichufern. Es könnte sich von Pflanzen und kleinen Tieren ernährt haben, womit es ein Omnivore, ein Allesfresser, gewesen wäre. Sein auffälligstes Merkmal war eine „Krone" aus knochigen Hörnern mit unbekannter Funktion. Sie könnten bei Balzkämpfen eine Rolle gespielt haben, wie bei den heutigen Hirschen.

ROBERTIA

Perm, vor 260 Mio. Jahren
Südafrika
20 cm lang

Robertia gehört zu einer Familie säugerähnlicher Reptilien, die man Dicynodonten („zwei Hundezähne") nennt. Den Namen verdanken sie zwei langen Fangzähnen, die wie kleine Stoßzähne aus dem Oberkiefer ragten – die einzigen Zähne, die sie hatten. Wie andere Dicynodonten war *Robertia* ein schweineähnlicher Pflanzenfresser, der seine Nahrung mit dem Schnabel ausriss und zerbiss. Womöglich hat er als einer der ersten Dicynodonten zum Schutz vor Beutegreifern in einer Erdhöhle gelebt.

GEHÖRNTER SCHÄDEL

Estemmenosuchus *(„gekröntes Krokodil") verdankt seinen Namen der „Krone" aus Hörnern an seinem Schädel. Sie könnten zum Kämpfen gedient haben, aber auch zum Schutz der Augen. Ein ausgewachsener Schädel war 45 Zentimeter breit – so groß wie ein Nashornschädel.*

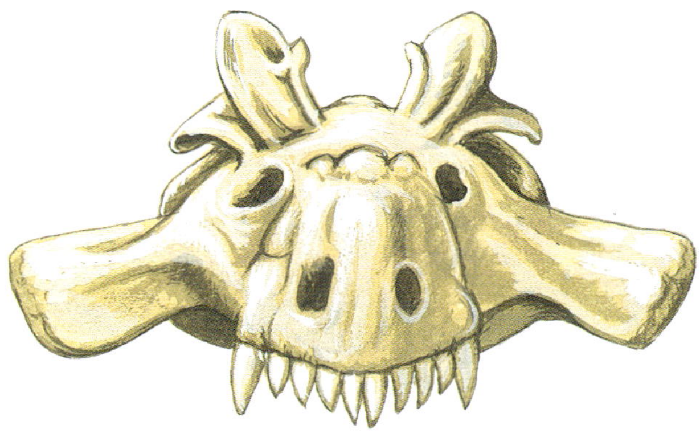

PROCYNOSUCHUS

Perm, vor 260 Mio. Jahren
Südafrika, Europa
60 cm lang

Procynosuchus war ein Cynodont, ein Mitglied der „hundezähnigen" Gruppe säugerähnlicher Reptilien. Allerdings war er für diese Gruppe nicht typisch, da er sich an ein Leben im Wasser angepasst hatte, während die meisten Cynodonten an Land lebten. *Procynosuchus* schwamm, indem er die Enden seines steifen Rückgrats wie ein Krokodil hin und her schwenkte und mit seinen otterähnlichen Schwimmfüßen paddelte. Er war ein Fleischfresser.

SÄUGERÄHNLICHE REPTILIEN 2

Unter den späten säugerähnlichen Reptilien gab es Arten, die schon echte Säugetiermerkmale entwickelt hatten. So besaß *Thrinaxodon* wahrscheinlich ein Fell, während *Lycaenops* lange Beine hatte, auf denen er hoch einherschritt, statt wie ein Reptil nahe am Boden zu kriechen.

CISTECEPHALUS

Perm, vor 260 Mio. Jahren
Südafrika
33 cm lang

Cistecephalus lebte wie heutige Maulwürfe in unterirdischen Tunneln. Das kleine, kräftig gebaute Tier grub sich mit seinen Vorderpfoten in die Erde und schob den Aushub mit den Hinterpfoten aus dem Erdloch. In seiner dunklen unterirdischen Welt ernährte sich der Säugerähnliche wohl von Würmern, Käfern, Schnecken und anderen kleinen Tieren, die in sein Tunnelnetzwerk fielen. Vielleicht fraß er außerdem die weichen unterirdischen Stängel von Schachtelhalmen und Farnen.

LYCAENOPS

Perm, vor
260 Mio. Jahren
Südafrika
1 m lang

Lycaenops – der Name bedeutet „Wolfsgesicht" – war ein leicht gebauter Fleischfresser mit langen Beinen. Wie der heutige Wolf besaß er einen schlanken Schädel mit sehr langen Fangzähnen in Ober- und Unterkiefer. Diese Fangzähne waren ideal zum Festhalten und Zerreißen großer Beutetiere wie dem Pflanzenfresser *Moschops. Lycaenops* hat wahrscheinlich im Rudel gelebt und gejagt.

BODENFREIHEIT

Lycaenops *führte die Beine beim Laufen weitgehend unter dem Körper – ein augesprochenes Säugetiermerkmal, denn Reptilien bewegen ihre Beine seitlich des Rumpfs. Die Fähigkeit, sich wie ein Säuger zu bewegen, könnte* Lycaenops *einen Vorteil gegenüber anderen, langsameren Vierbeinern verschafft haben.*

THRINAXODON

Trias, vor 250 Mio. Jahren
Südafrika, Antarktis
50 cm lang

Thrinaxodon

LYSTROSAURUS

Trias, vor 250 Mio. Jahren
Südafrika, Asien, Antarktis
1 m lang

Der Pflanzenfresser *Lystrosaurus* war ein säugerähnliches Reptil, das man zu den Dicynodonten zählt – den Tieren mit zwei Stoßzähnen im Oberkiefer. Seine Schnauze endete in einem knochigen Schnabel, ähnlich dem einer Schildkröte, mit dem er an Pflanzen rupfte und sie zerschnitt. Man vermutet, dass er an Seeufern lebte und wie die heutigen Flusspferde auch im Wasser Pflanzen in großen Mengen abweidete.

Thrinaxodon war ein kleiner Fleisch fressender Cynodont – ein Tier mit hundeartigen Fang-, Backen- und Schneidezähnen. *Thrinaxodon* konnte beim Fressen atmen, eine Fähigkeit, die Säugetiere vor den Reptilien auszeichnet. Man nimmt an, dass er auch ein Fell besaß, ein weiteres Säugermerkmal, das sich bei Reptilien nicht findet. Trotz seines Äußeren besaß *Thrinaxodon* aber noch ein Reptilienskelett, weshalb er als säugerähnliches Reptil eingestuft wird. Er lebte in Erdhöhlen, die er zur Jagd auf Beute verließ.

Lystrosaurus

DAS PERMO-TRIASSISCHE MASSENAUSSTERBEN

Wir wissen heute, dass gegen Ende des Perm, vor etwa 248 Millionen Jahren, ein gewaltiges Ereignis zur Vernichtung nahezu des gesamten Lebens auf der Erde führte – dieses größte Massenaussterben aller Zeiten war noch umfassender als jene Katastrophe, der Millionen Jahre später die Dinosaurier zum Opfer fielen.

Dieses Ereignis auf der Schwelle zwischen Perm und Trias zerstörte etwa 70 Prozent des Lebens an Land und 90 Prozent des Lebens im Wasser, und das in einem Zeitraum von nur 100.000 Jahren – einige Wissenschaftler gehen sogar von nur 10.000 Jahren aus! Über die Ursachen wird noch gestritten, hier die wichtigsten Spekulationen:

TOD DURCH VULKANE

Gegen Ende des Perm fanden in Sibirien nachweislich gewaltige Vulkanausbrüche statt. Sie hätten riesige Mengen Kohlendioxid und anderer Gase in die Atmosphäre geschleudert. Der folgende saure Regen hätte die Pflanzen vernichtet, und die Tiere wären verhungert.

TOD DURCH ERSTICKEN

Ein Anstieg von Kohlendioxid durch gewaltige vulkanische Eruptionen könnte die Sauerstoffmenge in Luft und Wasser drastisch verringert haben – das Todesurteil für die Tiere: Sie erstickten.

Falls sich die Vegetation stark vermindert hätte, wären die Pflanzenfresser ausgestorben und die Fleischfresser hätten immer weniger Futter gefunden.

TOD AUS DEM ALL

Eine zunehmend akzeptierte Theorie geht von einem Meteoriteneinschlag auf der Erde aus. Vieles spricht dafür, dass zumindest die Dinosaurier vor 65 Millionen Jahren durch eine solche kosmische Katastrophe ausstarben. Ähnliches könnte also durchaus auch vor 248 Millionen Jahren schon einmal geschehen sein. Ein entsprechend massiver Einschlag könnte eine vulkanische Kettenreaktion und die Vergiftung der Atmosphäre mit Gasen zur Folge gehabt haben.

TOD DURCH ERFRIEREN

Eine weitere Theorie geht von einem großen globalen Temperatursturz aus, der zu einer Ausdehnung der Eiskappen an Nord- und Südpol führte. Es gibt manche Hinweise auf eine Klimaabkühlung gegen Ende des Perm, aber ob es kalt genug war (oder die Kälteperiode lange genug dauerte), um das Leben auf der Erde weitgehend zu zerstören, ist nicht sicher.

PANGÄA

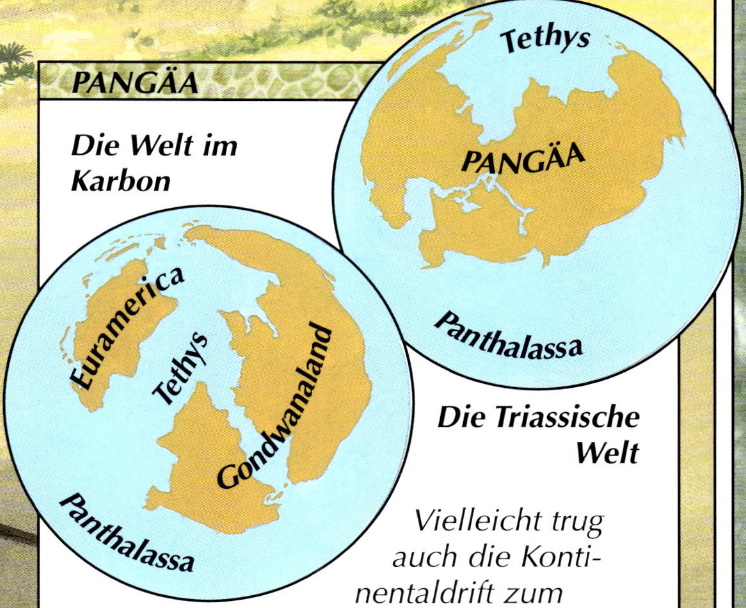

Die Welt im Karbon

Die Triassische Welt

Vielleicht trug auch die Kontinentaldrift zum Massenaussterben bei. Die umhertreibenden Erdteile fügten sich langsam zum Superkontinent Pangäa („ganze Erde“) zusammen. Dies, so die Theorie, habe zu erheblichen Schwankungen des Meeresspiegels geführt und vor allem Tiere in Mitleidenschaft gezogen, die im flachen Wasser lebten – das erklärt allerdings nicht das nachgewiesene Aussterben der Landtiere.

Jene Katastrophe, die gegen Ende des Perm vor 248 Millionen Jahren das Leben auf der Erde weitgehend auslöschte, veränderte den Verlauf der Evolution: Aus den Überlebenden entwickelte sich auch *Cynognathus* – noch immer ein säugerähnliches Reptil, das aber weit mehr Merkmale eines Säugers als reptile aufwies. Doch ehe die Säuger die Oberhand gewinnen konnten, schlug zunächst die Stunde der Dinosaurier!

CYNOGNATHUS

Trias, vor 230 Mio. Jahren
Südafrika, Südamerika, Antarktis
1 m lang

Cynognathus war ein Beutegreifer, der in Rudeln Jagd auf Tiere wie *Kannemeyeria* machte. Anders als andere säugerähnliche Reptilien bewegte er sich aufrecht fort und nicht kriechend. Er mag von Fell bedeckt gewesen sein und seine Jungen lebend geboren haben, statt Eier zu legen.

KANNEMEYERIA

Trias, vor 230 Mio. Jahren
Südafrika, Asien, Südamerika, Antarktis
3 m lang

Kannemeyeria war ein massiger Pflanzenfresser mit kriechendem Gang und gehörte zur Familie der Dicynodonten – Tieren mit nur zwei Fangzähnen im Oberkiefer. Seine Schnauze endete in einem knochigen Schnabel. *Kannemeyeria* lebte in offenem Gelände, wo er von Beutegreifern wie *Cynognathus* gejagt wurde.

Cynognathus

ZÄHNE WIE EIN SÄUGETIER

Cynognathus *(„Hundekiefer") war ein Cynodont – ein Tier mit hundeähnlichen Zähnen. Er hatte kräftige Kiefer mit scharfen Schneidezähnen, Fangzähnen und sägeartig gespitzten Backenzähnen: ideal zum Zerkleinern von Fleisch. Vor allem diese Zähne belegen die enge Verwandtschaft von* Cynognathus *mit den Säugetieren.*

MASSETOGNATHUS

Trias, vor 220 Mio. Jahren
Südamerika
50 cm lang

Nicht alle Cynodonten waren Fleischfresser. Der eher kleine *Massetognathus* war mit speziell zum Zerkleinern von Pflanzen geeigneten Backenzähnen ausgerüstet. Er besaß immer noch die charakteristische lange Schnauze der Cynodonten mit scharfen Schneidezähnen und Fangzähnen, aber seine Backenzähne waren nicht mehr spitz, sondern abgeflacht und mit Rillen versehen, um Stängel, Wurzeln und anderes Pflanzenmaterial zu zermahlen. *Massetognathus* hatte klauenbewehrte Pfoten und einen hundeartigen Schwanz. Er trug vielleicht ein Fell.

PLACERIAS

Trias, vor
215 Mio. Jahren
Nordamerika
3,5 m lang

Die beiden Stoßzähne im Oberkiefer von *Placerias* beweisen, dass er zur Dicynodonten-Familie der säugerähnlichen Reptilien gehörte. Vor den Zähnen lag ein großer knochiger Schnabel. Bei einem ausgewachsenen Tier war der Schädel etwa 60 Zentimeter lang. *Placerias* war ein Pflanzenfresser. Er nutzte seine Stoßzähne vermutlich, um Pflanzen aus dem Boden zu graben. Sein Schnabel zerschnitt dann die Nahrung – von harten Wurzeln bis zu weichen Stängeln und Blättern. *Placerias* ähnelte einem Flusspferd: Er war massig, hatte kurze Beine sowie breite, weiche Füße mit stumpfen Krallen. Vermutlich lebte er in Herden nahe dem Wasser. Er gilt als einer der letzten Dicynodonten, die aus unbekannten Gründen vor 210 Millionen Jahren ausstarben.

KAPITEL ZWEI

BEUTE-GREIFER UND AASFRESSER

1881 schlug der amerikanische Fossiliensucher Othniel Charles Marsh (1831–1899) vor, alle Fleisch fressenden Dinosaurier unter der Bezeichnung Theropoden („Bestienfüßer“) zusammenzufassen. Die ersten von ihnen traten vor etwa 225 Millionen Jahren auf, kurz nach Beginn des Mesozoikums, des Zeitalters der Reptilien. Die Fleisch fressenden Dinosaurier überlebten 160 Millionen Jahre lang, bis zum Aussterben sämtlicher Dinosaurier vor 65 Millionen Jahren.

MERKMALE

Die meisten Theropoden schritten auf zwei schlanken Hinterbeinen, die in vogelähnlichen Füßen mit je drei Zehen endeten, die wiederum mit scharfen Klauen bewehrt waren. Die Theropoden bewegten sich schneller als die Pflanzen fressenden Dinosaurier. Kurze Arme, eine kräftige Brust und ein langer Schwanz war ihnen gemeinsam, dazu ein geschwungener gelenkiger Hals und große Augen.

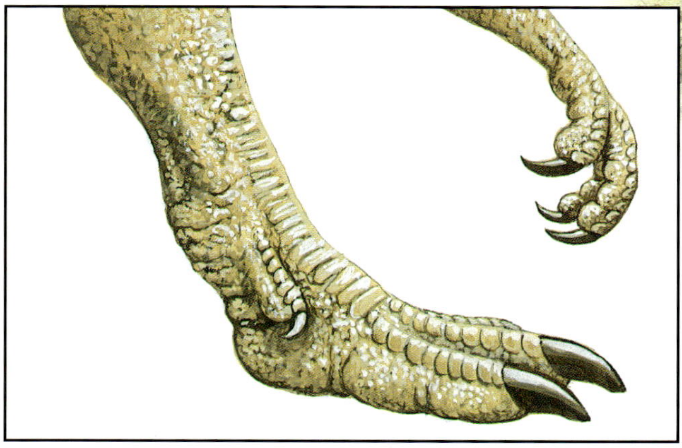

Hand und Fuß eines Theropoden

ALLMÄHLICHE VERÄNDERUNGEN

Die Fleischfresser entwickelten sich in ihrer 160 Millionen-jährigen Geschichte langsam weiter. Ihre Gehirne wurden größer, ihre Glieder länger und schlanker und ihr Sehvermögen verbesserte sich.

Fleisch fressende Dinosaurier existierten etwa 160 Millionen Jahre lang. Es gab viele verschiedene Arten. Sie waren die beherrschenden Beutegreifer des Mesozoikums.

ZÄHNE UND SCHNÄBEL

Die Fleischfresser unter den Dinosauriern hatten entweder Zähne oder Schnäbel. Die Zähne waren dünn und messerförmig, mit Sägekanten an den Vorder- und Rückseiten. Wenn ein Theropode seine Beute biss, verhakten sich diese Zähne zunächst im Fleisch des Opfers, ehe sie es wie eine Säge zerteilten. Kleine Fleischfresser hatten in der Regel mehr Zähne als die größeren. Die längsten Zähne saßen im Mittelbereich des Kiefers, wo die Muskeln den stärksten Druck ausübten. Einige Fleischfresser kamen auch ganz ohne Zähne aus, sie verfügten stattdessen über knöcherne Schnäbel mit einer Hornschale. Mit diesen konnten die Tiere zwar kein Fleisch zerkleinern, wohl aber Eier knacken und deren Inhalt ausschlürfen.

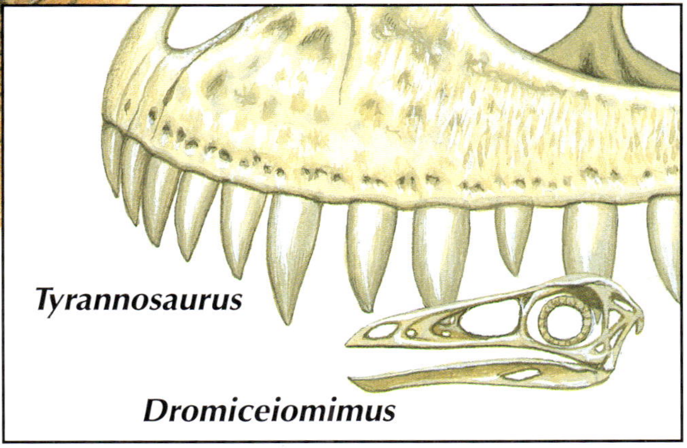

Theropoden hatten Zähne oder Schnäbel.

Die ersten Fleisch fressenden Dinosaurier traten in der Mittleren Trias, vor etwa 225 Millionen Jahren auf. Sie waren erheblich kleiner und noch nicht so weit entwickelt wie die großen Theropoden des späteren Mesozoikums, etwa der *Tyrannosaurus rex*.

COELOPHYSIS

Trias, vor 220 Mio. Jahren
Nordamerika
3 m lang

Coelophysis war für Schnelligkeit und Beweglichkeit prädestiniert: Seine Beinknochen waren fast hohl, also leicht – wichtig für ein Tier, das schneller als seine Beute sein musste. Seine kurzen Vorderbeine dienten wohl zum Greifen und Halten von Beute. Er könnte in Rudeln gelebt und gejagt haben.

EORAPTOR

Trias, vor 225 Mio. Jahren
Südamerika
1 m lang

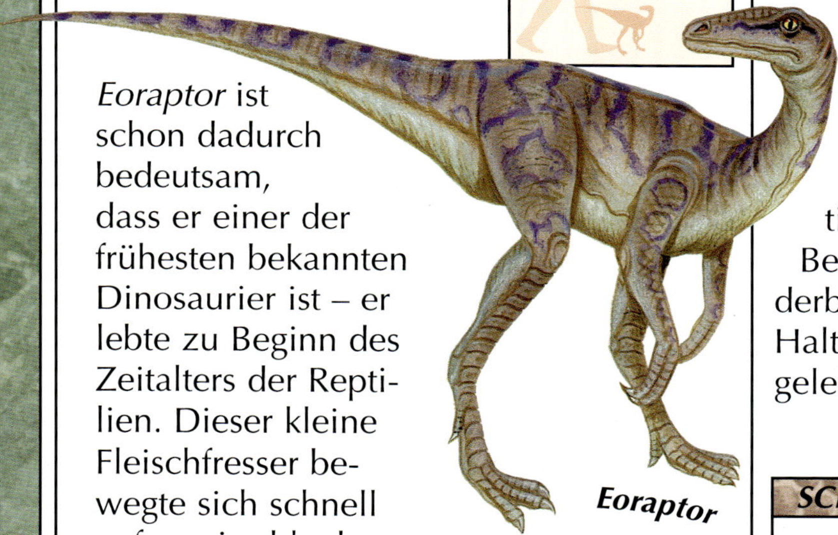

Eoraptor ist schon dadurch bedeutsam, dass er einer der frühesten bekannten Dinosaurier ist – er lebte zu Beginn des Zeitalters der Reptilien. Dieser kleine Fleischfresser bewegte sich schnell auf zwei schlanken, langen Beinen, die doppelt so lang waren wie seine Arme. Er war wahrscheinlich sowohl Jäger als auch Aasfresser. In seinem langen Kiefer saßen viele kleine Sägezähne. Eoraptor-Fossilien wurden an einem uralten Flusslauf in Argentinien ausgegraben, sodass sich *Eoraptor* vielleicht auch von Fischen ernährte.

SCHNELLE LÄUFER

Schnelligkeit und Beweglichkeit waren zwei wichtige Fähigkeiten der Fleisch fressenden Dinosaurier. Ohne sie hätten sie kaum überleben können, denn Fleischfresser müssen mindestens so schnell laufen können wie ihre Beute.

Herrerasaurus

HERRERASAURUS

Trias, vor 220 Mio. Jahren
Südamerika
3 m lang

Herrerasaurus lebte in einer Waldgegend mit Farnen und Nadelbäumen. Er war ein mittelgroßer Fleischfresser und schneller Jäger. Mit seinen langen, schlanken Beinen konnte er seiner Beute nachsetzen, etwa den langsamen, fassförmigen und schweineähnlichen Rhynchosauriern, Pflanzen fressenden Reptilien, die sich auf allen Vieren fortbewegten. *Herrerasaurus* hatte einen langen, schmalen Kopf mit starken Kiefern, vollgepackt mit scharfen Zähnen. Die Arme waren kurz, der Schwanz dagegen lang, vermutlich streckte der Saurier ihn beim Laufen gerade von sich, um sein Gleichgewicht zu halten.

Daneben mussten Fleischfresser auch sichere Läufer sein, also ihr Gleichgewicht halten und bei vollem Lauf die Richtung wechseln können.

COMPSOGNATHUS

Jura, vor 145 Mio. Jahren
Europa
1 m lang

Auch der kleine *Compsognathus* war ein schneller, langbeiniger Jäger. Seine kurzen Arme endeten in Händen mit je zwei klauenbewehrten Fingern. In den Kiefern seines Schädels saßen viele kleine scharfe, gebogene Zähne – sie standen so weit auseinander, dass sie großen Tieren wenig anhaben konnten, eigneten sich aber perfekt zum Fressen kleinerer Reptilien, Insekten und Säugetiere.

Compsognathus

Die großen Fleischfresser traten erstmals im Jura in Erscheinung und erreichten ihre maximale Größe in der Kreidezeit oder Kreide. Dank ihres kräftigen Körperbaus und ihrer scharfen Zähnen und Klauen konnten sie auch die dickste Haut durchdringen. Sie zogen teils in Gruppen, teils allein oder zu zweit über das Land.

DILOPHOSAURUS

Jura, vor 190 Mio. Jahren
Nordamerika
6 m lang

Als einer der ersten großen Fleisch fressenden Dinosaurier ist *Dilophosaurus* wegen der beiden ungewöhnlichen knochigen Doppelkämme auf seinem Schädel bemerkenswert. Man weiß nicht, wozu sie dienten und ob sie bei beiden Geschlechtern vorhanden waren.

Womöglich waren sie bunt gefärbt und dienten den Männchen zur Balz oder um den Anführer einer Gruppe zu kennzeichnen. An den Zehen trug *Dilophosaurus* lange Klauen, die ihm wohl als Waffen gedient haben, mit denen er seinen Gegner verletzte, während er ihn mit den Händen festhielt. Wissenschaftler glauben, dass *Dilophosaurus* in kleinen Herden lebte.

Allosaurus

ALLOSAURUS

Jura / Kreide, vor 140 Mio. Jahren
Nordamerika
12 m lang

Allosaurus war der größte Fleischfresser der frühen Kreidezeit. Er lief auf zwei starken Beinen und hatte einen S-förmig gebogenen Hals. Seine Arme waren kurz und die Hände mit drei spitzen, gekrümmten, 15 Zentimeter langen Klauen bewehrt. Die zahlreichen, nach hinten gebogenen Zähne waren mit Sägekanten versehen, die leicht durch Fleisch schneiden konnten; jeder Zahn war bis zu 10 Zentimeter lang. Größere Tiere hat *Allosaurus* wohl im Rudel gejagt, während er kleinere Beute allein fing.

Dilophosaurus

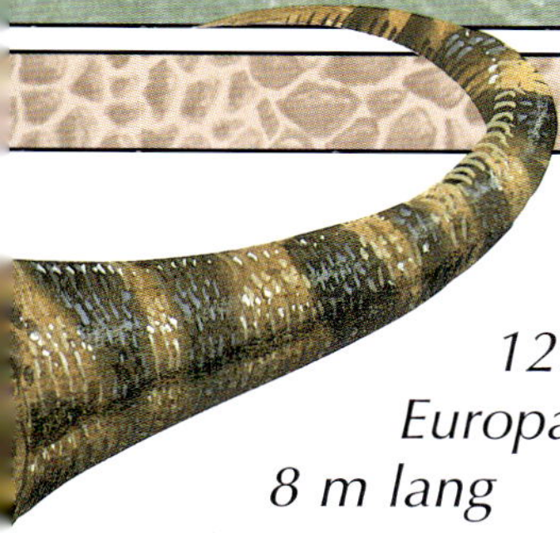

NEOVENATOR

Kreide, vor
125 Mio. Jahren
Europa
8 m lang

Neovenator war mit dem nordamerikanischen *Allosaurus* verwandt, aber leichter gebaut. Er war ein schneller Jäger, dessen großer Schädel mit 5 Zentimeter langen, rasiermesserscharfen Zähnen ausgestattet war. An den Fingern trug er bis zu 13 Zentimeter lange Klauen. Mit diesen Waffen war *Neovenator* ein gefährlicher Gegner, zumal er sich auf seinen langen Beinen sehr schnell fortbewegen und über kurze Strecken auch rennen konnte. Er wurde auf der Isle of Wight vor der Südküste Großbritanniens gefunden, wo er den Pflanzen fressenden *Iguanodon* gejagt haben könnte.

AASFRESSER

Man nimmt an, dass die Fleisch fressenden Dinosaurier sowohl Jäger als auch Aasfresser waren. Während die Jäger ihrer Beute auflauerten, um sie zu töten, fraßen die Aasfresser das Fleisch von Tieren, die von anderen erlegt wurden. Dadurch sparten sie Energie und riskierten keine Verletzung im Kampf.

GIGANOTOSAURUS

Kreide, vor
90 Mio. Jahren
Südamerika
15 m lang

Giganotosaurus war ein riesiger Fleischfresser, sogar zwei Meter länger als *Tyrannosaurus rex*. Da mehrere Tiere an einem Ort gefunden wurden, nimmt man an, dass *Giganotosaurus* sowohl im Rudel als auch allein jagte. Seine größten Zähne waren 20 Zentimeter lang. Sie konnten seiner Beute tödliche Verletzungen zufügen.

GROSSE FLEISCHFRESSER 2

Die Riesen unter den Fleisch fressenden Dinosauriern waren Tiere, deren mit Zähnen, Klauen und Muskeln bepackte Körper sich perfekt zur Jagd eigneten. Und ob sie nun allein oder im Rudel unterwegs waren – diese Theropoden zählten zu den furchterregendsten Beutegreifern im Zeitalter der Reptilien.

MEGALOSAURUS

Jura, vor 170 Mio. Jahren
Europa
9 m lang

Der erste Dinosaurier, der einen Namen erhielt, war im Jahr 1822 *Megalosaurus.* Da keine vollständigen Fossilien von ihm gefunden wurden, weiß man kaum etwas über ihn, vermutet aber, dass seine Lebensweise der der anderen Fleischfresser entsprach. Als Jäger wird er wohl Pflanzenfresser wie *Iguanodon* gejagt haben, sofern er nicht als Aasfresser mehrere Tage in der Nähe eines toten Tiers blieb, um nach Bedarf davon zu fressen.

CERATOSAURUS

Jura, vor 150 Mio. Jahren
Nordamerika, Afrika
6 m lang

Ceratosaurus trug ein kurzes Horn auf der Spitze seiner Schnauze und Hornkämme neben den Augen. Vermutlich dienten diese Kämme nicht als Waffen, sondern als Balzschmuck. *Ceratosaurus* besaß einen großen Schädel. Wenn er fraß, bewegten sich seine Kiefer seitlich hin und her, sodass er große Fleischstücke verschlingen konnte. Fielen seine Zähne altersbedingt oder infolge von Krankheit oder Beschädigung aus, wuchsen bald neue nach.

JAGD IM RUDEL

Die Jagd in Rudeln verschaffte den Fleischfressern erhebliche Vorteile gegenüber ihrer Beute. Nachdem ein Jäger das Opfer aus der Herde herausgetrieben hatte, schlossen die anderen es ein und töteten es.

ALBERTOSAURUS

Kreide, vor
70 Mio. Jahren
Nordamerika
9 m lang

Albertosaurus war ein schneller Jäger und ein Verwandter von *Tyrannosaurus*. Anders als bei diesem saßen seine Augen aber an den Schädelseiten, sodass er nach vorne hin wahrscheinlich nur über eine eingeschränkte Sicht verfügte. Dafür konnte er auf einen ausgeprägten Geruchssinn zurückgreifen. Zwei kleine Hörner auf der Schnauze dienten wohl der Balz. *Albertosaurus* lief auf zwei muskulösen Beinen und konnte über kurze Distanzen Geschwindigkeiten bis zu 30 Stundenkilometer erreichen.

THERIZINOSAURUS

Kreide, vor 70 Mio. Jahren
Asien
12 m lang

Therizinosaurus, einer der letzten Dinosaurier auf der Erde, gilt zudem als eine der seltsamsten Erscheinungen der Evolution. Es wurden von ihm bisher keine vollständigen Skelette gefunden, nur Teile seiner Arme und seiner Brust. Aus dem Vergleich mit Dinosauriern der gleichen Familie schließt man aber, dass er wohl wie in der Abbildung aussah, behaart oder befiedert, mit einem kleinen Kopf auf einem langen Hals. Seine 2,45 Meter langen Arme endeten jeweils in drei großen Klauen, deren längste bis zu 70 Zentimeter erreichte. Ihre Funktion ist umstritten. Einige Experten glauben, dass *Therizinosaurus* sie zum Öffnen von Termitennestern nutzte, andere, dass er mit ihnen Pflanzen in seinen Schnabel beförderte – er gilt jedoch als Fleischfresser.

TYRANNOSAURUS REX

Der wahrscheinlich bekannteste aller Dinosaurier trat erst kurz vor dem Aussterben seiner Art auf.

Name: *Tyrannosaurus rex*
Lebte: *vor 70 Mio. Jahren*
Fundort: *Nordamerika*
Länge: *12 m*
Nahrung: *Fleisch*
Habitat: *offener Wald*

MÄCHTIGER JÄGER

Tyrannosaurus rex gehörte zu den größten Fleisch fressenden Dinosauriern (nur *Giganotosaurus* war größer). Überaus kräftig gebaut, stand er auf zwei starken Beinen und musste seinen Rücken mit ausgestrecktem Schwanz parallel zum Boden ausrichten, um sein Gleichgewicht zu wahren. Dank seiner nach vorne gerichteten Augen konnte er seine Beute gut im Blick behalten.

GROSSER KOPF, GROSSE ZÄHNE

Tyrannosaurus rex *hatte einen riesigen Kopf von etwa 1,5 Meter Länge. Der Schädel wies große Fenster auf, die sein Gewicht reduzierten und den Hals entlasteten. Die Kiefer waren mit 50–60 messerartigen Zähnen von bis zu 23 cm Länge besetzt.*

ANGRIFF AUS DEM HINTERHALT

Tyrannosaurus rex lebte in offenen Waldgebieten mit Lichtungen und Hainen aus Nadelhölzern, Palmfarnen, Eichen, Ahorn und Buchen, während der Boden mit Farnen und Blütenpflanzen bedeckt war – ein Paradies für Pflanzenfresser, denen der Theropode auflauerte. Auch wenn *Tyrannosaurus rex* sie noch nicht erspäht hatte, witterte er sie vermutlich schon – man nimmt an, dass er einen sehr guten Geruchssinn besaß. Er schlich zunächst heran, jagte dann aber seine Beute, sobald er sie im Blickfeld hatte, mit einer Geschwindigkeit von bis zu 36 Stundenkilometern, wobei ihn jeder seiner Schritte dem Opfer 3,7 bis 4,6 Meter näher brachte.

ZUM PLATZEN SATT

Wie heutige Fleischfresser (etwa der Löwe) hatte auch *Tyrannosaurus rex* wahrscheinlich nicht jeden Tag Jagdglück. Folglich fraß er sich an seiner Beute mehr als satt und kehrte vielleicht einige Tage später noch einmal für einen Nachschlag zum Aas zurück. Womöglich ernährte er sich auch von Tieren, die andere Räuber erlegt hatten.

KURZE ARME, KRÄFTIGE KLAUEN

Tyrannosaurus rex *hatte beinahe lächerlich kurze Arme mit zwei klauenbewehrten Fingern an jeder Hand – aber man stelle sich diese Arme als unentrinnbare Haken im Fleisch der Beute vor.*

Ein erwachsener Tyrannosaurus rex *bricht aus seiner Deckung und greift einen Pflanzen fressenden* Edmontosaurus *an.*

Zu den markantesten Fleisch fressenden Dinosauriern zählen diejenigen mit einem Hautsegel auf dem Rücken: die Spinosaurier – große, Fisch fressende Theropoden mit krokodilartigen Kiefern und langen sichelförmigen Klauen an den Fingern.

SUCHOMIMUS

Kreide, vor 105 Mio. Jahren
Nordafrika
11 m lang

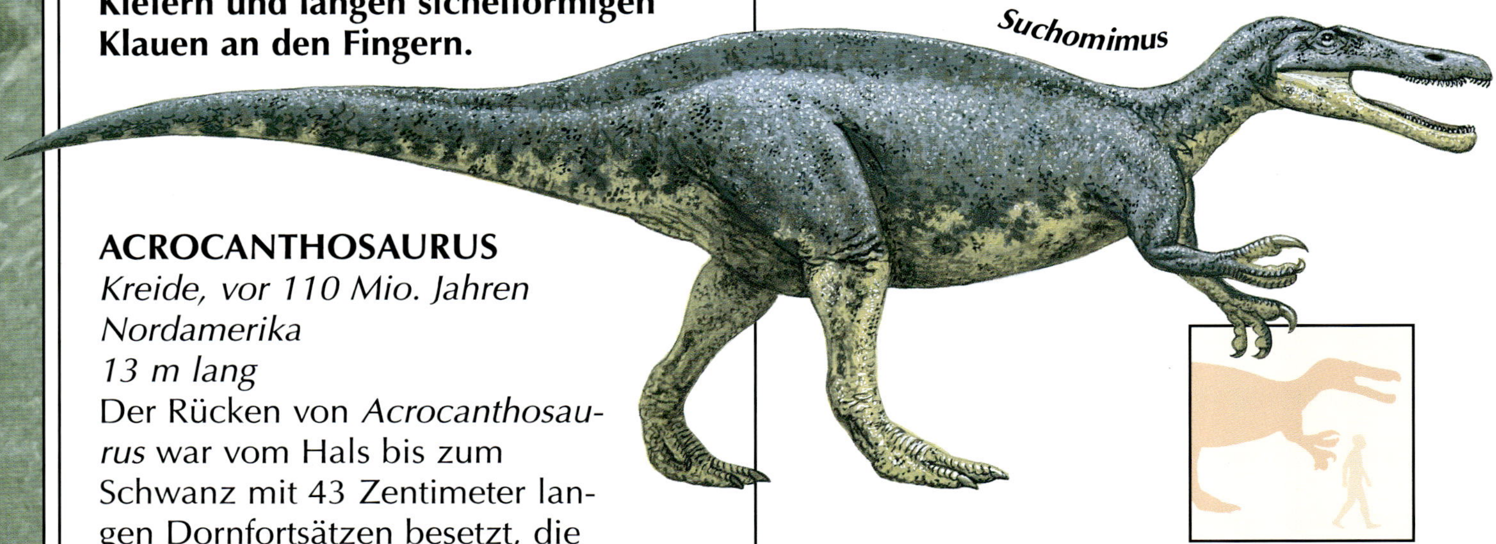

ACROCANTHOSAURUS

Kreide, vor 110 Mio. Jahren
Nordamerika
13 m lang

Der Rücken von *Acrocanthosaurus* war vom Hals bis zum Schwanz mit 43 Zentimeter langen Dornfortsätzen besetzt, die vielleicht mit einem Hautsegel bespannt waren. Im 1,4 Meter langen Schädel des Fleischfressers saßen 68 Sägezähne, die zwar weiches Fleisch durchschneiden, aber keine Knochen knacken konnten. Seine Arme endeten in kräftigen Händen mit drei großen, gebogenen Klauen zum Greifen und Halten der Beute.

Suchomimus war eng mit *Spinosaurus* verwandt und lebte auch etwa zur gleichen Zeit in der gleichen Region. Er trug ebenfalls ein Segel auf dem Rücken, aber ein niedrigeres. Die 1,2 Meter lange Schnauze des Fisch fressenden *Suchomimus* wies an die 100 spitze Zähne auf – rasiermesserscharfe, nach hinten gebogene Werkzeuge, die verhinderten, dass ein gefangener Fisch dem Maul entschlüpfen konnte.

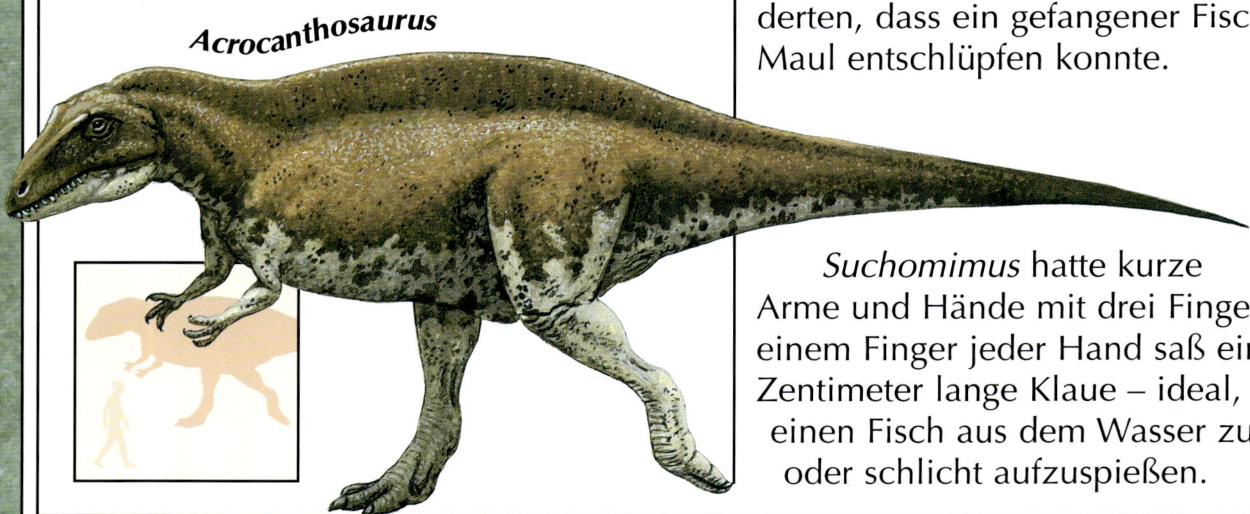

Suchomimus hatte kurze Arme und Hände mit drei Fingern. An einem Finger jeder Hand saß eine 30 Zentimeter lange Klaue – ideal, um einen Fisch aus dem Wasser zu hangeln oder schlicht aufzuspießen.

SPINOSAURUS

Kreide, vor 100 Mio. Jahren
Afrika
15 m lang

Der riesige Fleischfresser ernährte sich wohl von Fischen, die er mit seinen langen Kiefern fing. Auf dem Rücken trug er eine Reihe von bis zu zwei Meter langen Dornfortsätzen, die ein vermutlich leuchtend gefärbtes Rückensegel trugen. Es könnte als Lockmittel für die Paarungszeit gedient haben oder sollte andere Tiere abschrecken, zumal man annimmt, dass *Spinosaurus* in der Lage war, es durch Blutzufuhr rot aufleuchten zu lassen. Andere Forscher vermuten, dass die Segel der Spinosaurier ihre Körpertemperatur regulierten, indem sie Sonnenwärme einfingen und die Tiere warm und damit aktiv hielten.

IRRITATOR

Kreide, vor 100 Mio. Jahren
Südamerika
8 m lang

Auch *Irritator* war ein Fischfresser, dessen krokodilartiger Kiefer voller hakenförmiger Zähne saß – optimal zum Fischfang geeignet. Bisher wurde nur ein Schädel gefunden. Die glücklichen Amateurpaläontologen restaurierten ihn mit Gips, was die Wissenschaftler so irritierte, dass sie den Dinosaurier *Irritator* nannten! Da der Schädel sehr denen von *Spinosaurus* und *Suchomimus* ähnelt, nimmt man an, dass Irritator ihnen glich und also auch ein Rückensegel besaß.

TEMPERATUR

Falls die Rückensegel der Spinosaurier der Regulierung ihrer Körpertemperatur dienten, luden sie damit vielleicht jeden Morgen ihre „Batterien“ auf, um über genügend Energie für den Tag zu verfügen.

BARYONYX

Die Entdeckung einer ganz neuen Spezies von Dinosauriern ist jedesmal ein großes Ereignis, besonders wenn ein versteinertes Skelett fast vollständig erhalten blieb. Dies war bei *Baryonyx* der Fall, einer bis dahin unbekannten Art Fisch fressender Dinosaurier, die in Südengland entdeckt wurde. Man fand nicht nur fast alle seine Knochen, sondern sogar noch die Reste seiner letzten Mahlzeit.

EIN GRÜNER LEBENSRAUM

Baryonyx lebte an den Ufern von Flüssen und Teichen, in einer bewaldeten Flutebene mit Nadelhölzern, Palmfarnen, Schuppentannen und Schachtelhalmen. Er teilte seinen Lebensraum mit dem Pflanzen fressenden *Iguanodon* und dem Fleisch fressenden *Megalosaurus*. Im Wasser lebten Fische, Schildkröten und Krokodile, durch die Luft schwirrten Libellen.

RIESIGE DAUMENKLAUE

Baryonyx *hatte an jeder Hand drei Finger. Am „Daumen" trug er eine gebogene Klaue, die beim erwachsenen Tier 35 Zentimeter lang wurde und wie bei einem Vogel vermutlich von einer Hornscheide geschützt wurde. Der Name* Baryonyx *bedeutet „schwere Klaue".*

LANGHALSIGER JÄGER

Baryonyx war ein Fleischfresser, der sich auf zwei Beinen bewegte. Schädel und Schnauze ähnelten denen eines Krokodils. Seine kräftigen Arme endeten in Fingern mit gebogenen Klauen. Anders als die meisten Fleischfresser hatte *Baryonyx* keinen S-förmigen, sondern einen geraden Hals.

DIE ENTDECKUNG

Ein Amateursammler fand 1983 in einer Lehmgrube im englischen Surrey eine der Daumenklauen von *Baryonyx*. Wissenschaftler des Londoner Museums für Naturgeschichte führten daraufhin an dieser Stelle Ausgrabungen durch und stießen auf die versteinerten Knochen des Sauriers. Nur sein Schwanz fehlte.

Ein Baryonyx fängt in Ufernähe eines Teichs einen großen Fisch. Seinen scharfen Klauen und Zähnen kann die schlüpfrige Beute nicht entkommen.

Name: *Baryonyx*
Lebte: *vor 125 Mio. Jahren*
Fundort: *Europa*
Länge: *10 m*
Nahrung: *Fisch und vermutlich Aas*
Habitat: *sumpfiges, offenes Waldgebiet*

EIN FISCHLIEBHABER

Als *Baryonyx* ausgegraben wurde, fand man in seinem Magen sogar die versteinerten Überreste seiner letzten Mahlzeit. Wissenschaftler identifizierten Zähne und Schuppen von *Lepidotes*, einer bis zu einem Meter langen Fischart. Daneben ernährte sich *Baryonyx* vielleicht auch von Aas.

ZAHNBEWEHRTE KIEFER

Baryonyx *hatte einen langen, schlanken Schädel, der in einer löffelförmigen Spitze endete, mit der er wohl Fische aus dem Wasser schöpfte. Von der Seite gesehen ist der Oberkiefer S-förmig – wie bei modernen Krokodilen. Die Kiefer waren mit 96 kleinen, scharfen Zähnen besetzt.*

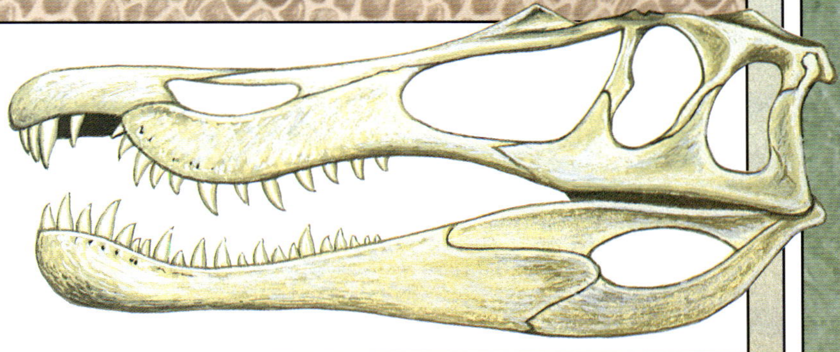

Fleisch fressende Dinosaurier haben viele hoch spezialisierte Merkmale ausgebildet. Manche, wie *Troodon*, passten sich an das Leben im hohen Norden an, wo es nicht nur kalt, sondern auch länger dunkel als hell war. Die Fähigkeit, auch nachts sehen (und damit jagen) zu können, war ein entscheidender Vorteil im Überlebenskampf. Andere Theropoden, wie *Avimimus*, entwickelten zahlreiche Vogelmerkmale – und begründeten damit eine völlig neue Klasse von Tieren.

TROODON

Kreide, vor 70 Mio. Jahren
Nordamerika, Europa
2 m lang

Der mittelgroße Fleischfresser *Troodon* war ein leicht gebauter Dinosaurier. Mit seinen langen Beinen konnte er sehr schnell seine Beute – kleinere Reptilien und Säugetiere – verfolgen. Vielleicht hat er auch Eier verzehrt, denn man fand Zähne von ihm zusammen mit zerstörten Dinosauriereiern. Vermutlich ließ er sich auch die schutzlosen Jungen anderer Dinosaurier nicht entgehen, wenn die Eltern das Nest unbewacht ließen.

SINORNITHOIDES

Kreide, vor 105 Mio. Jahren
Asien
1,1 m lang

Sinornithoides ist einer der kleinsten bekannten Fleischfresser: Er war nur so groß wie ein Truthahn. Seine langen Beine weisen ihn als schnellen Läufer aus, und die große Schädelhöhle deutet auf ein intelligentes Tier hin. *Sinornithoides* hatte einen kompakten Körper und einen langen, peitschenartigen Schwanz, der die Hälfte seiner Gesamtlänge ausmachte. Er fraß vermutlich kleine Säugetiere und Reptilien sowie Insekten.

ORNITHOLESTES

Jura, vor
150 Mio. Jahren
Nordamerika
2 m lang

Ornitholestes war ein agiler Fleischfresser, der im Wald lebte. Er ernährte sich von Eidechsen, kleinen Säugetieren und wohl auch von den ersten Vögeln, die im späten Jura auftraten. Vielleicht verschmähte er auch das Fleisch toter Tiere nicht. Er hatte einen kleinen Schädel, dessen Kiefer mit scharfen Zähnen besetzt waren. Auf der Schnauze trug er einen kleinen Knochenkamm. Den langen dünnen Schwanz streckte er beim Laufen gerade nach hinten, um sein Gleichgewicht zu halten. Indem er ihn schwenkte, konnte er seine Laufrichtung verändern.

AVIMIMUS

Kreide, vor
80 Mio. Jahren
Asien
1,5 m lang

Der langbeinige *Avimimus* ähnelte bereits einem Vogel, ohne einer zu sein. Sein vogelartiger Schädel beherbergte ein großes Gehirn, große Augen und einen zahnlosen Schnabel. Seine Arme konnte er wie Vogelflügel eng an den Körper legen. Hinweise auf Federn liefern die Funde nicht, dennoch vermuten einige Forscher, dass *Avimimus*' Arme gefiedert waren. Zum Fliegen taugten sie allerdings nicht, da sie zu kurz waren. *Avimimus* war wohl ein Allesfresser, der sich von Pflanzen und von Fleisch, vor allem von Insekten, ernährte.

GUTE SICHT

Troodon *hatte etwa fünf Zentimeter große Augen, was auf ein gutes Sehvermögen schließen lässt. Da er nahe am Polarkreis im hohen Norden Kanadas und Russlands lebte, wo die Tage kurz sind, könnte er ein Nachtjäger gewesen sein, der für sein Überleben auf ein ausgezeichnetes Sehvermögen angewiesen war.*

OVIRAPTOR

Dieser Dinosaurier wurde in den 1920er-Jahren auf einem Nest voller Eier gefunden, die man dem *Protoceratops* zuschrieb, einem mittelgroßen Pflanzenfresser. Da man annahm, hier einen Dieb erwischt zu haben, nannte man den neuen Saurier *Oviraptor*, „Eierräuber". In den 1990er-Jahren wurden weitere Eier gefunden, die denen aus dem 1920er-Fund glichen. Eines von ihnen enthielt aber ein *Oviraptor-Baby*, sodass man die These vom Eierdieb nicht aufrechterhalten konnte – der Tod hatte *Oviraptor* vielmehr auf seinem eigenen Nest beim Brüten ereilt.

DER SCHÄDEL

Der kleine, leichte Schädel des Oviraptor weist große Augenhöhlen auf. Besonders auffällig ist ein hoher Knochenkamm über der Nase, der wahrscheinlich von einer Hornschicht bedeckt war. Der zahnlose Schnabel des Sauriers erinnert stark an den eines Vogels.

Oviraptoren in ihrem Brutgebiet kümmern sich um ihre Gelege.

VOGELÄHNLICHER DINOSAURIER

Oviraptor war ein Fleischfresser mit langen Beinen, einem langen, schlanken Schwanz und großen Augen. Starke, klauenbewehrte Hände und ein zahnloser Schnabel stellten seine Waffen dar. Auf seinem vogelartigen Schädel thronte ein hoher Knochenkamm, dessen Funktion unklar ist. Wissenschaftler vermuten, dass *Oviraptor* mit weichen Daunen bedeckt war und an einigen Stellen, wie den Armen, Federn trug. Mit seinen langen Händen konnte er gut greifen. Seine drei Finger endeten in acht Zentimeter langen kräftigen, gebogenen Klauen.

RASANTER JÄGER

Oviraptor war ein schneller Läufer, der seine Beute verfolgte und dann mit Tritten und Schnabelhieben erlegte. Die Form seines Schnabels weist darauf hin, dass er auch Pflanzen gefressen hat – ein Allesfresser also, der sich sowohl vegetarisch als auch von Fleisch ernährte.

Name: *Oviraptor*
Lebte: *vor 80 Mio. Jahren*
Fundort: *Asien*
Länge: *1,8 m*
Nahrung: *Fleisch, Insekten, Eier, Pflanzen*
Habitat: *Halbwüste*

FÜRSORGLICHE ELTERN

Oviraptor lebte in Gruppen in einer trockenen Halbwüste. Seine langen Beine deuten auf große Schnelligkeit hin. Falls er einem modernen Strauß ähnelte, konnte er über kurze Distanzen wohl bis zu 70 Stundenkilometer erreichen. Bemerkenswert ist, dass er auf seinem Gelege brütete. Das deutet darauf hin, dass sich *Oviraptor* um seine Jungen kümmerte.

NESTER UND JUNGE

Oviraptor *baute sein Nest in einem zusammen geharkten Sandhügel und legte in eine Kuhle in der Mitte sein Gelege aus 15 bis 20 ovalen Eiern. Er bebrütete sein Gelege wie ein Vogel, bis die Jungen schlüpften.*

ORNITHOMIMIDEN

Eine Gruppe von Dinosauriern ähnelte stark den heutigen flugunfähigen Straußen, Emus und Hühnern. Man nennt sie Ornithomimiden, „Vogelnachahmer“. Sie hatten lange, aufs Rennen spezialisierte Beine, zahnlose Schnäbel und schlanke Arme mit Greifhänden. Man fand sie in vielen Regionen der Welt.

ORNITHOMIMUS

Kreide, vor 70 Mio. Jahren
Nordamerika
3,5 m lang

Der schlanke, langbeinige *Ornithomimus* war ein schneller Läufer. Ob er aber vor Gefahren floh oder Beute jagte, ist nicht bekannt. Er könnte ein Allesfresser gewesen sein, wie andere Mitglieder seiner Familie mit knochigen, zahnlosen Schnäbeln. Trifft das zu, dann ernährte sich *Ornithomimus* von Insekten, kleinen Reptilien und Säugetieren, Früchten, Eiern, Samen und Blättern. Sein scherenartiger Schnabel diente zum Zerkleinern der Nahrung.

GALLIMIMUS

Kreide, vor 70 Mio. Jahren
Asien
6 m lang

Gallimimus besaß einen langen, flachen, zahnlosen Schnabel und einen kleinen Schädel. Große Augen verschafften ihm wahrscheinlich ein gutes Sehvermögen. Sein Hals war lang und biegsam und sein Körper kurz und kompakt. An jeder Hand saßen drei Finger mit spitzen Klauen. Seine langen, schlanken Beine endeten in drei klauenbewehrten Zehen. *Gallimimus* war der größte der straußenähnlichen Dinosaurier.

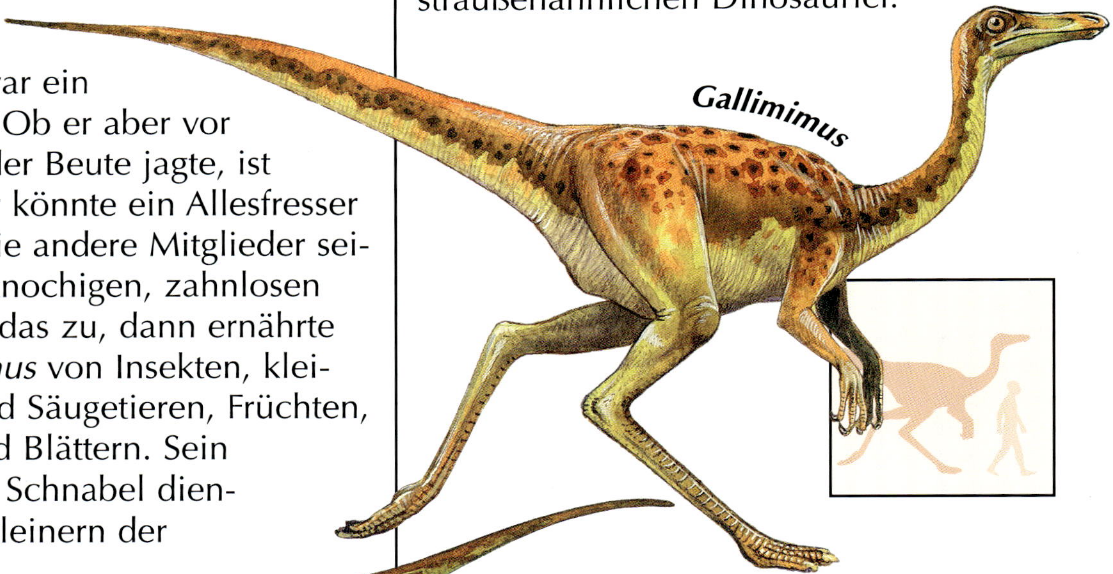

DEINOCHEIRUS

Kreide, vor
70 Mio. Jahren
Asien
Länge unsicher

Deinocheirus ist ein rätselhafter Dinosaurier. Bisher hat man nur seine massiven Armknochen entdeckt, die unglaubliche 2,4 Meter lang waren – die längsten Dinosaurierarme, die man je fand. Seine Hände endeten in 25 Zentimeter langen Klauen. Aus diesen Fragmenten haben Wissenschaftler geschlossen, dass er ein straußenähnlicher Dinosaurier war – der größte seiner Familie, zweimal so groß wie *Gallimimus*, das bis dahin größte Familienmitglied.

STRUTHIOMIMUS

Kreide, vor
70 Mio. Jahren
Nordamerika
3,5 m lang

Der leicht gebaute, langbeinige *Struthiomimus* lebte vermutlich in großen Herden. Sein langer, gebogener Hals endete in einem kleinen Schädel mit einem zahnlosen, vogelartigen Schnabel. *Struthiomimus* verfügte über recht kräftige Arme mit gebogenen Klauen an den Fingern. Seinen langen, starren Schwanz streckte er beim Laufen nach hinten – als Gegengewicht, das verhinderte, dass er vornüber fiel.

MISCHKOST

Früher hielt man Dinosaurier wie Gallimimus *für Pflanzenfresser. Heute geht man davon aus, dass sie als Allesfresser eine Mischkost aus Pflanzen und Fleisch verzehrten. Ihre langen Finger und scharfen Klauen waren perfekt zum Greifen von Eidechsen und Insekten geeignet.*

Die Wissenschaft nennt sie Dromäosaurier, „rennende Echsen“, aber weit bekannter sind sie unter dem Namen „Raptoren“. Mit ihren großen Greifhänden und langen, scharfen Klauen an den Füßen zählten sie zu den gefährlichsten Jägern unter den Dinosauriern. Nach heutigem Erkenntnisstand waren sie die Vorfahren unserer Vögel: Einige Dromäosaurier waren vermutlich gefiedert, und ihre Arme haben sich schließlich zu Flügeln entwickelt.

VELOCIRAPTOR

Kreide, vor 70 Mio. Jahren
Asien
1,8 m lang

Der gefährliche Jäger war mit scharfen Sägezähnen und einer großen sichelförmigen Klaue an der zweiten Zehe jedes Fußes ausgestattet. Beim Laufen drehte er die Klauen nach oben, um ihre Abnutzung zu vermeiden, aber beim Angriff klappte er sie nach vorne und schlitzte seine Beute damit auf. Man fand das Fossil eines *Velociraptors,* der in einen *Protoceratops,* einen mittelgroßen Pflanzenfresser, verbissen war – die willkommene Beute dieses Fleischfressers. *Velociraptor* machte wahrscheinlich in Rudeln Jagd auf junge, alte und schwache Tiere.

PYRORAPTOR

Kreide, vor 70 Mio. Jahren
Europa
1,8 m lang

Pyroraptor war ein kleiner, zweibeiniger Theropode, dessen versteinerte Zähne, Klauen, Arme und Wirbelknochen in Südfrankreich entdeckt wurden. Seine 6,5 Zentimeter langen, gekrümmten Klauen zeigen, dass er ein Dromäosaurier war – von diesen wie Vögel laufenden Echsen wurden in Europa nur wenige gefunden. Womöglich ist *Pyroraptor* identisch mit *Variraptor,* einem Dromäosaurier aus der gleichen Region Frankreichs.

DROMAEOSAURUS

Kreide, vor 70 Mio. Jahren
Nordamerika
1,8 m lang

Dromaeosaurus war der erste Dromäosaurier, den man entdeckte. Wie alle Mitglieder seiner Familie war er ein schneller Jäger, der über kurze Distanzen bis zu 60 Stundenkilometer erreichen konnte. Seine mächtigen Kiefer waren mit scharfen Zähnen bewehrt, und an der inneren Zehe jedes Fußes trug er eine große, gekrümmte, vielleicht einziehbare Klaue. Die großen Augen deuten auf ein gutes Sehvermögen hin.

UTAHRAPTOR

Kreide, vor 125 Mio.
Jahren, Nordamerika
6,5 m lang

Utahraptor ist der größte bekannte Dromäosaurier. Er hatte vier Zehen an jedem Fuß, von denen die zweite mit einer kräftigen, gekrümmten Klaue bewehrt war, die bei einem ausgewachsenen Tier bis zu 38 Zentimeter Länge erreichen konnte. Seine Finger wiesen kleinere Klauen auf. Als behänder Jäger kombinierte *Utahraptor* seine Schnelligkeit mit schierer Kraft, um seine Beute zu erlegen. Er fügte ihnen mit seinen Fußklauen an ungeschützten Stellen wie dem Bauch tiefe Wunden zu, während er sie mit den Händen und seinen Sägezähnen festhielt.

INTELLIGENTE JÄGER

Dromäosaurier waren intelligente Tiere, die miteinander kommunizierten und zusammenarbeiteten. Bei der Jagd gingen sie vermutlich in Rudeln vor und hetzten ihre Pflanzen fressenden Beutetiere. Wahrscheinlich trieben sie junge, alte und schwache Tiere aus der Herde heraus und brachten sie dann im Rudel zur Strecke.

DEINONYCHUS

Man hat mehrere versteinerte Skelette von *Deinonychus* gefunden, sodass er heute einer der bestuntersuchten und bekanntesten Dinosaurier ist. Der für Schnelligkeit und Angriff konzipierte *Deinonychus* war ein erfolgreicher Jäger, der auch Tiere erlegen konnte, die um ein Vielfaches größer waren als er selbst. Da er in Rudeln jagte, war er wohl ein intelligentes Tier, das seine Beute überlisten konnte.

SCHRECKLICHE KLAUE

Deinonychus *trug eine lange, gekrümmte Klaue an der zweiten Zehe jedes Fußes. Beim Angriff konnte er diese 13 Zentimeter lange Waffe nach vorne und unten klappen. Dank dieser Bewegung schnitt sie tief ins Fleisch der Beute. Dieser Klaue verdankt* Deinonychus *auch seinen Namen, der „schreckliche Klaue" bedeutet.*

EIN MANNSGROSSER JÄGER

Mit seinen zwei Metern Größe bewegte sich *Deinonychus* schnell auf zwei kräftigen Hinterbeinen fort. Jeder Fuß wies drei Zehen auf, von denen einer in einer langen, gefährlichen Klaue endete. Seine langen Arme trugen dreifingrige, kräftige Hände, die ebenfalls mit großen, gekrümmten Klauen bewehrt waren. Der geschwungene, biegsame Hals verlieh dem Kopf eine große Beweglichkeit. Rücken und Schwanz waren dagegen weniger mobil, sie wurden von kräftigen Bändern und Knochenstreben starr gehalten, um *Deinonychus* beim Laufen im Gleichgewicht zu halten. Der Saurier verfügte dank seiner großen Augen über das gute Sehvermögen des Jägers.

REISSZÄHNE

Der große Schädel von Deinonychus *war leicht gebaut, seine Kiefer waren mit acht Zentimeter langen, nach hinten gekrümmten Zähnen besetzt. Sie hatten Sägekanten, mit denen sie das Fleisch der Beute eher zerrissen als zerschnitten. Dank seiner starken Kiefermuskeln konnte* Deinonychus *sehr kraftvoll zubeißen.*

Ein Deinonychus-Rudel greift einen langsamen, wehrlosen Pflanzenfresser an und bringt ihm zahlreiche Wunden bei, an denen er langsam durch Blutverlust oder Infektionen sterben wird.

BEUTEGREIFER ODER AASFRESSER?

Deinonychus war wohl der erfolgreichste Jäger seiner Zeit und Region. Er jagte vermutlich in Rudeln von bis zu zehn Tieren, die das offene Waldland auf der Suche nach Beute durchstreiften. Eines seiner Beutetiere war ein großer, Pflanzen fressender Dinosaurier namens *Tenontosaurus*. Man hat zwischen den Knochen eines versteinerten Tenontosaurus-Skelett Deinonychus-Zähne gefunden und daraus geschlossen, dass *Deinonychus* diesen friedlichen Pflanzenfresser erlegte. Anderen Forschern zufolge zeigt der Fund hingegen, dass *Deinonychus* sich als Aasfresser von einem bereits toten Tier ernährte.

Name: *Deinonychus*
Lebte: *vor 110 Mio. Jahren*
Fundort: *Nordamerika*
Länge: *3 m*
Nahrung: *Fleisch*
Habitat: *offener Wald*

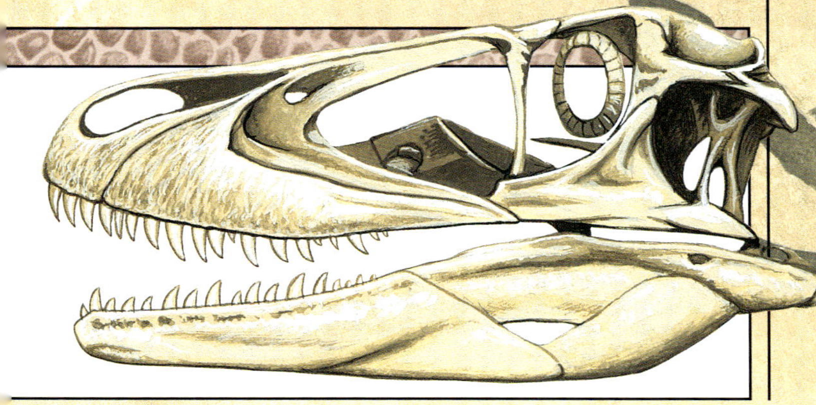

Enge Verwandte der Dromäosaurier waren kleine, bewegliche, Fleisch fressende Tiere, die in manchem Vögeln ähnelten: Sie waren von weichen Daunen bedeckt, ihre gefiederten Arme ähneln Flügeln und ihre klauenbewehrten Füße gaben ihnen Halt im Geäst. Bei ihnen handelte es sich noch nicht um echte Vögel, aber auch nicht mehr um echte Dinosaurier.

ARCHAEOPTERYX

Jura, vor 150 Mio. Jahren
Europa
60 cm lang

Archaeopteryx besaß schon die Vogelmerkmale Federn und Gabelbein. Seine Schwingenfedern waren asymmetrisch angeordnet, sodass er tatsächlich fliegen konnte. Allerdings hatte er noch Zähne, einen flexiblen Hals, klauenbewehrte Finger, lange Beine und einen knochigen Schwanz – alles Dinosauriermerkmale. Trotz seiner Vogelähnlichkeit waren seine Flügelmuskeln zu schwach, als dass er hätte weit fliegen können. Mithilfe der Klauen an seinen Schwingen erkletterte er wahrscheinlich die Bäume und glitt dann von Ast zu Ast durch die Luft.

PROTARCHAEOPTERYX

Jura, vor 150 Mio. Jahren
Asien
1 m lang

Der gefiederte *Protarchaeopteryx* aus China besaß recht lange befiederte Arme mit dreifingrigen, klauenbewehrten Händen sowie einen fächerförmigen Schwanz. Seine symmetrischen Schwingenfedern (wie bei heutigen flugunfähigen Vögeln) lassen vermuten, dass *Protarchaeopteryx* nicht fliegen konnte. Seine Arme und Hände ähneln noch sehr denen kleiner Fleisch fressender Dinosaurier – woraus man schließt, dass sich die Flatterbewegungen der Vogelschwingen aus der Greifbewegung beim Beutefang entwickelt haben. Aber warum legten sich Fleisch fressende Dinosaurier Federn zu, wenn sie vorerst nicht zum Fliegen dienten? Wahrscheinlich hielten sie die Tiere warm.

MICRORAPTOR

Kreide, vor 125 Mio. Jahren
Asien
40 cm lang

Der leicht gefiederte *Microraptor* aus China war ein früher Dromäosaurier, eine jener „rennenden Echsen“, zu denen auch der *Velociraptor* gehörte. Wie die anderen „Dino-Vögel“ besaß *Microraptor* keine voll ausgebildeten Federn und konnte mit großer Sicherheit nicht fliegen. Die weichen Daunen sollten seinen Körper offensichtlich wärmen. Vermutlich nutzte *Microraptor* seine Füße, um sich an Äste zu klammern. Er könnte also zumindest zeitweise schon in Bäumen gelebt haben. Mit seinen zahlreichen winzigen Zähnen fraß er Insekten und andere kleine Beutetiere.

BAMBIRAPTOR

Kreide, vor 75 Mio. Jahren
Nordamerika
1 m lang

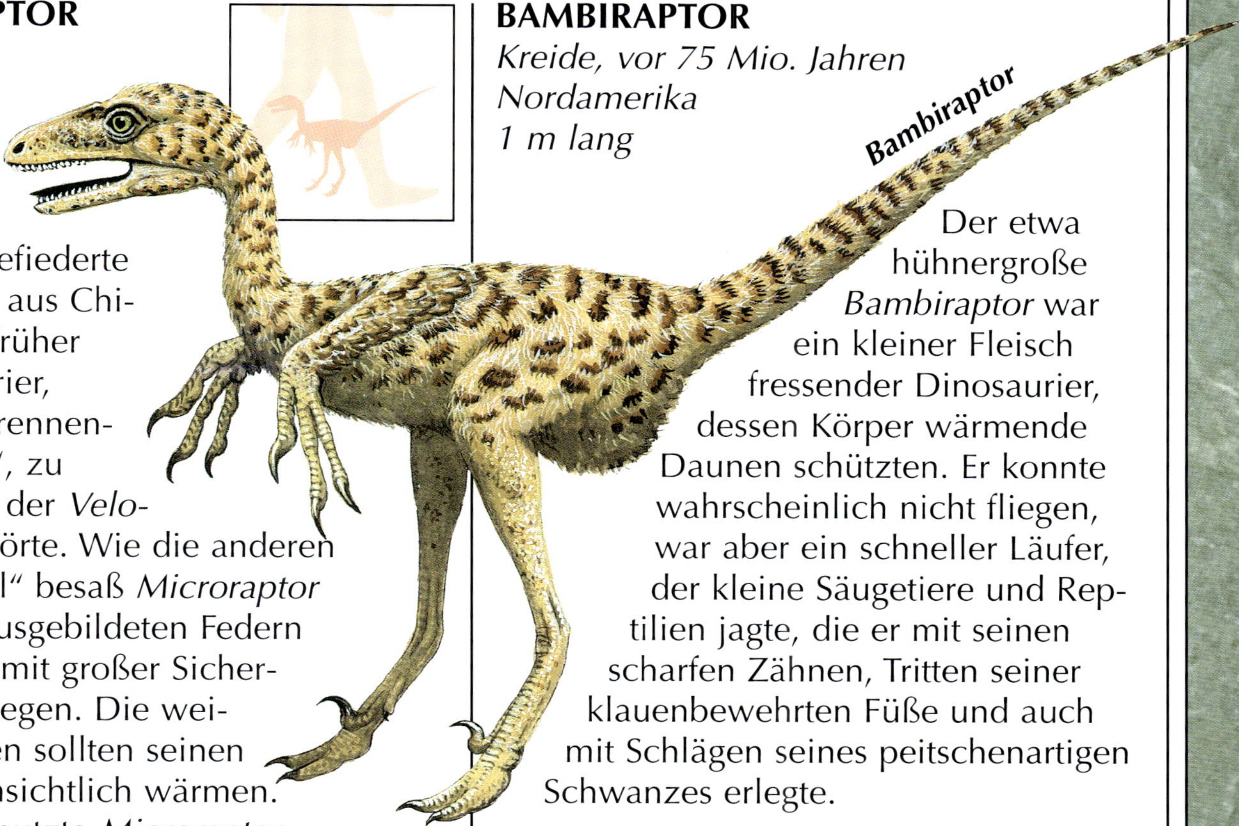

Der etwa hühnergroße *Bambiraptor* war ein kleiner Fleisch fressender Dinosaurier, dessen Körper wärmende Daunen schützten. Er konnte wahrscheinlich nicht fliegen, war aber ein schneller Läufer, der kleine Säugetiere und Reptilien jagte, die er mit seinen scharfen Zähnen, Tritten seiner klauenbewehrten Füße und auch mit Schlägen seines peitschenartigen Schwanzes erlegte.

AUF DIE BÄUME

Noch vor einigen Jahren galt es als undenkbar, dass Dinosaurier auf Bäume geklettert waren. Mittlerweile entdeckte man aber zahlreiche Arten gefiederter Saurier, deren Füße das Greifen erlaubten. Diese kleinen Tiere hausten wohl wie Vögel zeitweise in den Bäumen.

Die meisten gefiederten Dinosaurier wurden in China gefunden, und zwar in einer Gegend mit feinkörnigem Gestein, das selbst die feinsten Federstrukturen erhalten hat. Dank dieser Entdeckungen wurde die Verbindung zwischen Dinosauriern und Vögeln immer deutlicher.

CAUDIPTERYX

Kreide, vor 130 Mio. Jahren
Asien
1 m lang

Der gefiederte chinesische *Caudipteryx* konnte nicht fliegen, denn seine Arme waren nicht lang genug, um als Schwingen zu dienen, zudem waren seine symmetrischen Federn keine Flugfedern. Fliegen gelingt nur mit asymmetrisch angeordneten, geschwungenen Federn. *Caudipteryx* hatte lange Beine und einen kurzen Schädel mit Zähnen im vorderen Oberkiefer. Sein fächerförmiger Schwanz trug bis zu 20 Zentimeter lange Federn. Wie einige Vögel schluckte er kleine Steine, die seine Nahrung im Magen zu einem verdaubaren Brei zerkleinerten.

SINORNITHOSAURUS

Kreide, vor
125 Mio. Jahren
Asien, 1 m lang

Das Bemerkenswerte an dem truthahngroßen *Sinornithosaurus* waren nicht seine Federn, sondern seine Fähigkeit, mit den Armen zu „flattern“. Seine Schultermuskeln erlaubten eine Auf-und-Ab-Bewegung der Arme, die sich dabei wie bei Vögeln über die Schultern erhoben. Forscher nehmen an, dass *Sinornithosaurus* mit dieser Bewegung beim Laufen sein Gleichgewicht hielt, während er kleinen Beutetieren nachstellte.

SINOSAUROPTERYX

Kreide, vor 130 Mio. Jahren
Asien
1 m lang

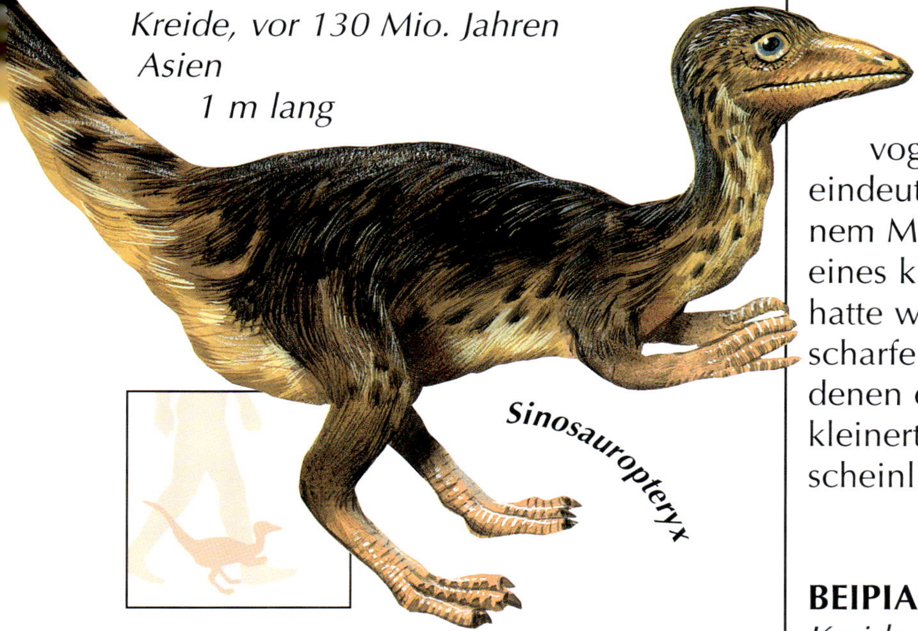

Als Foscher den Magen dieses chinesischen „Dino-Vogels" untersuchten, fanden sie Spuren seiner letzten Mahlzeit. Dieses vogelähnliche, flugunfähige Tier war eindeutig ein Fleischfresser, denn in seinem Magen fanden sich Kieferknochen eines kleinen Säugetiers. *Sinosauropteryx* hatte wie viele andere Theropoden scharfe Zähne mit Sägekanten, mit denen er das Fleisch seiner Beute zerkleinerte. Seine Federn dienten wahrscheinlich dazu, ihn zu wärmen.

FEDERN FÜR DIE BALZ

Caudipteryx *(„Schwanzfeder") verdankt seinen Namen dem auffällig gefiederten Schwanz. Seine Federn, auch die der Arme, waren vermutlich bunt gefärbt und dienten bei Balztänzen dazu, einen Partner anzulocken. Vielleicht spreizte er seine Federn auch, um größer und auf seine Feinde abschreckend zu wirken.*

BEIPIAOSAURUS

Kreide, vor
125 Mio. Jahren
Asien
2,1 m lang

Der schwer gebaute *Beipiaosaurus* ist der größte bisher bekannte Dinosaurier mit einem vollständigen Federkleid, vor allem an Armen und Beinen. Seine Arme endeten, wie die des verwandten *Therizinosaurus*, in sichelförmigen Klauen. Einige Wissenschaftler halten ihn für einen Pflanzenfresser.

KAPITEL DREI

GROSSE PFLANZENFRESSER

SAUROPODEN – DIE RIESIGEN VEGETARIER

Ihren Namen verdanken die größten aller Land-Dinosaurier dem berühmten amerikanischen Fossilien-Sucher Othniel Charles March (1831–1899), der sie 1878 Sauropoden nannte, „Echsen-Füße". Diese Giganten waren Pflanzenfresser (Herbivoren) und traten erstmals vor 220 Millionen Jahren auf. Ihre größte Verbreitung hatten sie im Jura. Die letzten Sauropoden starben vor etwa 65 Millionen Jahren aus.

MERKMALE

Die Sauropoden bewegten sich auf vier säulenartigen kräftigen Beinen. Erwachsene Tiere erreichten eine Länge zwischen sieben und enormen 40 Metern. Sie hatten lange Hälse, lange Schwänze und im Verhältnis dazu kleine Köpfe.

Um das Gewicht eines so gigantischen Körpers tragen zu können, waren kräftige Beine nötig. Die Beinknochen eines Sauropoden waren seine längsten und stärksten Knochen.

NAHRUNG FÜR DIE GANZE FAMILIE

Die enorme Länge hatte Vorteile: So konnten die Sauropoden mit ihren langen Hälsen das Blattwerk der Baumkronen erreichen, an das kleinere Pflanzenfresser sowenig herankamen wie die eigenen Jungen. Während die Erwachsenen in der Höhe grasten, rupften die Jungen die Blätter unten an den Bäumen ab. Auf diese Weise gab es keine Konkurrenz zwischen Jung und Alt.

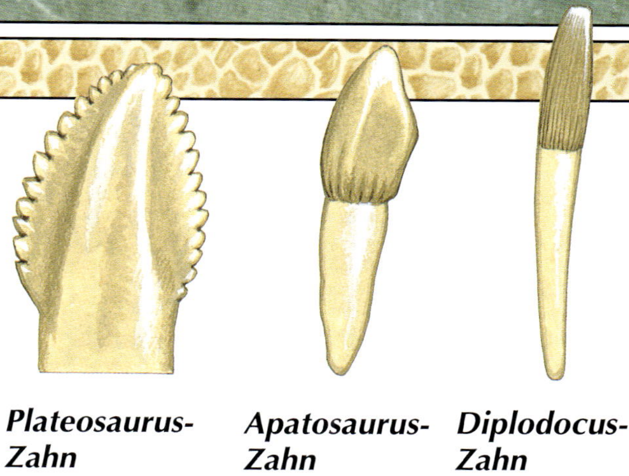

Die Sauropoden-Zähne erleichterten das Abstreifen der Blätter von den Ästen: Einige waren wie Löffel geformt, andere wie Kegel.

GUT FÜR DIE VERTEIDIGUNG

Je größer ein Tier ist, desto besser kann es sich verteidigen, und das galt auch für die Sauropoden. Sie konnten den großen Fleischfressern zwar nicht davonlaufen, aber ihre pure Körpermasse verlieh ihnen beim Zuschlagen mit Füßen und Schwanz gewaltige Kraft, sodass sich Angreifer schwere Verletzungen zuziehen konnten.

WO LEBTEN SIE?

Die Sauropoden waren auch in dem Sinn erfolgreich, dass sie große Teile der Welt besiedelten – ihre Fossilien fanden sich bisher auf jedem Kontinent mit Ausnahme der Antarktis.

In einer Landschaft des Jura vor etwa 150 Millionen Jahren weiden Brachiosaurier und andere riesige Herbivoren die Blättern der Baumkronen ab.

Vor etwa 230 Millionen Jahren streiften Dinosaurier mit langen Hälsen, kleinen Köpfen und enormen Körpern über die Erde. Sie waren Pflanzenfresser und vermehrten sich etwa 50 Millionen Jahre lang, bevor sie vor 180 Millionen Jahren ausstarben. Man nennt sie Prosauropoden, was „vor den Sauropoden" heißt – obwohl sich die Wissenschaftler nicht einigen können, ob sich die Sauropoden tatsächlich verwandtschaftlich aus ihnen entwickelt haben.

PLATEOSAURUS

Trias, vor 220 Mio. Jahren
Europa
7 m lang

Plateosaurus ist einer der ältesten Groß-Dinosaurier Europas. Er hatte einen kleinen, langen und schmalen Schädel, einen langen Hals und einen birnenförmigen Körper. Sein Schwerpunkt lag in den Hüften, und seine Hinterbeine waren länger als die Vorderbeine. Womöglich war *Plateosaurus* in der Lage, sich auf den Hinterbeinen aufzurichten und so die Kronen höherer Bäume zu erreichen, ebenso könnte er auf der Flucht aufrecht gelaufen sein. Meist war er jedoch wohl auf allen Vieren unterwegs. Man hält ihn für ein Herdentier.

MELANOROSAURUS

Trias, vor 220 Mio. Jahren
Südafrika
12,2 m lang

Der südafrikanische *Melanorosaurus* war ein sehr großer, schwer gebauter Dinosaurier mit langem Schwanz. Er bewegte sich auf allen Vieren, seine Hinterbeine waren länger als die Vorderbeine und die Füße hatten fünf Zehen.

Man hat zwar keinen Melanorosaurus-Schädel gefunden, nimmt aber an, dass er wie andere Prosauropoden auf dem langen Hals einen kleinen Kopf trug. Sie waren die ersten Dinosaurier, die sich ausschließlich von Pflanzen ernährten.

MUSSAURUS

Trias, vor 215 Mio. Jahren
Südamerika
3 m lang

Mussaurus war einer der frühesten Pflanzen fressenden Dinosaurier Südamerikas. Er lebte wahrscheinlich in Herden in einem wüstenartigen Lebensraum. Man hat zwar bisher keine ausgewachsenen Tiere gefunden, wohl aber ein Nest mit Jungen entdeckt. *Mussaurus* schlüpfte aus Eiern, die 2,5 Zentimeter groß waren – kleiner als ein Hühnerei. Ein erwachsener *Mussaurus* erreichte allerdings etwa die Größe eines Nilpferds. Er ernährte sich von Palmfarnen und Nadelhölzern, wobei seine Jungen die weicheren Teile der Pflanzen fraßen.

SPUREN IM SAND

Aus versteinerten Fußspuren schließt man, dass die Prosauropoden und nach ihnen die Sauropoden (anders als Krokodile) ihre Beine beim Gehen gerade unter ihren Körpern streckten – wie unsere Elefanten.

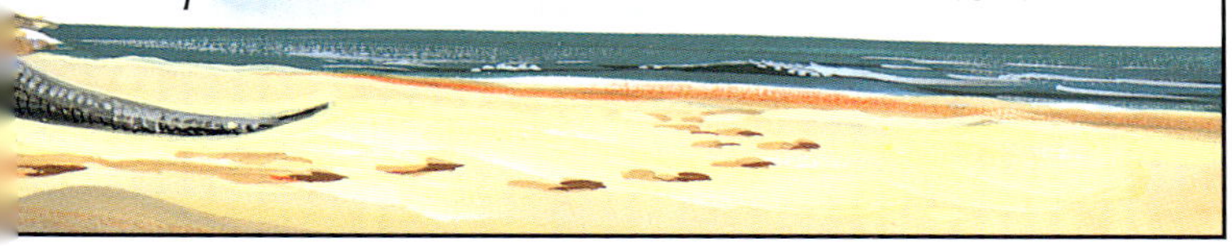

RIOJASAURUS

Trias, vor 220 Mio. Jahren, Südamerika
11 m lang

Riojasaurus war einer der größten und zugleich frühesten Prosauropoden. Im Gegensatz zu Verwandten wie *Plateosaurus,* konnte sich dieses Tier nicht auf die Hinterbeine aufstellen, obwohl sie etwas länger als seine Vorderbeine waren. *Riojasaurus* verharrte beim Laufen und Abweiden der Baumkronen auf allen Vieren. Trotz seiner Größe war er kein besonders schweres Tier, denn seine Wirbel hatten Hohlräume, die sein Gewicht reduzierten. Da auch die später auftretenden Sauropoden hohle Wirbel hatten, vermutet man, dass sie sich aus Prosauropoden wie *Riojasaurus* entwickelt haben.

Die Welt der Prosauropoden hatte wenig mit unserer heutigen gemein. Die Kontinente, wie wir sie kennen, existierten noch nicht, die Landmasse der Erde bildete einen einzigen Superkontinent: Pangäa. Die Dinosaurier konnten sich ungehindert ausbreiten. Erst als Pangäa zerbrach, entstanden allmählich die heutigen Erdteile. Die Bruchstücke wanderten um den Erdball und nahmen Prosauropoden und andere Tiere mit sich. Fossilien von Prosauropoden wurden auf jedem Kontinent gefunden – selbst in der Antarktis.

SELLOSAURUS

Trias, vor 225 Mio. Jahren, Europa
2,4 m lang

Dieser kleine, leicht gebaute Dinosaurier bewegte sich sowohl auf zwei als auch auf vier Beinen. Er hatte fünffingrige Hände mit je einer großen Daumenklaue. Der Pflanzenfresser besaß einen langen Schwanz, seine Hinterbeine waren länger als die Vorderbeine. *Sellosaurus* ähnelte dem *Plateosaurus*, aber er lebte früher und war auch kleiner. Auch seine Zähne waren anders geformt, sodass er sich wohl von weicheren Pflanzen als *Plateosaurus* ernährte.

THECODONTOSAURUS

Trias, vor 210 Mio. Jahren
Europa
2,1 m lang

Thecodontosaurus' Beine waren lang, seine Arme kurz. Man nimmt an, dass er sich beim Grasen auf allen Vieren fortbewegte, sich aber auf den Hinterbeinen aufrichtete, wenn er höher gelegenes Futter erreichen wollte oder fliehen musste – zumindest über kurze Distanzen. *Thecodontosaurus* besaß an jedem Fuß vier Zehen und an jeder Hand fünf Finger. An den Daumen trug er große hakenförmige Klauen, mit denen er sich womöglich Äste zum Maul führte. Seine löffelförmigen Backenzähne wiesen aufrechte Sägekanten auf.

LUFENGOSAURUS

Jura, vor 200 Mio. Jahren, Asien, 6 m lang

Lufengosaurus war ein chinesischer Verwandter des Plateosaurus. Auch er hatte einen langen Hals mit einem kleinen Schädel. Seine zahlreichen Zähne standen weit auseinander. Lufengosaurus war ein Pflanzenfresser, der auf allen Vieren lief, sich aber vermutlich aufrichten konnte, um höher gelegenes Laub zu erreichen. An seinen Händen saßen lange Finger und große Daumenklauen.

Lufengosaurus

Anchisaurus

SCHLUCKEN, NICHT KAUEN

Die Pflanzen fressenden Dinosaurier streiften sich Blätter von den Ästen. Dank großer Zwischenräume zwischen ihren Zähnen konnten sie weiches Laub geradezu „herauskämmen". Da sie keine Mahlzähne besaßen, schluckten sie die Blätter ganz herunter, die kräftigen Halsmuskeln beförderten sie dann in den Magen.

ANCHISAURUS

Jura, vor 190 Mio. Jahren Nordamerika, Afrika 2,4 m lang

Der kleine Pflanzenfresser *Anchisaurus* bewegte sich auf allen Vieren, der Körper blieb dabei in Bodennähe. Wahrscheinlich richtete er sich zum Fressen auf die Hinterbeine auf und stützte sich mit seinem Schwanz ab. Höher gelegene Blätter biss er mit seinen löffelförmigen Zähnen ab und sammelte sie in seinen Backen, ehe er sie hinunterschluckte. In seinem Magen wurden die Blätter vermutlich von kleinen, Gastrolithen genannten Steinen zu einem verdaulichen Brei zermahlen. *Anchisaurus* hat womöglich seine Daumenklauen benutzt, um sich Äste näher heran zu ziehen.

MASSOSPONDYLUS

***Massospondylus* ist ein gutes Beispiel für die langhalsigen und langschwänzigen Herbivoren des Unteren Jura. Dieser Dinosaurier lebte zwar vor den gigantischen Pflanzenfressern des Oberen Jura, ließ aber schon ahnen, wohin die Entwicklung führen sollte.**

LANG UND FLACH

Massospondylus war lang gestreckt, dabei an den Hüften nur etwas über einen Meter hoch. Wie andere Prosauropoden hatte er einen massigen Körper, einen langen Hals und Schwanz und einen kleinen Kopf. Seine Kiefer waren mit kegelförmigen Vorderzähnen besetzt, die zum Abstreifen von Laub dienten. Er besaß große Hände mit langen Daumenklauen.

IN DIE HÖHE

Man nimmt an, dass sich *Massospondylus* wie andere Prosauropoden auf die Hinterbeine aufrichten und so über kurze Strecken laufen oder auch hohe Pflanzen erreichen konnte. Wie unsere Rinder verbrachte der Prosauropode aber den größten Teil seiner Zeit mit Grasen und wird bei seiner Nahrungssuche weit gewandert sein. Vermutlich lebte er in Herden. Zahlreiche versteinerte Skelette im heutigen Südafrika belegen, dass er dort weit verbreitet war.

In dieser Szene aus dem Jura vor 200 Millionen Jahren weidet eine Gruppe von Massospondylen sowohl die Bodenvegetation als auch die Kronen von Baumfarnen und Gingkobäumen ab.

MAGENSTEINE

Herbivoren verschluckten Steine, die in ihren Mägen blieben. Diese Gastrolithen zermahlten die heruntergeschlungenen Blätter zu einem verdaubaren Brei. Im Magen eines südafrikanischen Massospondylus *fand man Gastrolithen, die von einem 20 Kilometer entfernten Ort stammten.*

EIN BAUMPLÜNDERER

Massospondylus ernährte sich von der Vegetation des Jura: Koniferennadeln, Palm- und Farnwedeln, Gingkoblättern und Schachtelhalmen am Boden.

Name: *Massospondylus*
Lebte: *vor 200 Mio. Jahren*
Fundort: *Afrika, Nordamerika*
Länge: *5 m*
Nahrung: *Pflanzen*
Habitat: *offenes Waldgebiet*

EINE PRAKTISCHE DAUMENKLAUE

Massospondylus *hatte fünf Finger an jeder Hand und je eine gekrümmte Klaue an den Daumen. Damit grub er wahrscheinlich Pflanzen aus und zog sich hoch gelegene Äste zum Abweiden an sein Maul.*

Der Familienstammbaum der Sauropoden lässt sich in drei Gruppen großer Pflanzenfresser unterteilen. Aus der Gruppe der Cetiosaurier stammen die ersten Sauropoden. Die Tiere hatten lange Hälse, lange Schwänze und schwere Körper. Viele von ihnen besaßen massive Wirbelsäulen, ein Merkmal der primitiven oder frühen Sauropoden.

BARAPASAURUS

Jura, vor 200 Mio. Jahren
Asien
18 m lang

Der in Indien gefundene *Barapasaurus* besaß einen großen, schweren Körper, einen langen Schwanz und schlanke Beine – bei einem großen Pflanzenfresser durchaus ungewöhnlich. Bisher wurden nur einige seiner Zähne, aber kein Schädel gefunden. Die Zähne waren löffelförmig, wiesen Sägekanten auf und dienten dem Abstreifen von Blattwerk. *Barapasaurus* lebte vermutlich in Herden.

CETIOSAURUS

Jura, vor 175 Mio. Jahren
Europa und Afrika
18 m lang

Cetiosaurus gelangte als der erste entdeckte Sauropode zu Ruhm, zugleich war er der erste, der einen wissenschaftlichen Namen erhielt. Seine riesigen Knochen fand man 1809 in England, 1841 gab man ihm den Namen *Cetiosaurus*, „Wal-Echse“ – seine Entdecker hatten ihn nämlich zunächst für ein gigantisches Meereswesen gehalten. Erst später begriff man, dass er ein Landbewohner gewesen war. *Cetiosaurus* bewegte sich auf vier säulenartigen Beinen fort. Da sein Hals steif war, konnte er seinen Kopf nicht allzu weit über seine Schultern erheben.

HAPLOCANTHOSAURUS

Jura, vor 150 Mio. Jahren
Nordamerika
22 m lang

Von diesem Sauropoden wurde bisher kein vollständiges Skelett gefunden – sowohl sein Schädel als auch die letzten Knochen seines Schwanzes fehlen noch. Trotzdem weiß man, dass *Haplocanthosaurus* ein großer, vierbeiniger Pflanzenfresser mit langem Hals und Rücken und langen Vorderbeinen war. Er ist der primitivste Sauropode, der bislang in Nordamerika gefunden wurde. Die primitiven oder frühen Sauropoden hatten noch massive Wirbelknochen – die leichteren Hohlknochen ihrer Nachfolger entwickelten sich erst später im Jura.

SHUNOSAURUS

Jura, vor
150 Mio. Jahren
China
10 m lang

Da man viele Exemplare des *Shunosaurus* in China gefunden hat, ist er einer der besterforschten Sauropoden. Sein bemerkenswertestes Merkmal war das mit Dornen besetzte Schwanzende aus miteinander verwachsenen Knochen. Diese schwere „Keule" könnte Angreifer auf Abstand gehalten haben. *Shunosaurus* ist der einzige bekannte Sauropode mit einer solchen Waffe – ein Merkmal, das sonst eher gepanzerte Dinosaurier wie *Ankylosaurus* aufweisen.

HOHLE KNOCHEN

Während die Sauropoden im Jura immer größer wurden, veränderten sich ihre Wirbelknochen. Anfangs noch massiv, entwickelten sie später Hohlräume im Wirbelinneren. Sie blieben damit noch stark genug, um ihre großen Körper zu stützen, verringerten aber wesentlich ihr Gewicht.

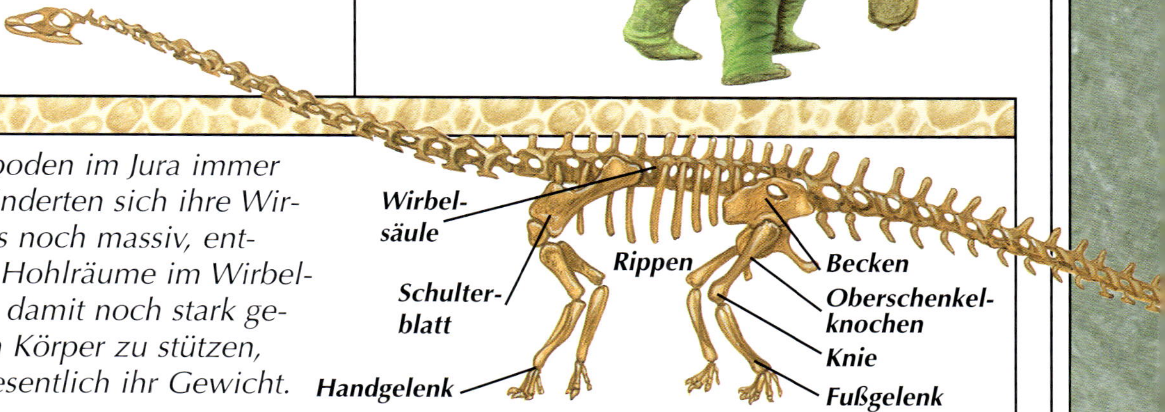

CAMARASAURIER

Die Camarasaurier waren ebenfalls Sauropoden. Sie entwickelten sich im Oberen Jura und scheinen bis zum Ende des Zeitalters der Reptilien überlebt zu haben. Sie sahen zwar aus wie die anderen großen Herbivoren, besaßen aber nach vorne gerichtete Zähne, die bei einigen Arten den gesamten Kiefer füllten. Dadurch unterscheiden sie sich von anderen Sauropoden.

CAMARASAURUS

Jura, vor 150 Mio. Jahren
Nordamerika und Europa
18 m lang

Der kleine, lang gestreckte Schädel von *Camarasaurus* endete in einer stumpfen Schnauze. Seine starken Kiefer waren mit breiten, löffelförmigen Zähnen besetzt, die dazu dienten, zähe, holzige Vegetation zu zerkleinern. Während andere Sauropoden die weichen, saftigen Pflanzenteile fraßen, ernährte sich *Camarasaurus* von den härteren Zweigen und Ästen. Nur seine Jungen fraßen weiches Pflanzenmaterial. Seine Vorderbeine waren etwa so lang wie die Hinterbeine, sein Rücken war damit parallel zum Boden ausgerichtet. *Camarasaurus* lebte vermutlich in Herden. Kratzspuren an seinen versteinerten Knochen zeigen, dass er eine Beute Fleisch fressender Dinosaurier wie *Allosaurus* war.

EUHELOPUS

Jura, vor 150 Mio. Jahren
Asien
15 m lang

Anders als viele Sauropoden, die nur im vorderen Bereich des Mauls Zähne aufwiesen, waren die Kiefer des in China gefundenen *Euhelopus* ganz mit Zähnen besetzt – ein Merkmal, das er mit *Camarasaurus* teilt. Sein Hals freilich war mit etwa fünf Metern Länge weit größer, denn er bestand aus 19 Wirbeln, während der drei Meter lange Hals des *Camarasaurus* sich aus zwölf Wirbeln zusammenfügte. Vorder- und Hinterbeine von *Euhelopus* waren beinahe gleich lang, sodass er sich nur mit waagerechtem Rücken fortbewegen konnte. Der Sauropode hatte große Nüstern auf der Schädeloberseite.

OPISTHOCOELICAUDIA

Kreide, vor 70 Mio. Jahren
Asien
12 m lang

Opisthocoelicaudia, einer der letzten Sauropoden, lebte in der Mongolei in offenen Waldgebieten, wo die Bäume bereits in niedrige Vegetation übergingen. Die meisten Wissenschaftler rechnen ihn den Camarasauriern zu, einige nehmen jedoch an, dass er zu den Titanosauriern gehörte. Leider wurden bisher weder Schädel noch Hals des Tiers gefunden, sodass seine endgültige Zuordnung noch offen ist. Die ungewöhnlich starken Schwanzknochen von *Opisthocoelicaudia* könnten dafür sprechen, dass er sich auf seinem Schwanz aufstützte, wenn er den Oberkörper aufrichtete, um an Baumkronen zu gelangen.

CAMARASAURIER-SCHÄDEL

Der Schädel des Camarasaurus *weist große Augen- und Nüsternhöhlen auf. Die Nase saß auf der Oberseite des Schädels. Weitere Schädelöffnungen verringerten sein Gewicht. Dieser Sauropode verfügte offenbar über ein gutes Seh- und Riechvermögen – hilfreich für die Futtersuche und die Frühentdeckung von Feinden. Die bis zu vier Zentimeter breiten Zähne waren von dickem, rauem Schmelz überzogen.*

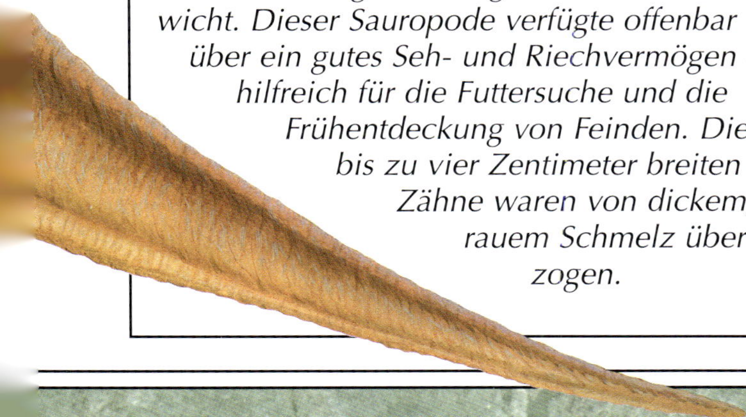

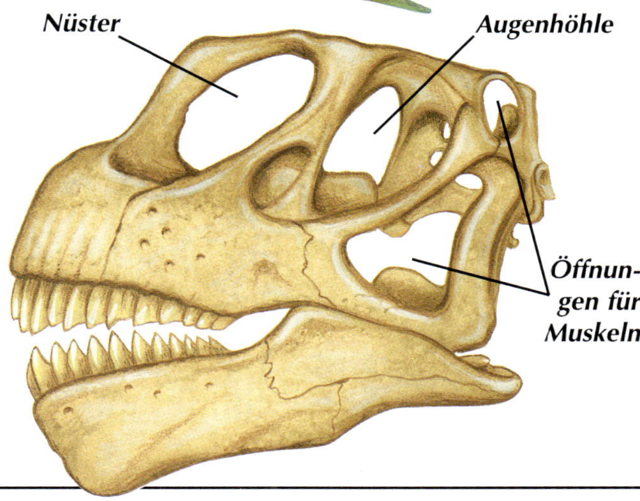

BRACHIOSAURUS

Brachiosaurus **war eine der „Giraffen" der Dinosaurier-Welt. Mit seinem ungeheuer langen Hals konnte er sowohl hohe Baumkronen erreichen, als sich auch weit nach vorne strecken. Sobald er sein Maul mit Blättern gefüllt hatte, schluckte er sie unzerkaut herunter. Sie gelangten in den Magen, wo sie von den Magensteinen, den Gastrolithen, zu einem verdaulichen Brei zermahlen wurden. Zum Überleben musste er jeden Tag 200 kg Pflanzenmaterial fressen.**

GUTER GERUCHSSINN

Brachiosaurus *besaß große Nüstern auf der Schädeloberseite. Man nimmt an, dass er gut riechen konnte. Möglicherweise war sein Geruchssinn sogar besser als seine Sehkraft, sodass er Nahrung und andere Tiere riechen konnte, bevor er sie sah.*

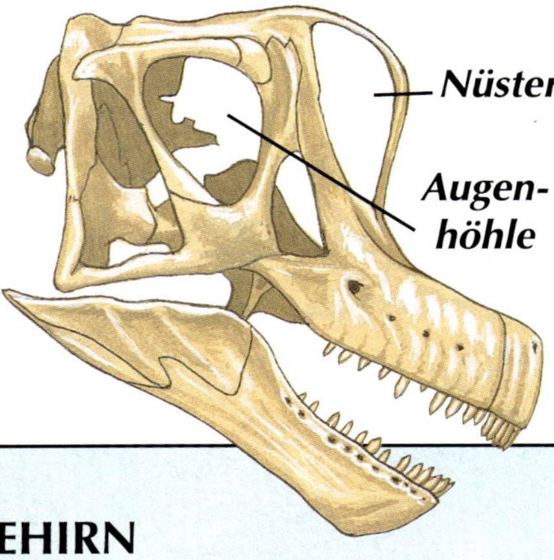

Ein Nadelwald des späten Jura wird von einer Herde hungriger Brachiosaurier entlaubt.

EIN MINIGEHIRN

Das herausragende Merkmal von *Brachiosaurus* war sein langer, eleganter Hals. Allerdings fiel sein Schädel für ein solch riesiges Tier sehr klein aus, und sein Gehirn war winzig. Er schritt auf vier säulenartigen Beinen, wobei seine Vorderbeine im Gegensatz zu den meisten Dinosauriern länger als seine Hinterbeine waren. Sein Körper neigte sich also zum kurzen Schwanz hin.

EIN HERDENTIER

Brachiosaurus lebte wohl in einem Herdenverband. Er verbrachte die meiste Zeit mit der Nahrungssuche oder dem Fressen. Wenn er eine Nahrungsquelle entdeckte, kam sein langer Hals zum Einsatz. *Brachiosaurus* konnte sich bis zu Baumkronen in 12–16 Metern Höhe recken. Mit seinen 52 meißelförmigen Zähnen riss und rupfte er dann die Blätter ab.

OBEN UND UNTEN

Brachiosaurus ernährte sich von den Hauptpflanzen des Jura: Gingkoblättern, Koniferennadeln, Palmwedeln und niedrig wachsenden Schachtelhalmen. Konnte er sich aber tatsächlich auf die Hinterbeine aufrichten und die Kronen der allerhöchsten Bäume erreichen? Oder blieb er mit allen Vieren fest auf dem Boden und schwenkte den langen Hals lediglich von einer Seite zur anderen, während er tiefer wachsende Pflanzen abgraste? Experten halten beides für möglich.

FAKTEN ZU BRACHIOSAURUS

Name: *Brachiosaurus*
Lebte: *vor 150 Mio. Jahren*
Fundort: *Afrika, Europa, Nordamerika*
Länge: *25 m*
Nahrung: *Pflanzen*
Habitat: *offene Waldgebiete*

Die wegen ihrer Schwanzknochen Diplodoziden („Doppelbalken“) genannten Sauropoden waren die längsten Tiere, die je auf der Erde lebten. Sie wandelten wie lebende Hängebrücken durch die Wildnis, wobei ihre langen Hälse durch noch längere Schwänze ausbalanciert wurden. Diplodociden waren in Nordamerika und Ostafrika weit verbreitet.

MAMENCHISAURUS

Jura, vor 160 Mio. Jahren
Asien
25 m lang

Mit 14 Metern war der Hals des chinesischen *Mamenchisaurus* einer der längsten aller Dinosaurier – er machte über die Hälfte seiner Gesamtlänge aus und bestand aus 19 Wirbeln, die jeweils von zwei überlappenden, stabförmigen Rippen gestützt wurden. Das machte den Hals recht steif, *Mamenchisaurus* konnte ihn also nur hinter dem kleinen, kastenförmigen Schädel und an den Schultern bewegen. Die Kiefer dieses Riesen waren mit löffelförmigen Zähnen besetzt, die sich ideal zum Abstreifen von Blättern eigneten. Magensteine zermahlten diese zu einem verdaubaren Brei.

APATOSAURUS

Jura, vor 150 Mio. Jahren
Nordamerika
21 m lang

Der überaus massive *Apatosaurus* hatte einen überraschend kleinen Schädel mit einem winzigen Gehirn. Ein ausgewachsenes Tier wog bis zu 30 Tonnen, die auf vier stämmigen Beinen ruhten. Die vorderen Gliedmaßen waren kürzer als die hinteren, jeder Fuß endete in kurzen Stummelzehen. Die Zehen der Vorderbeine waren stumpf, die der Hinterbeine aber zu Klauen ausgebildet. Die Füße hinterließen bis zu ein Meter große Abdrücke im Boden. Die Nüstern das *Apatosaurus* saßen auf seinem Schädel. Früher hielt man ihn für einen Wasserbewohner, der seinen Kopf wie einen Schnorchel benutzte. Diese Vorstellung gilt heute als eher unwahrscheinlich.

Seismosaurus

SEISMOSAURUS

Jura, vor
150 Mio. Jahren
Nordamerika, 40 m lang

Als einer der größten Diplodociden trug *Seismosaurus* wie die anderen Angehörigen seiner Familie auf einem unglaublich langen Hals einen winzigen Kopf. Die Vorderkiefer waren mit kegelförmigen Zähnen besetzt, seine Nüstern lagen auf der Schädeloberseite und seine Hinterbeine waren länger als die Vorderbeine. Bisher wurde nur ein einziges Seismosaurus-Skelett entdeckt, das aber sehr aufschlussreich war, denn auch dieser Gigant schluckte Steine (Gastrolithen), um seine pflanzliche Nahrung verdauen zu können: In seinem Magenbereich hat man etwa 250 Stück gefunden, jeder etwa fünf Zentimeter groß und glatt geschliffen.

PEITSCHENSCHWÄNZE

Die langen Schwänze aller Diplodociden liefen in einem dünnen, peitschenartigen Endstück aus. Beim Angriff eines Beutegreifers wäre dieser Peitschenschwanz eine effektive Waffe gewesen, um sich des Gegners zu erwehren.

Barosaurus

BAROSAURUS

Jura, vor 150 Mio. Jahren
Nordamerika, Afrika
27 m lang

Warum hatten Diplodociden wie *Barosaurus* so kurze Vorderbeine? Vielleicht aus Gründen der Balance, der Gewichtsersparnis oder um den Riesen das Sichaufrichten zu erleichtern, wenn das Fressen es erforderte. Der kräftige Schwanz mag dann als Stütze gedient haben. Aufgerichtet konnte *Barosaurus* mit seinem langen Hals Baumvegetation in 15 Meter Höhe erreichen.

Man nimmt an, dass gewaltige Tiere wie die Diplodociden über 100 Jahre alt wurden. In dieser langen Lebenszeit musste ein solches Tier zig Tonnen von Nahrung in Form von Blättern und Zweigen zu sich nehmen. Diese Dinosaurier waren „Fressmaschinen", deren kleine, stiftförmige Zähne Tag um Tag Blätter rupften, während rollende Magensteine in ihren Bäuchen die Nahrung zu einem Brei zermahlten.

SUPERSAURUS

Jura, vor 150 Mio. Jahren
Nordamerika
42 m lang

Als eines der größten Tiere, die jemals auf der Erde wandelten, wurde *Supersaurus* seinem Namen gerecht: Er war übergroß, fast zwei Tennisplätze lang, von den Zehen bis zum Kopf 16,5 Meter hoch, und trug dabei einen 12 Meter langen Hals und ein Gewicht von bis zu 50 Tonnen. Diese immense Last trug er auf vier säulenartigen Beinen. Seine Füße hatten breite, fleischige Fersenpolster wie heutige Elefanten. Wenn er lief, dienten diese Kissen als Stoßdämpfer: Seine Fußsohlen verbreiterten sich und fingen so die Erschütterungen der gewaltigen Schritte ab. *Supersaurus* lebte wohl in Herden, die zwischen den Weidegründen wanderten. Man nimmt an, dass er sich mit mehr oder weniger gerade gestrecktem Hals und Schwanz fortbewegte.

Supersaurus

DICRAEOSAURUS

Jura, vor 150 Mio. Jahren
Afrika
14 m lang

Dicraeosaurus

Dicraeosaurus war ein kleineres Mitglied der Diplodociden-Familie, besaß dafür einen größeren Kopf und einen Rückenwulst. Dieses ungewöhnliche Merkmal, das sich nur noch bei einem einzigen anderen Diplodociden, dem *Amargasaurus*, findet, rührt von Wirbelfortsätzen her, die vom Hals bis zum Schwanz reichten. Jeder Wirbelkörper öffnete sich nach oben hin zu einem „Y", an dem Muskeln befestigt waren. *Dicraeosaurus* und *Amargasaurus* gelten als Angehörige einer Seitenlinie der Diplodociden.

AMARGASAURUS

Kreide, vor
130 Mio. Jahren
Südamerika
10 m lang

Amargasaurus war ein mittelgroßer Diplodocide, dessen bemerkenswertestes Merkmal eine Doppelreihe von 65 Zentimeter langen Nackenstacheln war. Während einige Wissenschaftler vermuten, dass diese Stacheln einen Hautkragen trugen, nehmen andere an, dass sie mit einer harten, hornartigen Scheide bedeckt waren und als Waffen oder Schutz gegen angreifende Beutegreifer dienten. Von diesem Dinosaurier hat man bisher nur ein einziges Fossilienexemplar in Argentinien gefunden. Da sein Schwanz fehlt, ist seine genaue Größe unbekannt.

Amargasaurus

AMARGASAURUS MIT HALSKRAGEN?

Amargasaurus *trug zwei Reihen langer Knochenfortsätze auf dem Hals. Sie könnten in Form eines Kragens oder Kragenpaars mit Haut bespannt gewesen sein. Vielleicht dienten sie der Temperaturregulierung, indem sie Wärme aufnahmen und abgaben. Womöglich sollten sie auch in der Balz einen Partner anlocken oder aber Feinde abschrecken.*

KLEINE KÖPFE

Anders als Fleischfresser wie der Allosaurus *entwickelten die Diplodociden nur kleine, schmale, spitze Köpfe. Ihre Augen saßen in Höhe des hinteren Mauls, und ihre Nüstern befanden sich auf der Schädeloberseite. Der Vorderkiefer war mit stiftartigen Zähne besetzt.*

Diplodocus (10 Tonnen)

Allosaurus (3 Tonnen)

DIPLODOCUS

Diplodocus war einer der größten Diplodociden und gehört zu den am besten erforschten. Früher vermutete man, dass er seinen Schwanz über den Boden nachzog, heute nimmt man an, dass er ihn hob. Früher glaubte man, dass er sich zu den Baumkronen emporstreckte, heute scheint es sicher, dass er seinen Kopf kaum über die Schultern heben konnte.

FLEXIBLER SCHWANZ

Diplodocus, *„Doppelbalken", verdankt seinen Namen dem Bau seines Schwanzes. Unter jedem Schwanzwirbel lag ein weiteres Knochenstück, das die Blutgefäße im Inneren schützte und den Schwanz stabilisierte.*

Die langen schwankenden Hälse vorgestreckt, zieht eine Diplodocus-Herde zu neuen Weidegründen. Wurden sie angegriffen, schlugen sie vermutlich mit ihren Schwänzen um sich, um die Jäger zu vertreiben.

ZEHN TONNEN LEBENDGEWICHT

Der Hals von *Diplodocus* war etwa acht Meter lang, sein Schwanz mit 14 Metern sogar noch länger, er machte etwa die Hälfte seiner Gesamtlänge aus. Der Kopf des Sauriers war dagegen mit 50 Zentimetern Länge winzig. Seine Vorderkiefer waren mit zahlreichen kegelförmigen Zähnen besetzt. An den Seiten und im hinteren Kiefer hatte er keine Zähne. Die Hinterbeine waren länger als die Vorderbeine, an jedem Fuß saßen fünf Zehen. *Diplodocus* wog rund zehn Tonnen – etwa so viel wie zwei große Elefanten, was an seiner Größe gemessen wenig ist. Der Grund für dieses Leichtgewicht: Seine Wirbel wiesen Hohlräume auf.

DEN KOPF ÜBER DEM BODEN

Bei der Fortbewegung hielt *Diplodocus* Kopf und Hals mehr oder weniger parallel zum Boden. Forscher vermuten, dass er in Herden lebte, die von einem Weidegrund zum nächsten zogen. Neue Untersuchungen zeigen, dass *Diplodocus* seinen Kopf kaum über Schulterhöhe heben konnte. Das bedeutet, dass er nicht wie andere Sauropoden Baumkronen abgrasen konnte.

FARNFRESSER

Da *Diplodocus* seinen Kopf nicht über die Schultern heben konnte, um das Laub höherer Bäume zu erreichen, hat er sich wohl von niedrig wachsender Vegetation wie Schachtelhalmen und Farnen ernährt.

Name: *Diplodocus*
Lebte: *vor 150 Mio. Jahren*
Fundort: *Nordamerika*
Länge: *27 m*
Nahrung: *Pflanzen*
Habitat: *offene Waldgebiete*

DIPLODOCUS-SCHÄDEL

Der Schädel von Diplodocus *zeigt, dass er nur im vorderen Kiefer Zähne trug. Mit ihnen streifte er Blattwerk von den Pflanzen. Er verfügte über 50 bis 60 schwache, kegelförmige Vorderzähne, besaß aber keine Mahlzähne.*

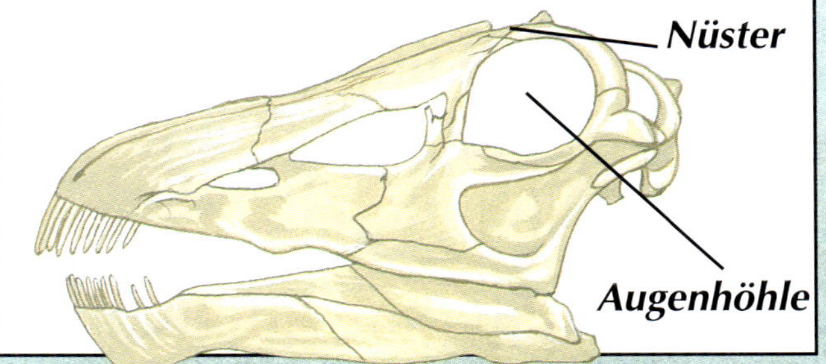

Die jüngsten Sauropoden waren die Titanosaurier, die „Riesenechsen". Die Tiere erreichten Längen zwischen sieben und gigantischen 30 Metern. Einige oder vielleicht auch alle verfügten über eine knochige Körperpanzerung. Sie sind die einzigen Sauropoden mit diesem Merkmal. Die Titanosaurier traten erstmals im Oberen Jura oder in der Unteren Kreidezeit auf, also vor etwa 145 Millionen Jahren, und überlebten bis zum Ende des Zeitalters der Reptilien vor 65 Millionen Jahren.

SALTASAURUS

Kreide, vor 80 Mio. Jahren
Südamerika
12 m lang

Saltasaurus aus Argentinien war einer der kleinsten und ungewöhnlichsten Titanosaurier. Bis zu seiner Entdeckung waren Sauropoden mit einer „gepanzerten" Haut unbekannt. Abgesehen von dieser Panzerung besaß *Saltasaurus* aber viele gemeinsame Merkmale mit den Sauropoden, wie den langen biegsamen Hals, die Säulenbeine und den schlanken Schwanz.

ARGENTINOSAURUS

Kreide, vor 90 Mio. Jahren
Südamerika
30 m lang

Er war der schwerste bekannte Dinosaurier und das schwerste Landtier, das jemals lebte. Man hat bisher nur wenige Knochen des *Argentinosaurus* gefunden, etwa die 1,5 Meter großen Wirbelknochen. Aus ihnen schloss man auf die vermutliche Größe dieses Riesendinosauriers, der 100 Tonnen oder mehr gewogen haben mag – und das, obwohl er, ungewöhnlich für einen Pflanzenfresser, hohle Rippen besaß. Vermutlich hatte er im Fleisch fressenden *Giganotosaurus* einen gefährlichen Feind.

ALAMOSAURUS

Kreide, vor 70 Mio. Jahren
Nordamerika
21 m lang

Alamosaurus, der zum Ende des Zeitalters der Reptilien lebte, war der einzige Titanosaurier in Nordamerika und einer der letzten großen Pflanzenfresser überhaupt. Zu seiner Zeit gab es schon seit 35 Millionen Jahren keine anderen Sauropoden mehr auf dem nordamerikanischen Kontinent. Wissenschaftler glauben, dass *Alamosaurus* über den Isthmus von Panama aus Südamerika einwanderte, wo die meisten Titanosaurier lebten.

MALAWISAURUS

Kreide, vor 100 Mio. Jahren
Afrika
10 m lang

Malawisaurus ist einer der ältesten bisher entdeckten Titanosaurier und auch einer der kleinsten. Er wurde nach dem Land benannt, in dem man seine Fossilien entdeckte: Malawi in Ostafrika. Glücklicher- und ungewöhnlicherweise wurden neben anderen Knochen auch Teile seines Schädels gefunden. Man nimmt an, dass auch *Malawisaurus* gepanzert war, kann das bislang aber nicht beweisen.

DER HAUTPANZER DES SALTASAURUS

Saltasaurus *wurde durch seine ungewöhnliche gepanzerte Haut bekannt. Sein Rücken war mit etwa 10 Zentimeter großen, ovalen Knochenplatten gepanzert, zwischen denen erbsengroße Knötchen saßen. Die auf diese Weise verstärkte Haut schützte* Saltasaurus *vor den Zähnen und Klauen von Beutegreifern. Einen Angriff musste ein Jäger also gegen einen verletzlichen Bereich wie den ungepanzerten Bauch des Tiers richten.*

Da man nur selten vollständige Titanosaurier-Skelette findet, kann man nur erahnen, wie diese großen Dinosaurier aussahen. Aus dem Fund kegelförmiger Zähne, die man von bekannteren Dinosauriern kennt, schloss man, dass die Titanosaurier zur Familie der Diplodociden gehörten. Heute hält man diese Übereinstimmung nur noch für zufällig und betrachtet die Titanosaurier darum als eine eigene Gruppe.

JANENSCHIA

Jura, vor 155 Mio. Jahren
Afrika
24 m lang

Janenschia ist bisher nur durch ein einziges unvollständiges Exemplar bekannt, das in Tansania gefunden wurde. Sein Schädel und viele wichtige Knochen fehlen. Lange Zeit hielt man ihn für einen der ältesten Titanosaurier, zudem galt er als einer der wenigen, die außerhalb Südamerikas gefunden wurden, wo sie am weitesten verbreitet waren. Heute halten Wissenschaftler *Janenschia* nicht mehr für einen Titanosaurier, sondern zählen ihn zu den Camarasauriern.

PARALITITAN

Kreide, vor
95 Mio. Jahren
Afrika
25 m lang

Mi einem Gewicht zwischen 50 und 80 Tonnen war der in Ägypten entdeckte *Paralititan* einer der schwersten bekannten Dinosaurier. Er lebte in einer tropischen Küstenregion mit Sümpfen, Buchten und Mangroven. Bisher wurde nur ein einziges unvollständiges Exemplar gefunden, aber die 16 Knochen belegen, dass er zu den Titanosauriern zählte. Sein Kopf reichte etwa neun Meter hoch über den Boden.

EIN STARKES HERZ

Sauropoden hatten riesige Herzen, die kräftig genug sein mussten, die gewaltigen Körper mit Blut zu versorgen. Wenn ein Sauropode seinen Kopf höher als das Herz hob, musste dieses zusätzliche Arbeit leisten, um das Blut gegen die Schwerkraft durch den Hals des Tiers nach oben zu seinem Gehirn zu pumpen.

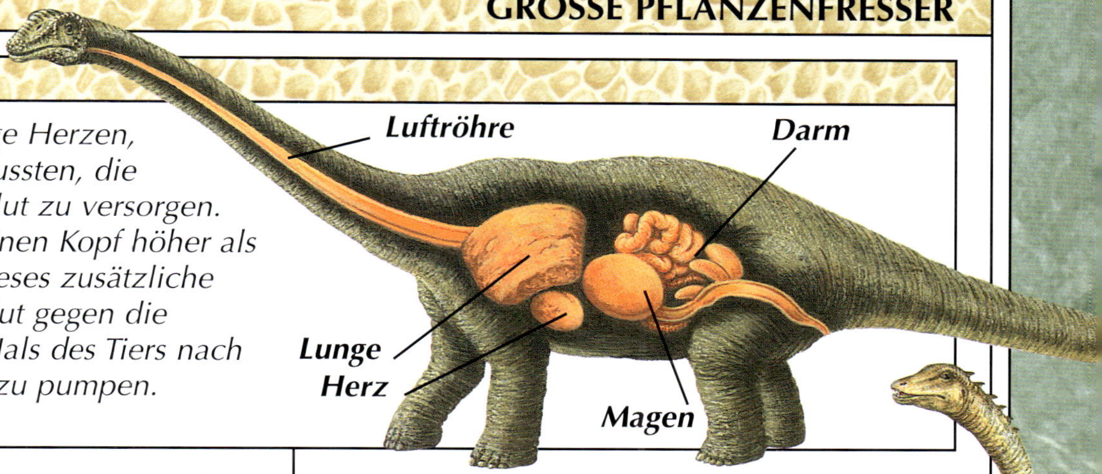

AEGYPTOSAURUS

Kreide, vor 95 Mio. Jahren
Afrika
15 m lang

Von dem nach seinem Fundort benannten *Aegyptosaurus* („Ägyptische Echse") wurden nur einige Wirbel, ein paar Beinknochen und ein Teil der Schulter entdeckt. Sie wurden zur Untersuchung nach Deutschland geschickt, aber 1944 im Zweiten Weltkrieg zerstört. Bis zu neuen Funden bleibt *Aegyptosaurus* also ein Phantom. Man hält ihn für einen Titanosaurier, weil seine Beinknochen denen des *Saltasaurus* ähnelten.

ANTARCTOSAURUS

Kreide, vor 80 Mio. Jahren
Südamerika, Asien
18 m lang

Antarctosaurus, dessen Name „südliche Echse" bedeutet (er stammt von der Südhalbkugel), wurde in mehreren Ländern Südamerikas sowie in Indien gefunden. Früher waren die Kontinente Asien und Südamerika miteinander verbunden und *Antarctosaurus* konnte sich auf beiden verbreiten. In Südamerika fand man in der Nähe von Antarctosaurus-Fossilien Bruchstücke von melonengroßen, runden Eiern. Sie könnten zu diesem oder einem ähnlichen Titanosaurier gehört haben.

TITANOSAURIER 3

Die Titanosaurier waren weit verbreitet. Mit Ausnahme Australiens und der Antarktis wurden ihre versteinerten Überreste auf allen Kontinenten gefunden. Besonders viele Exemplare entdeckte man in Südamerika, wo jüngere Funde von Eiern, die den Titanosauriern zugerechnet werden, wichtige Informationen über die früheste Entwicklungsphase der Riesentiere liefern.

NEUQUENSAURUS

Kreide, vor
70 Mio. Jahren
Südamerika
15 m lang

Neuquensaurus

Der in Argentinien gefundene *Neuquensaurus* war ein mittelgroßer Titanosaurier und insofern typisch für diese Gruppe, als vor allem sein Rücken mit ovalen Knochenplatten und Höckern gepanzert war, so genannten Osteodermien: Knochen, die sich in der Dinosaurierhaut bildeten. Bisher hat man nur wenige Teile von *Neuquensaurus* gefunden, denen zufolge er wohl dem *Saltasaurus* ähnelte. Vielleicht stellt sich heraus, dass es sich um dasselbe Tier handelt.

SAUROPODENEIER

Von Sauropoden gelegte Eier waren in der Regel rund oder nahezu rund. Sie hatten eine höckerige, unebene Oberfläche. Die Schalen von Eiern, die vielleicht von Titanosauriern

RAPETOSAURUS

Kreide, vor 70 Mio. Jahren
Afrika
8 m lang

Auf Madagaskar vor der Ostküste Afrikas wurde ein nahezu vollständiges Skelett eines jungen *Rapetosaurus* gefunden – eine besonders wichtige Entdeckung,

weil es sich um den ersten Titanosaurier mit komplett erhaltenem Schädel handelte. Bis zu seiner Ausgrabung 1995 wusste niemand, wie die Schädel dieser großen Tiere aussahen. Der von *Rapetosaurus* war klein und wies, wie bei *Diplodocus*, über den Augen Höhlen von Nüstern auf. Der Schädel ähnelt dem des *Brachiosaurus*, mit dem *Rapetosaurus* wohl verwandt war. Ähnlich auch der lange Hals und der lange, schlanke Schwanz.

HYPSELOSAURUS

Kreide, vor
70 Mio. Jahren
Europa
12 m lang

Der mittelgroße *Hypselosaurus* besaß dickere Beine als die anderen Mitglieder seiner Familie. Seine Überreste wurden in der Nähe mehrerer etwa 30 Zentimeter großer, fast runder Eier gefunden. Es ist nicht sicher, ob sie von *Hypselosaurus* stammen. Falls es aber seine Eier sind, wäre bewiesen, dass die Sauropoden nicht lebende Jungen gebärten, sondern Eier legten. Man schätzt, dass ein gerade geschlüpfter *Hypselosaurus* etwa drei Kilogramm und ein ausgewachsenes Tier ca. fünf Tonnen wog.

Hypselosaurus

stammen, waren so dick wie ein Bleistift. Eine derart kräftige Eierschale bot Schutz vor Nesträubern. Durch Poren konnte genug Atemluft für den Embryo eindringen.

TITANOSAURUS

1871 wurde nahe der indischen Stadt Jabalpur das 1,17 Meter lange Stück eines massiven Oberschenkelknochens gefunden. Man erkannte sofort, dass es zu einem Dinosaurier gehörte, konnte es aber keinem bekannten zuordnen. Als dann in der gleichen Region mehrere große Schwanzknochen ausgegraben wurden, war klar, dass es sich um eine neue Dinosaurier-Art handelte.

DIE NAMENSGEBUNG

Der englische Geologe Richard Lydekker (1849–1915) nannte den neuen Dinosaurier 1877 *Titanosaurus indicus* – der Name bedeutet „indische Riesenechse“. Es handelte sich um den ersten wichtigen Saurierfund auf der Südhalbkugel, zugleich war es der seinerzeit größte bekannte Dinosaurier, weshalb Lydekker ihn auch nach den Titanen der griechischen Mythologie benannte.

PEITSCHENSCHWANZ

Titanosaurus ähnelte sehr dem *Diplodocus*. Wie dieser hatte er einen langen Hals und einen peitschenförmigen, spitz zulaufenden Schwanz. Sein Rücken war mit kleinen Panzerplatten besetzt.

FAKTEN ZU TITANOSAURUS

Name: *Titanosaurus*
Lebte: *vor 70 Mio. Jahren*
Fundort: *Afrika, Asien*
Länge: *20 m*
Nahrung: *Pflanzen*
Habitat: *offene Waldgebiete*

In einer Landschaft der Oberen Kreidezeit tritt eine Gruppe von Titanosauriern aus dem Wald, um an einem Süßwasserteich zu trinken.

ALT UND JUNG ZUSAMMEN

Womöglich lebte *Titanosaurus* in einem wandernden Herdenverband aus alten und jungen Tieren.

STEINE IM BAUCH

Als Pflanzenfresser ernährte sich *Titanosaurus* von der typischen Vegetation der Oberen Kreidezeit. Blütenpflanzen wie Magnolie und Schneeball beherrschten den Boden und verdrängten ältere Arten wie Farne und Schachtelhalme. Gräser gab es noch nicht. Neben den nach wie vor häufigen Nadelhölzern und Palmfarnen wuchsen Eiche, Ahorn, Walnuss und Buche. Wie bei anderen großen Pflanzenfressern halfen wohl auch *Titanosaurus* Magensteine (Gastrolithen), die verschlungenen Pflanzen zu einem Brei zu zermahlen, den der Verdauungstrakt des Tiers verwerten konnte.

TOD EINES GIGANTEN

Wo immer Titanosaurus *wanderte, waren seine Jäger nicht weit. Seine Größe war seine beste Verteidigung: Die Gewalt seines Schwanzhiebs oder Tritts konnte wohl jeden Angreifer vertreiben. Darum konzentrierten sich die Fleischfresser sicher auf schwächere Tiere: junge, alte und kranke.*

KAPITEL VIER

PANZER, HÖRNER, KNOCHEN-PLATTEN

Nicht alle Pflanzen fressenden Dinosaurier erreichten Größen wie die Sauropoden des Jura, die ja nur *eine* Gruppe von Herbivoren waren, die sich im Zeitalter der Reptilien entwickelten. Andere, mindestens ebenso so interessante Pflanzenfresser waren diejenigen, die sich durch verschiedene Formen von „Körperschmuck" auszeichneten – von Knochenplatten auf dem Rücken bis hin zu Stacheln und Hörnern an Schwanz und Kopf. Die Wissenschaft unterteilt diese Dinosaurier in verschiedene Familien.

In einer Landschaft vor etwa 70 Millionen Jahren liefert ein Fluss das Trinkwasser für eine Gruppe Dinosaurier mit Panzern, Hörnern und Kopfschilden.

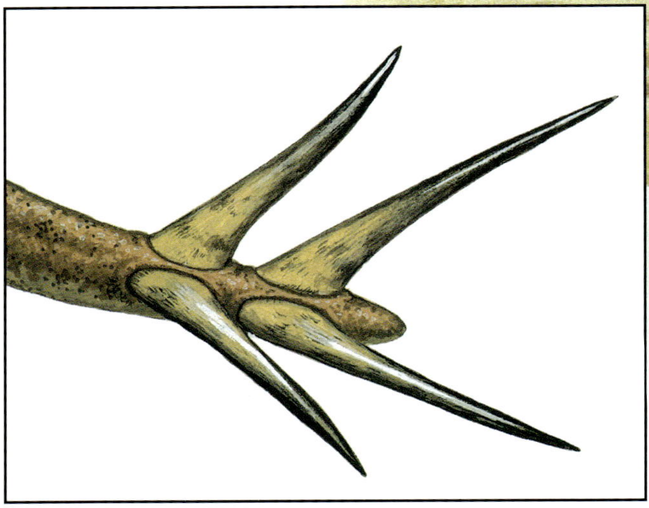

Einige Dinosaurier trugen lange, spitze Dorne am Schwanzende.

KNOCHENPLATTEN

Die Stegosaurier waren mittelgroße bis große Pflanzenfresser, die sich auf allen Vieren bewegten und mehrere aufrecht stehende Knochenplatten und Dorne auf dem Rücken und am Schwanz trugen. Der bekannteste ist *Stegosaurus*.

GEPANZERTE DINOSAURIER

Auch die Nodosaurier und Ankylosaurier – mittelgroße Pflanzenfresser – bewegten sich auf vier kurzen Beinen fort. Ihre Haut war durch integrierte Knochenpanzer verstärkt. Einige trugen kurze Stacheln, andere verfügten über Schwanzkeulen. Der bekannteste ist *Ankylosaurus.*

„UMKRÄNZTE SCHÄDEL"

Weitere Dinosaurier-Gruppen mit Körperschmuck waren die Ceratopsia (die gehörnten Saurier) und die Pachycephalosaurier (Saurier mit Knochenschilden am Kopf) – gemeinsam werden sie als Marginocephalia („umkränzte Schädel") bezeichnet. Der Name bezieht sich auf die verschiedenen Knochenschilde, Kronen und Hörner, die sie am Kopf trugen. Einige von ihnen schritten auf allen Vieren, andere auf zwei Beinen. Sie alle waren aber Pflanzenfresser. Der bekannteste gehörnte Dinosaurier ist *Triceratops,* der bekannteste Knochenschild-Dinosaurier *Stegoceras.*

Einige Dinosaurier trugen Hörner und Knochenschilde oder -kragen am Kopf.

Die Stegosaurier existierten 80 Millionen Jahre lang. Erstmals traten sie vor 170 Millionen Jahren auf, und einige von ihnen überlebten bis in die Mittlere Kreidezeit vor etwa 90 Millionen Jahren. Ihre größte Verbreitung hatten sie gegen Ende des Jura vor 150 Millionen Jahren. Sie lebten in Afrika, Asien, Europa und Nordamerika.

SCELIDOSAURUS

Jura, vor 200 Mio. Jahren
Europa
4 m lang

Scelidosaurus zählt zwar nicht zu den Stegosauriern, gilt aber als einer ihrer Vorfahren. Betrachtet man die vielen kleinen Knochenplatten auf seiner Haut, verwundert dies nicht. Anders als die großen, hoch aufragenden Platten der Stegosaurier waren die des *Scelidosaurus* noch klein und niedrig. Einige zeigten Furchen, andere waren konisch geformt. *Scelidosaurus* war wohl ein langsamer Herbivor mit einem kleinen Kopf, und sein Schwanz war länger als der eines Stegosauriers.

DACENTRURUS

Jura, vor 155 Mio. Jahren
Europa
5 m lang

Dacentrurus ist einer der wenigen Knochenplatten tragenden Dinosaurier, die bisher in Europa entdeckt wurden. Er trug zwei Reihen von Dornpaaren auf Hals, Schwanz und Rücken und ähnelte sehr dem afrikanischen Stegosaurier *Kentrosaurus*. *Dacentrurus* („spitzer Schwanz“) wurde ursprünglich *Omosaurus* („Schulterechse“) genannt, aber dieser Name war bereits an eine ausgestorbene Krokodilart vergeben.

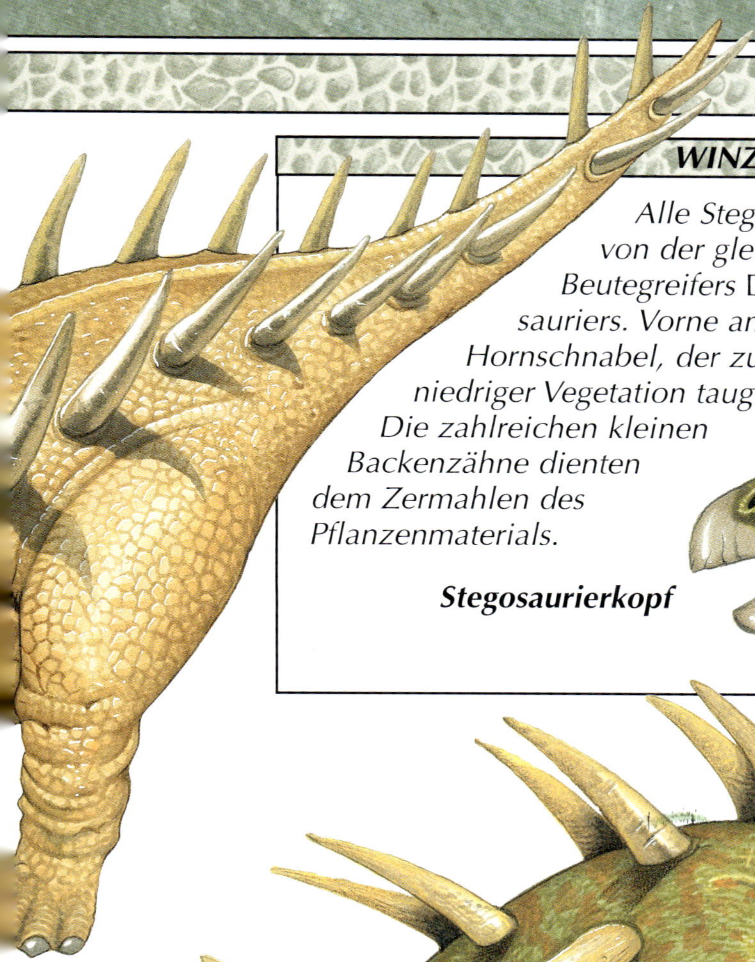

WINZIGE KÖPFE

Alle Stegosaurier hatten kleine Köpfe, etwa von der gleichen Größe wie z. B. der des Beutegreifers Deinonychus, eines Dromaeosauriers. Vorne am Maul saß ein kleiner Hornschnabel, der zum Rupfen niedriger Vegetation taugte. Die zahlreichen kleinen Backenzähne dienten dem Zermahlen des Pflanzenmaterials.

Stegosaurierkopf

Dromaeosaurierkopf

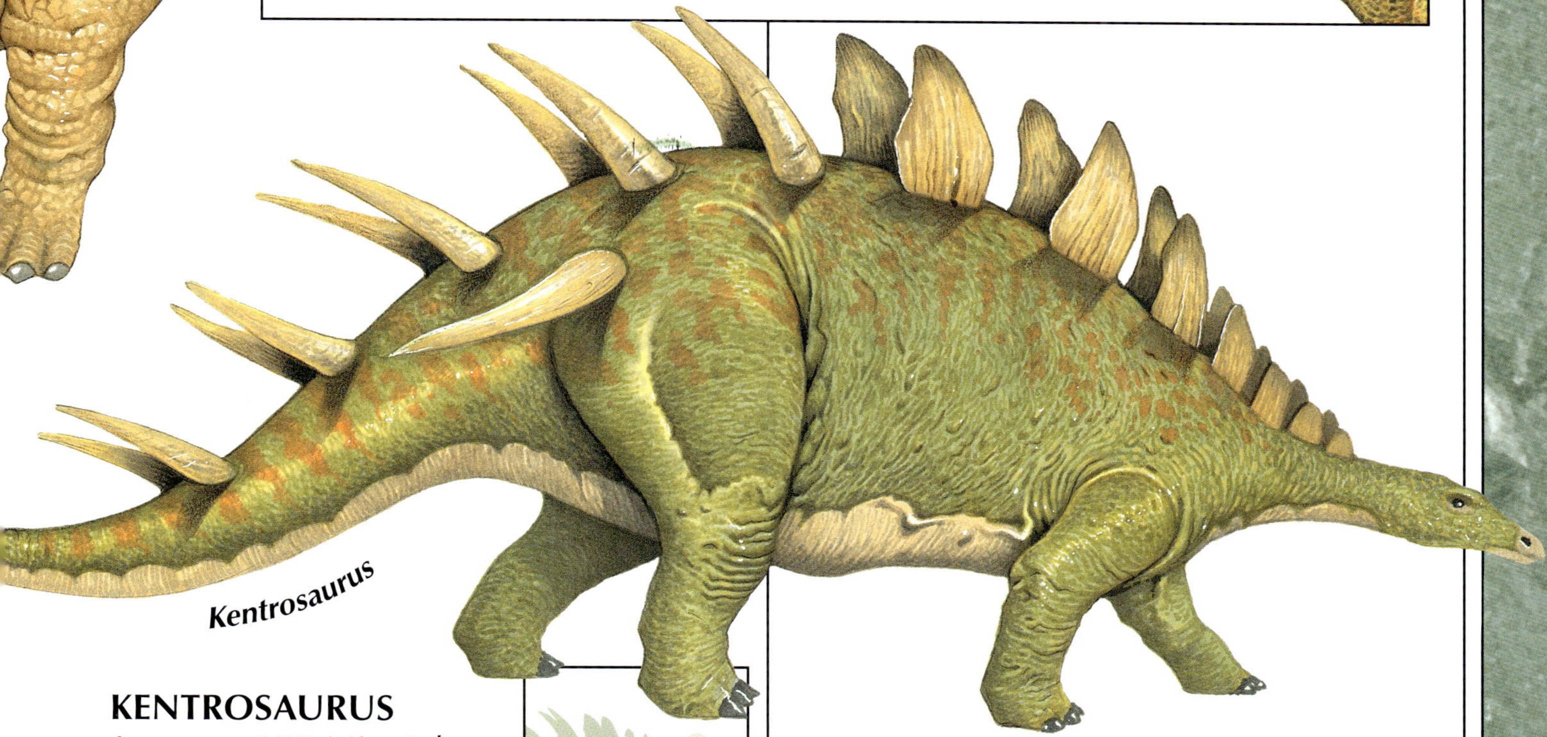

Kentrosaurus

KENTROSAURUS

Jura, vor 155 Mio. Jahren
Afrika
5 m lang

Kentrosaurus trug zwei Reihen von Knochenplatten in der Rückenhaut, insgesamt 14 Platten in sieben Paaren vom Hals bis zur Körpermitte. Von dort bis zur Schwanzspitze saßen sieben Dornpaare, die Hüften waren jeweils mit einem einzelnen Dorn bewehrt. In dem kleinen Schädel saß ein winziges Gehirn – nicht größer als eine Walnuss. Kentrosaurus' Maul endete in einem zahnlosen Schnabel, nur die hinteren Kiefer waren mit kleinen, schwachen Zähnen besetzt. Die Nüstern weisen auf einen guten Geruchssinn hin.

Alle Stegosaurier wiesen Knochenplatten auf, die aus ihrer Haut wuchsen. Da sie nicht aus starkem, kompaktem Knochengewebe bestanden, dienten sie wohl nicht der Panzerung. Wissenschaftler glauben eher, dass sie für die Balz gedacht waren oder die Körpertemperatur durch Wärmeaufnahme und -abgabe regulierten.

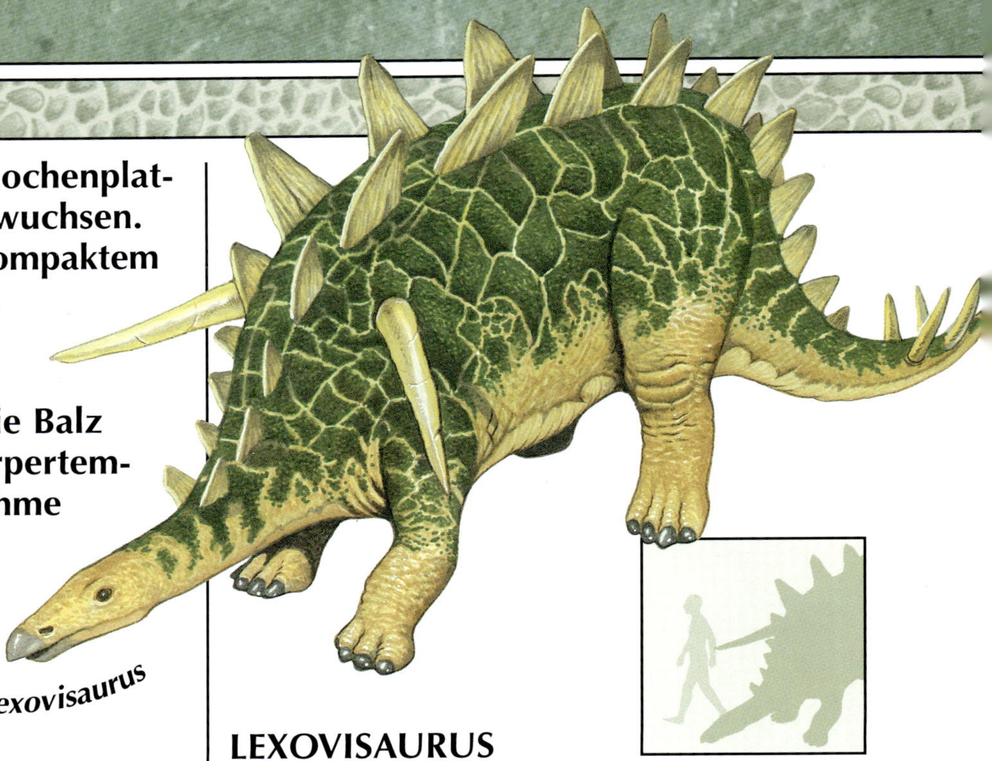

HUAYANGOSAURUS

Jura, vor 165 Mio. Jahren
Asien
4,5 m lang

Viele wichtige Dinosaurier-Fossilien wurden in China gefunden, z. B. der frühe Stegosaurier *Huayangosaurus*. Er war einer der ersten Stegosaurier und zeigte noch primitive Merkmale, die den späteren Familienmitgliedern fehlten. So hatte *Huayangosaurus* noch Zähne im Vordermaul (spätere Stegosaurier nicht mehr), lange Vorderbeine (die der späteren Stegosaurier waren kurz) und seine Knochenplatten waren schmal und dick, während die der späteren Stegosaurier breit und dünn waren.

LEXOVISAURUS

Jura, vor 165 Mio. Jahren
Europa
5 m lang

Lexovisaurus lebte im Mittleren Jura. Seine versteinerten Knochen wurden in England und Frankreich gefunden. Er trug zwei Reihen dünner Knochenplatten auf dem Rücken und zwei oder drei Paare langer, spitzer Dorne am Schwanz. Bemerkenswert sind die beiden Schulterdorne, die jeweils einen Meter lang und an der Basis 27 Zentimeter dick waren. Die Dorne dienten mit Sicherheit der Verteidigung, indem sie Angreifer auf Distanz hielten.

DORNE AN HÜFTE UND SCHULTER

Mehrere Stegosaurier trugen seitlich an Schultern oder Hüften lange, spitze Dorne. Anders als die Rückenplatten, die nicht als Rüstung fungierten, dienten die Dorne definitiv der Abwehr. Durch ihren flachen Winkel wiesen sie direkt auf den Angreifer, der sich bei einer Attacke ohne weiteres selbst an ihnen aufspießen konnte.

TUOJIANGOSAURUS

Jura, vor 155 Mio. Jahren
Asien
7 m lang

Der in China gefundene *Tuojiangosaurus* trug auf Nacken, Rücken und oberem Schwanz 15 Paare spitzer aufrechter Platten. Die größten wuchsen über seinen Hüften. Am Ende seines kurzen Schwanzes stachen wie bei *Stegosaurus* zwei Paare langer, spitzer Dorne hervor. Wie alle Stegosaurier war *Tuojiangosaurus* langgestreckt, aber mit rund zwei Meter Hüfthöhe niedrig. Seine Körperform macht deutlich, dass er den Kopf gesenkt hielt – ideal für ein Tier, dessen Nahrung dicht am Boden wuchs. *Tuojiangosaurus* fraß vermutlich Palmfarne, Schachtelhalme und die weichen Teile anderer Pflanzen.

Tuojiangosaurus

Stegosaurier bewegten sich recht langsam auf allen Vieren fort – in der Regel wenigstens. Man nimmt an, dass sie sich auf den Schwanz gestützt aufrichten konnten, um an Pflanzen zu gelangen, die sich außerhalb ihrer normalen Reichweite befanden. Diese „normale" Futterhöhe lag wohl höchstens bei einem Meter über dem Boden.

CHIALINGOSAURUS

Jura, vor 165 Mio. Jahren
Asien
4 m lang

Den verschiedenen unvollständigen Skeletten zufolge, die man in China entdeckt hat, scheint *Chialingosaurus* ein schlanker Stegosaurier gewesen zu sein, dessen Hals- und Rückenplatten hoch und spitz statt breit und dünn waren. In der Regel findet man solche Platten nur bei frühen Stegosauriern, zu denen also auch dieser zählt.

ELEFANTENBEINE

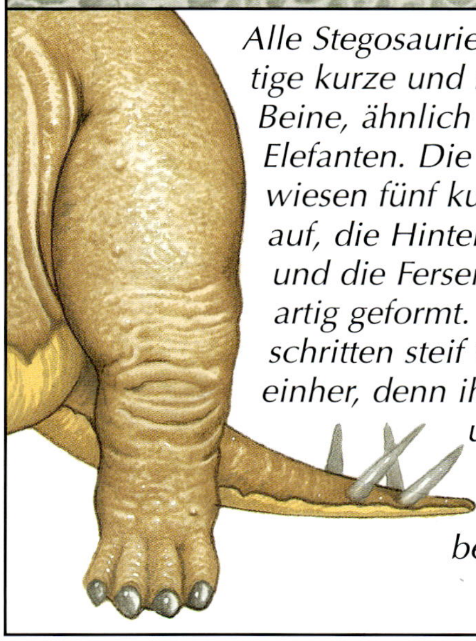

Alle Stegosaurier hatten kräftige kurze und recht steife Beine, ähnlich denen von Elefanten. Die Vorderfüße wiesen fünf kurze Zehen auf, die Hinterfüße nur vier, und die Fersen waren hufartig geformt. Stegosaurier schritten steif wie Elefanten einher, denn ihre Hand- und Fußgelenke waren nicht sehr beweglich.

„YINGSHANOSAURUS"
Jura, vor 145 Mio. Jahren
Asien
5 m lang
Da dieser aus China stammende Stegosaurier noch vollständig beschrieben werden muss, trägt er, wie in der Biologie üblich, bis dahin nur einen vorläufigen Namen: *„Yingshanosaurus"*. Seine Schultern beherbergten ein Paar breiter, flügelartiger Dorne, die ebenso flach waren wie die zwei Reihen Platten auf seinem Rücken, aus denen sie sich entwickelt haben könnten. Wie die Dorne anderer Stegosaurier mögen sie der Verteidigung gedient haben.

WUERHOSAURUS
Kreide, vor 130 Mio. Jahren
Asien
8 m lang
Statt hoher Rückenplatten besaß *Wuerhosaurus* aus China lange, niedrige und leicht abgerundete. Am Schwanzende saßen vielleicht vier Dorne, was aber nicht sicher ist, da man noch kein vollständiges Fossil dieses Dinosauriers gefunden hat. Als einer der wenigen Stegosaurier lebte *Wuerhosaurus* in der Kreidezeit.

STEGOSAURUS

Stegosaurus ist der besterforschte Knochenplatten-Dinosaurier und war der größte aller Stegosaurier.

Name: *Stegosaurus*
Lebte: *vor 140 Mio. Jahren*
Fundort: *Nordamerika*
Länge: *9 m*
Nahrung: *Pflanzen*
Habitat: *offene Waldgebiete, Flutebenen*

STEGOSAURUS-PLATTEN

Die Knochenplatten des Stegosaurus waren vielleicht von durchbluteter Haut umhüllt. In diesem Fall hätte nach Bedarf zusätzliches Blut in diesen Gefäßen die Platten „erröten" lassen und so anderen Tieren ein Warnsignal gegeben.

EIN „DACHREPTIL"

1877 entdeckten Forscher einen neuen, seltsam anmutenden Dinosaurier. Man nannte ihn Stegosaurus, „Dachreptil", weil man annahm, die gefundenen Knochenplatten hätten seinen Rücken wie ein Schildkrötenpanzer vollständig bedeckt. Erst später erkannte man, dass sie wie ein Kamm auf seinem Rücken standen und ihn keineswegs überdachten. *Stegosaurus* war ein lang gestrecktes, niedriges Tier mit kleinem Kopf und Hinterbeinen, die doppelt so lang waren wie seine Vorderbeine. Am Ende seines dicken, steifen Schwanzes saßen vier lange, hornbedeckte Dorne.

STACHELSCHWANZ

Stegosaurus war ein langsamer Pflanzenfresser, der vermutlich in kleinen Familienverbänden lebte. Offenbar bewohnte er Wälder sowie die Flutebenen von Flüssen. Bei einem Angriff durch einen Beutegreifer wie dem *Allosaurus* benutzte *Stegosaurus* seinen Schwanz zur Verteidigung. Die Beine fest in den Boden gestemmt, schlug er damit heftig um sich. Wenn der Angreifer zu nahe kam, fügten ihm die Schwanzdorne schwere Verletzungen zu.

In einer Auseinandersetzung um einen weiblichen Stegosaurus *fordern die Männchen einander heraus. Sie stoßen wütende Laute aus, schwingen drohend ihre Schwänze und wenden ihre Breitseite dem Gegner zu, um ihre Größe zu demonstrieren. Die verstärkte Durchblutung ihrer Rückenplatten lässt diese rosa aufleuchten.*

ANORDNUNG DER PLATTEN

Stegosaurus *trug siebzehn verschieden große Platten an Hals, Rücken und Schwanz. Ihre Anordnung ist nicht sicher. Sie könnten in einer geraden Reihe, versetzt oder paarweise in zwei Reihen angeordnet gewesen sein.*

Als erste fast vollständig gepanzerte Dinosaurier traten vor 175 Millionen Jahren die Nodosaurier auf den Plan – „Knotenechsen", nach den knotigen Knochenwülsten in ihrer Haut. Sie ähneln zwar Ankylosauriern, die ihnen nachfolgten, hatten aber schlankere und längere Beine. Der deutlichste Unterschied zwischen beiden ist jedoch die fehlende Schwanzkeule der Nodosaurier.

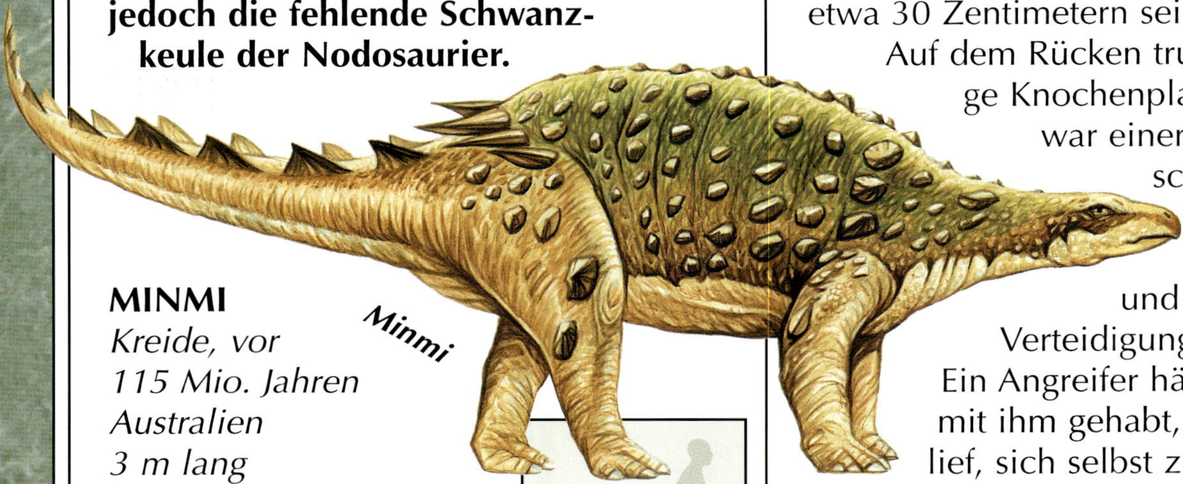

MINMI

Kreide, vor 115 Mio. Jahren
Australien
3 m lang

Minmi war der erste auf der Südhalbkugel gefundene Nodosaurier, ein kleines Exemplar, dessen Haut mit unterschiedlich geformten Knochenplatten besetzt war. Selbst sein Bauch war geschützt – dagegen blieb bei den meisten gepanzerten Dinosauriern die verwundbare Unterseite ungeschützt. Die Vollpanzerung erhöhte Minmis Gewicht, aber seine langen Beine lassen vermuten, dass er sich recht schnell bewegen konnte.

GASTONIA

Kreide, vor 125 Mio Jahren
Nordamerika
2,5 m lang

Gastonia war von vielen flachen Knochendornen bedeckt, die aus seinem Nacken, entlang der Flanken und bis zur Spitze seines Schwanzes wuchsen. Die Dorne an seinen Schultern waren mit etwa 30 Zentimetern seine längsten. Auf dem Rücken trug er dreieckige Knochenplatten. *Gastonia* war einer der am schwersten gebauten Nodosaurier und ganz auf seine Verteidigung konzipiert. Ein Angreifer hätte es schwer mit ihm gehabt, da er Gefahr lief, sich selbst zu verletzen. Auch wenn *Gastonia* keine Schwanzkeule zum Zuschlagen hatte, waren seine scharfen Schwanzdorne eine gefährliche Waffe.

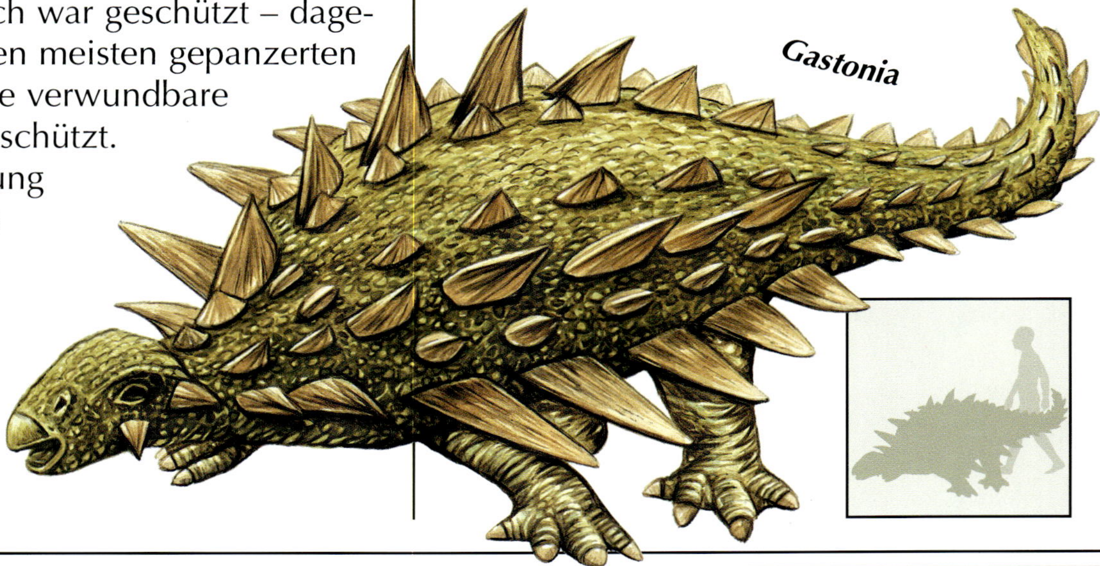

KÖRPERPANZERUNG

Der Panzer der Nodo- und Ankylosaurier bestand aus flachen oder spitz zulaufenden Knochenplatten oder -schuppen. Die größten saßen an Hals und Schultern, kleinere überzogen Rücken und Schwanz. Die Zwischenräume waren mit erbsengroßen Knochenplatten besetzt.

Edmontonia

EDMONTONIA

Kreide, vor
70 Mio. Jahren
Nordamerika
7 m lang

Der große Nodosaurier *Edmontonia* aus Kanada fällt durch seine langen Dorne an Flanken und Schultern auf. Sie wiesen nach vorne und dienten der Verteidigung gegen Beutegreifer wie den *Albertosaurus*. Sie mögen auch bei Rangkämpfen ihre Wirkung getan haben, wenn ein *Edmontonia* sich in einen Konkurrenten verkeilte (wie Hirsche mit ihren Geweihen), bis das schwächere Tier aufgab.

GARGOYLEOSAURUS

Jura, vor 150 Mio. Jahren
Nordamerika
3 m lang

Gargoyleosaurus hatte einen dreieckigen Schädel wie ein Ankylosaurier, aber da ihm die Schwanzkeule fehlt, ähnelte sein Skelett dem eines Nodosauriers. Dieser gepanzerte Dinosaurier wies also Merkmale beider Familien auf, was ihn vermutlich zu einem Verbindungsglied zwischen beiden macht. Man hält ihn für einen Vorfahren der Ankylosaurier, die sich nach den Nodosauriern entwickelten.

Gargoyleosaurus

Die ersten Ankylosaurier traten in der Unteren Kreidezeit vor 130 Millionen Jahren auf. Sie überlebten bis zum Ende des Zeitalters der Reptilien. Ihr Name bedeutet „verschmolzene Echsen", was sich auf ihre miteinander verbundenen knöchernen Panzerplatten bezieht. Die Ankylosaurier waren eine weit verbreitete Dinosaurier-Gruppe, deren Fossilien sich auf allen Kontinenten bis auf Südamerika finden, sogar in der Antarktis. Diese gepanzerten Pflanzenfresser trugen knochige Keulen am Schwanzende.

SAICHANIA

Kreide, vor 80 Mio. Jahren
Asien
7 m lang

Der in China gefundene Ankylosaurier *Saichania* lebte in einer heißen, trockenen, vermutlich wüstenartigen Region. Schädel, Hals und Körper wurden von einer Panzerschale aus zahlreichen Knochenplatten und -dornen geschützt. Am Schwanzende trug er eine kleine Knochenkeule. Wie bei den anderen Mitgliedern seiner Familie war sein Bauch ungeschützt.

Saichania

EUOPLOCEPHALUS

Kreide, vor 70 Mio. Jahren
Nordamerika
7 m lang

Euoplocephalus

Euoplocephalus lebte als Waldbewohner wohl in Herden. Er war ein mit knochigen Höckern und Platten schwer gepanzerter Dinosaurier. Selbst seine Augenlider wurden von einer Knochenschicht geschützt. Über die ledrige Haut seines Rückens liefen Querbänder aus Panzerplatten. Vier Hörner schützten seinen Hals, und sein Rücken war mit Dornen bewehrt. Durch Schwenken der Knochenkeule an seinem Schwanzende schreckte er Angreifer ab.

PINACOSAURUS

Kreide, vor 80 Mio. Jahren
Asien
5 m lang

Der in China und der Mongolei entdeckte *Pinacosaurus* lebte in einer heißen Halbwüste, und zwar zur selben Zeit und in der gleichen Region wie *Saichania*, mit dem er vermutlich um die vorhandene Nahrung konkurrierte, auch wenn nicht sicher ist, von welchen Pflanzen sich beide ernährten. Der Schädel des *Pinacosaurus* war nur teilweise mit Platten gepanzert, einige Stellen blieben ungeschützt. Er ähnelte aber sehr dem anderer Ankylosaurier.

TALARURUS

Kreide, vor 85 Mio. Jahren, Asien
5 m lang

Talarurus wurde in der Mongolei gefunden. Er war untersetzt und breitbrüstig, sein langer Schwanz endete in einer schweren Knochenkeule. Schädel und Körper waren durch Knochenplatten und -höcker geschützt, die in der Haut saßen – sie hatten keine Verbindung zum Skelett. *Talarurus* hatte vier Zehen an den Hinterfüßen, andere Ankylosaurier besaßen drei.

GEPANZERTE SCHÄDEL

Die Schädel der Ankylosaurier waren fast dreieckig. Sie hatten breite Schnäbel zum Grasen in der niedrig wachsenden Vegetation. Ihre Zähne waren winzig. Die Schädel waren mit Knochenplatten bedeckt und hatten im hinteren Bereich kurze, pyramidenförmige Hörner.

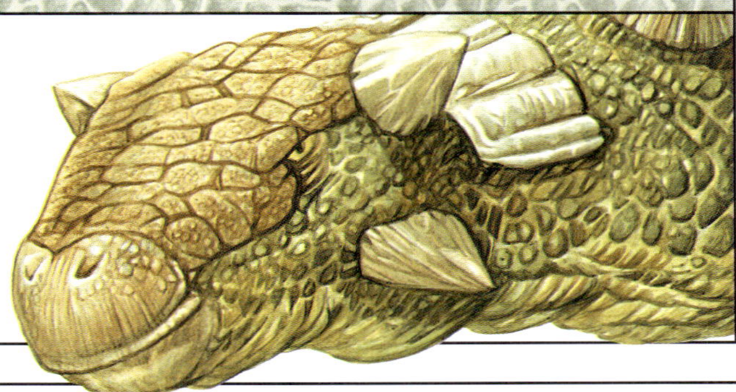

ANKYLOSAURUS

***Ankylosaurus* war einer der größten gepanzerten Dinosaurier. Er trat erst gegen Ende des Zeitalters der Reptilien auf. Bisher wurden nur sehr wenige Exemplare von ihm gefunden, trotzdem gilt er als einer der besterforschten Dinosaurier, obwohl man vergleichsweise wenig über ihn weiß.**

Name: *Ankylosaurus*
Lebte: *vor 70 Mio. Jahren*
Fundort: *Nordamerika*
Länge: *10 m*
Nahrung: *Pflanzen*
Habitat: *offene Waldgebiete*

RUNDUM-SCHUTZ

Der breite, fassförmige Körper von *Ankylosaurus* stand auf vier kurzen Beinen. Das etwa ein Meter hohe Tier war untersetzt und doppelt so breit wie hoch. Seine gesamte Oberseite wurde von Bändern dicker ovaler Knochenplatten bedeckt, die in die Haut eingebettet waren. Auch Schädel, Gesicht und Augenlider waren gepanzert. Entlang dem Rücken wuchsen Dornreihen und selbst am Hinterkopf trug *Ankylosaurus* Hörner. Sein Schwanz endete in einer breiten, knochigen Keule aus verbundenen Panzerplatten.

ANKYLOSAURUS-SCHÄDEL

Der Schädel des Ankylosaurus zeigt gut die pyramidenförmigen Knochendorne an seinem Hinterkopf. Die Kiefer beherbergten viele kleine Mahlzähne. Vorne saß ein breiter, hornbedeckter, zahnloser Schnabel.

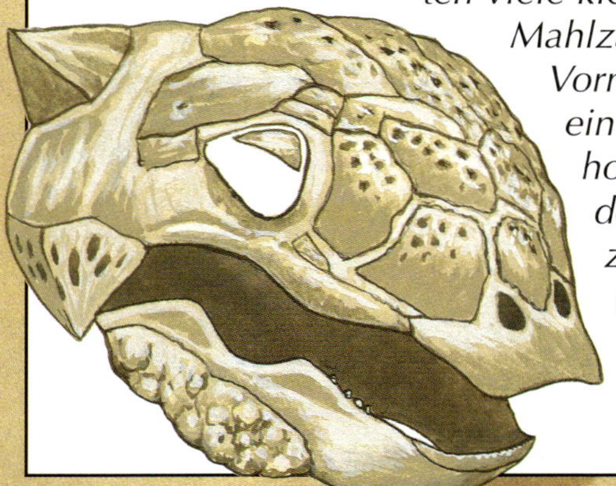

WARNSIGNAL

Auch *Ankylosaurus* verbrachte wohl die meiste Zeit seines Lebens mit Fressen. Bei einem Angriff verteidigte er sich mit seiner Schwanzkeule. Vielleicht wurde seine Haut dann stärker durchblutet und errötete: ein Warnsignal.

ERDNAHE ERNÄHRUNG

Durch seine kurzen Beine befand sich Ankylosaurus' Schnauze stets in Bodennähe, sodass er sich nur von Pflanzen ernähren konnte, die nicht höher als zwei Meter emporwuchsen. Er knabberte und rupfte sie mit seinem breiten Schnabel ab. Die große Zunge knetete die Nahrung im Maul, bevor er sie verschluckte.

Ein wütender Ankylosaurus *wehrt einen angreifenden* Tyrannosaurus rex *mit einem heftigen Schlag seiner Schwanzkeule ab.*

DIE WAFFE DES ANKYLOSAURUS

Die knochige Keule am Schwanzende bestand aus zwei oder mehr Panzerplatten (Schuppen), die sich zu einer schweren Masse verbunden hatten. Der untere steife Teil des Schwanzes war durch knochige Bänder zusätzlich verstärkt.

Die Ceratopsia waren eine verbreitete Gruppe von Dinosauriern der Kreidezeit. Einige trugen Hörner auf dem Schädel, andere nicht, einige hatten Knochenschilde, die bei anderen fehlten. In der Größe rangierten sie zwischen einem Truthahn und einem Elefanten. Trotz dieser offensichtlichen Unterschiede hatten die Ceratopsia eines gemeinsam: einen Schädel mit einem schnabelartigen Maul, das an einen Papagei erinnert.

PSITTACOSAURUS

Kreide, vor 130 Mio. Jahren, Asien, 2,5 m lang

Psittacosaurus aus China und der Mongolei besaß als einer der ersten Dinosaurier einen Schnabel, mit dem er Pflanzen rupfte. Er war ein frühes zweibeiniges und schlankes Mitglied der Ceratopsia-Familie. Bei *Psittacosaurus* waren die Wangenknochen stark ausgeprägt – über Jahrmillionen mögen sie sich zu den Hörnern von Dinosauriern wie *Triceratops* entwickelt haben.

LEPTOCERATOPS

Kreide, vor 70 Mio. Jahren Australien, Nordamerika 2 m lang

Dieses schlanke, vermutlich recht schnelle Tier, ein primitiver Ceratopse, wird den so genannten Protoceratopsia zugerechnet, den „ersten gehörnten Gesichtern" – ein missverständlicher Name, denn *Leptoceratops* besaß noch gar keine Gesichtshörner! Er wies aber ein anderes wichtiges Merkmal auf, und zwar einen knochigen Nackenschild, weshalb man ihn den gehörnten Dinosauriern wie *Triceratops* zuordnet.

PAPAGEIENSCHNABEL

Psittacosaurus *(„Papageienechse") verdankt seinen Namen der Form seines Schädels, der dem eines großen Papageien ähnelt. Der knochige Schnabel war wahrscheinlich von einer rauen Hornschicht bedeckt. Hinter der zahnlosen Schnabelspitze saßen viele kleine Mahlzähne.* Psittacosaurus *hatte große Augen und kleine Nüstern.*

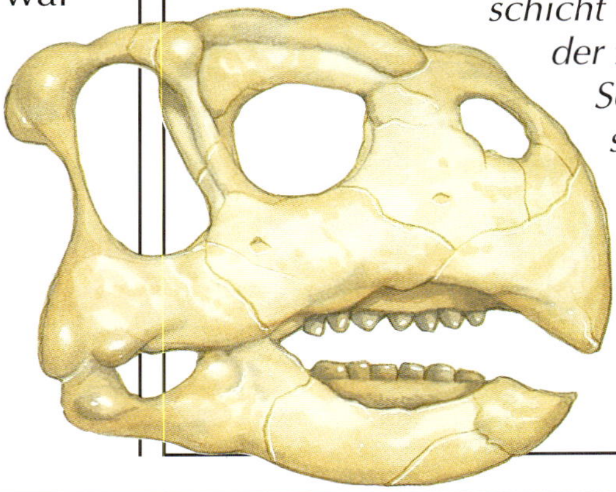

PROTOCERATOPS

Kreide, vor 80 Mio. Jahren
Asien,
2,5 m lang

Protoceratops wurde als erster Dinosaurier an einem Nistplatz gefunden – damals eine Sensation. Seine in der Wüste Gobi entdeckten Eier waren zylinderförmig sowie 20 Zentimeter lang und 17,5 Zentimeter breit. Man fand sie, zu einem Spiralmuster angeordnet, in einer flachen Nestmulde im Wüstensand. Die Jungen entwickelten beim Heranwachsen den charakteristischen Knochenschild der Erwachsenen, der die weiche Haut des Nackens schützte.

CHASMOSAURUS

Kreide, vor
75 Mio. Jahren
Nordamerika
5 m lang

Man hat zahlreiche Fossilien des *Chasmosaurus* gefunden, sodass man heute sehr viel über ihn weiß. Er trug ein kleines Horn auf der Nase und zwei längere, aufwärts gebogene Hörner über den Augen. Am Hinterkopf saß ein großer Knochenschild, der solide aussieht, aber recht dünn und zerbrechlich war. Statt als Schutzschild nutzte *Chasmosaurus* ihn bei einem Angriff wohl eher zur Abschreckung des Feindes: Der Schild ließ ihn größer erscheinen als er war. Der nashornähnliche Pflanzenfresser wog etwa 3,5 Tonnen. Man nimmt an, dass er sich auf seinen vier stämmigen Beinen dennoch relativ schnell fortbewegte.

Nackenschilde und Hörner sind die auffälligsten Merkmale einiger Ceratopsen. Sie geben Hinweise auf das Verhalten der Tiere. Man glaubt, dass die Haut der Schilde farbig war, wohl um Paarungspartner anzulocken. Die Position der Hörner könnte darauf hindeuten, dass männliche Tiere sie bei Rangkämpfen in der Herde einsetzten.

CENTROSAURUS

Kreide, vor
75 Mio. Jahren
Nordamerika
6 m lang

Centrosaurus lebte in sumpfigen Waldgebieten, wo er sich von niedrig wachsender Vegetation ernährte, die er mit seinem kräftigen Schnabel abbiss. Mahlzähne in den hinteren Kiefern zerkleinerten die Nahrung, und Gastrolithen (Magensteine) zermahlten Blattwerk und Zweige zu einem verdaubaren Brei. *Centrosaurus* war ein Herdentier und man nimmt an, dass er in großer Zahl zwischen den Weide- und Nistgründen wanderte.

STYRACOSAURUS

Kreide, vor 70 Mio. Jahren
Nordamerika
5 m lang

Styracosaurus hatte ungewöhnlich viele Hörner: Um seinen großen Schild herum wuchsen sechs lange und mehrere kurze, dazu trug er auf der Nase ein 60 Zentimeter langes Horn. Er lebte vermutlich in großen Herden und konnte wohl trotz seiner drei Tonnen Gewicht und der kurzen Beine Geschwindigkeiten bis zu 32 Stundenkilometern erreichen.

PACHYRHINOSAURUS

Kreide, vor 70 Mio. Jahren
Nordamerika
6 m lang

Pachyrhinosaurus war ein großer Ceratopse. Der Rand seines hoch gewölbten Nackenschilds war mit kleinen Hörnern besetzt. Da bisher kein vollständiger Schädel gefunden wurde, weiß man nicht, ob er ein Horn auf der Nase trug. Aber er hatte einen großen knochigen Höcker oberhalb seiner Schnauze, vielleicht anstelle eines Horns, oder dort saß ein abgebrochenes oder abgeworfenes Horn.

TOROSAURUS

Kreide, vor 70 Mio. Jahren
Nordamerika, 7,5 m lang

Der Schädel von *Torosaurus* war mit 2,6 Meter Länge der größte aller Ceratopsia-Schädel und zugleich der größte Schädel, den je ein Landtier auf Erden besaß. *Torosaurus* trug ein kurzes Horn auf der Schnauze, zwei lange Hörner über den Augen und einen zahnlosen, gehörnten Schnabel. Er hatte einen kurzen Schwanz, und seine Hinterbeine waren länger als seine Vorderbeine, was ihm einen sicheren Stand verlieh. Auch war er wohl ein Herdentier.

Torosaurus

VON HAUT BEDECKTE FENSTER

Einige Nackenschilde haben Öffnungen, die sie leichter machten. Die Schilde waren von Haut bedeckt, die über den Fenstern bei starker Durchblutung Augenflecken zeigte, die locken oder abschrecken sollten.

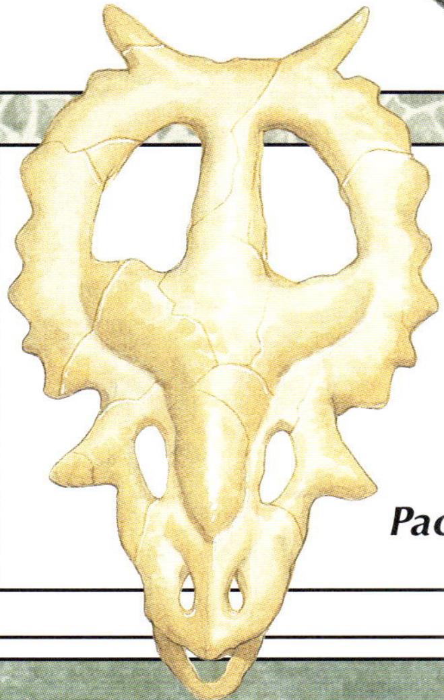

***Pachyrhinosaurus*-Schädel**

***Styracosaurus*-Schädel**

TRICERATOPS

Der bekannteste gehörnte Dinosaurier ist *Triceratops*, dessen Name „dreigehörntes Gesicht“ bedeutet.

Name: *Triceratops*
Lebte: *vor 70 Mio. Jahren*
Fundort: *Nordamerika*
Länge: *9 m*
Nahrung: *Pflanzen*
Habitat: *offene Waldgebiete*

TRICERATOPS-SCHÄDEL

Triceratops *hatte einen großen Nackenschild mit gewelltem Rand. Er bestand aus solidem Knochen und besaß keine Fenster, wie die anderer* Ceratopsia. *Seine Brauenhörner wurden bis zu einem Meter lang, das auf der Nase dagegen war kürzer.*

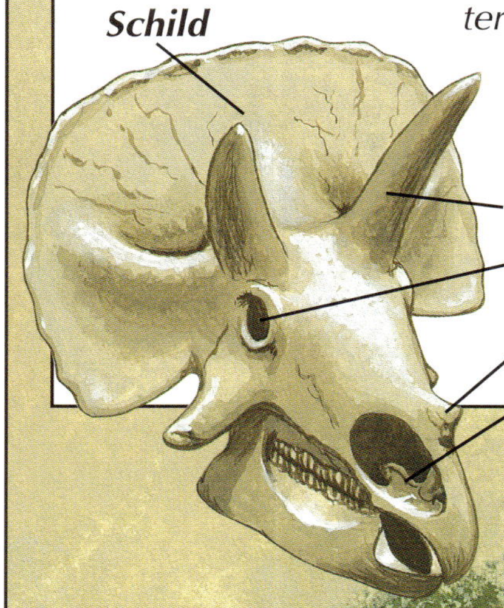

ZÄHIGKEIT UND STÄRKE

Triceratops besaß einen massigen Körper, einen kurzen Schwanz und kräftige Beine mit Hufen. Er wog etwa 10 Tonnen. Seine auffälligsten Merkmale waren der knochige Nackenschild und drei spitze Hörner auf der Schädelvorderseite. Seine Kiefer endeten in einem großen, knochigen Schnabel. Er hatte keine Vorderzähne, aber viele kleine Mahlzähne im hinteren Kiefer.

SCHUTZ FÜR DIE SCHWACHEN

Triceratops war ein Gruppentier, das vermutlich in großen Herden zu Hunderten, wenn nicht Tausenden Tieren umherzog. Zum Schutz vor Fleischfressern wanderten die Jungen, Schwachen und Alten in der Mitte der Herde, während stärkere Tiere die Flanken bewachten.

VEGETARIER

Triceratops war ein Pflanzenfresser. Er lebte von niedrig wachsender Vegetation, die er mit seinem Schnabel abbiss. Seine Mahlzähne zerkleinerten das Pflanzenmaterial vor dem Schlucken. Abgenutzte Zähne fielen aus und wurden durch neue ersetzt.

Während eines Angriffs von Fleischfressern beschützt eine Triceratops-Familie ihre Jungen, indem sich die Erwachsenen vor sie stellen und die Angreifer mit ihren spitzen Hörnern attackieren.

KRÄFTEMESSEN

Gefundene Triceratops-Schädel wiesen Stichverletzungen sowie tiefe Kratzer auf. Viele dieser Wunden stammen von den Hörnern rivalisierender Männchen, die um die Rangordnung oder das Revier kämpften. Die Wunden verheilten später.

Die Pachycephalosaurier, die „dickschädeligen Dinosaurier“, werden wegen ihrer kräftigen Schädeldecken auch „Knochenschädel“ genannt. Sie traten vor etwa 130 Millionen Jahren auf und überlebten bis zum Ende des Zeitalters der Reptilien. Die eher kleinen Tiere wurden bis zu fünf Meter groß. Ihre Fossilien wurden bisher in Asien, Europa und Nordamerika, nicht aber auf der Südhalbkugel entdeckt.

WANNANOSAURUS

Kreide, vor 85 Mio. Jahren
Asien, 60 cm lang

Wannanosaurus aus China, ein Pflanzen fressendes Herdentier, ist einer der kleinsten bekannten Dinosaurier. Sein kleiner, flacher Kopf war von einem dicken Schädeldach gekrönt, in seinen Kiefern saßen viele spitze Zähne. Die kurzen Arme und die starken Hinterbeine endeten in klauenbewehrten Fingern und Zehen. Trotz seines schweren Schwanzes war *Wannanosaurus* wohl ein schneller Läufer, der sich mit rascher Flucht Gefahren entzog.

PRENOCEPHALE

Kreide, vor 70 Mio. Jahren
Asien
2,5 m lang

Der in der Mongolei entdeckte *Prenocephale* hatte einen großen gewölbten Schädel, von dem man auf ein großes Gehirn schließen könnte. Das Gegenteil ist aber der Fall. Um das glatte verstärkte Schädeldach verlief ein Kranz aus kurzen Dornen und Knochenhöckern. Die scharfen Zähne von *Prenocephale* eigneten sich gut zum Abbeißen von Blättern und Stängeln niedrig wachsender Pflanzen und Bäume. Auch diesem Saurier halfen kleine Magensteine, seine Nahrung zu einem verdaubaren Brei zu zermahlen.

HOMALOCEPHALE

Kreide, vor 80 Mio. Jahren
Asien
3 m lang

Viele Knochenschädel-Dinosaurier wiesen kuppelförmige Schädeldächer auf, nicht so *Homalocephale*, sein Schädel war nämlich abgeflacht. Auf der Ober- und Hinterseite seines Kopfes sowie an seinen Wangen standen knochige Höcker, kurze Dorne und Wülste. *Homalocephale* besaß große Augen und vermutlich einen guten Geruchssinn. Da er über keine natürlichen Waffen verfügte, musste er einen Feind rechtzeitig ausmachen, um auf seinen langen Beinen vor der Gefahr fliehen zu können.

PACHYCEPHALOSAURUS

Kreide, vor 70 Mio. Jahren
Nordamerika
4,6 m lang

Pachycephalosaurus war der größte aller Knochenschädel-Saurier. Bislang wurde nur sein Schädel gefunden, was es schwierig macht, seine Größe und sein Aussehen eindeutig zu bestimmen. Der Schädel zeigt aber, dass er auf der Schnauze und am Hinterkopf Knochenhöcker trug. Seine Kiefer waren mit vielen winzigen Zähnen besetzt. *Pachycephalosaurus* war einer der letzten seiner Art und starb mit vielen anderen Tierarten am Ende des Zeitalters der Reptilien vor 65 Millionen Jahren aus.

PACHYCEPHALOSAURUS-SCHÄDEL

Pachycephalosaurus *hatte den größten Schädel aller Kochenschädel-Saurier. Er war mit 60 Zentimetern nicht nur sehr lang, sondern das Schädeldach zudem unglaubliche 25 Zentimeter stark. Unter diesem massiven Schutz barg die Schädelhöhle jedoch nur ein winziges Gehirn.*

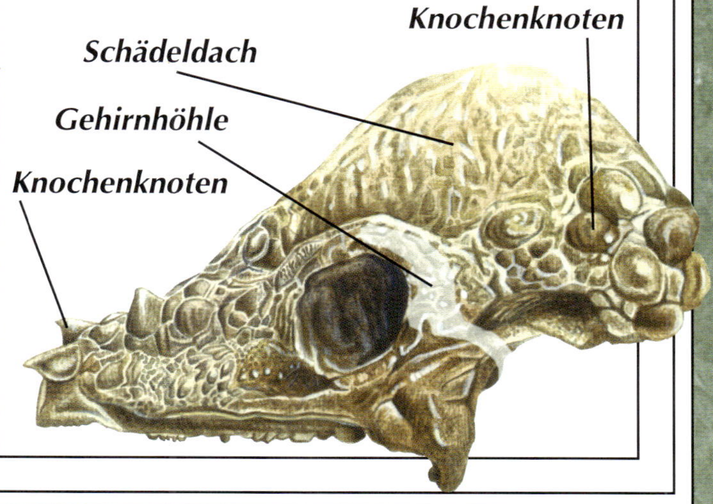

Tiere entwickeln ihre besonderen Merkmale aus einem besonderen Grund. Die Pachycephalosaurier benötigten starke Schädeldächer für ihre heftigen internen Kämpfe um einen Geschlechtspartner, ihren Rang in der Hierarchie der Herde und zum Verteidigen ihrer Reviere.

„MICROCEPHALE“

Kreide, vor 75 Mio. Jahren
Nordamerika
30 cm lang (ungewiss)

Der in Kanada entdeckte *„Microcephale“* weist als Besonderheit zwei kleine Schädeldächer mit je etwa fünf Zentimetern Durchmesser auf. Da er von den Forschern noch nicht vollständig beschrieben wurde, könnte sich sein Name in Zukunft noch ändern. Sicher ist, dass er ein winziger Knochenschädel-Saurier war – daher auch sein vorläufiger Name, der „winziger Kopf“ bedeutet.

ZUM RENNEN GEBAUT

Die kleinen wendigen Pachycephalosaurier besaßen lange Hinter- und kurze Vorderbeine, wahrscheinlich liefen sie auf den Hinterbeinen. Die schnellen Läufer konnten über kurze Strecken vor Jägern fliehen oder selbst hinter ihrer eigenen Beute herjagen.

STYGIMOLOCH

Kreide, vor 70 Mio. Jahren
Nordamerika
3 m lang

Als bisher einziger Pachycephalosaurier trug *Stygimoloch* neben zahlreichen Höckern auch Dornen von zehn bis 15 Zentimetern Länge an seinem Schädel. Man weiß nicht, ob beide Geschlechter in dieser Weise ausgestattet waren. *Stygimoloch* könnte seinen Knochenschädel nicht wie andere aus seiner Familie zum Kämpfen, sondern lediglich zum Einschüchtern eingesetzt haben.

Goyocephale

SELBSTVERTEIDIGUNG

Vermutlich setzten Pachycephalosaurier ihre dicken Schädel zur Verteidigung ein, indem sie ihre Angreifer damit rammten und aus dem Gleichgewicht brachten. Solche Attacken könnten einen Beutegreifer lang genug aus der Fassung gebracht haben, um dem kleinen Verteidiger Gelegenheit zur Flucht zu bieten.

GOYOCEPHALE

Kreide, vor 70 Mio. Jahren
Asien
2 m lang

Das Schädeldach von *Goyocephale* aus der Mongolei war eher abgeflacht – eines der Merkmale, die asiatische Pachycephalosaurier von ihren nordamerikanischen Vettern unterscheiden: Letztere besaßen gewölbte Schädeldächer. *Goyocephale* hatte kurze Fangzähne in Ober- und Unterkiefer. Bei geschlossenem Maul verschwanden diese Zähne in Taschen im Oberkiefer.

STEGOCERAS

Dass *Stegoceras* und andere Knochenschädel-Saurier ihre Kämpfe mit Kopf-Duellen ausfochten, muss nicht unbedingt zutreffen, immerhin hätten sie dabei ernsthafte Verletzungen riskiert. Vielleicht rammte *Stegoceras* mit seinem harten „Dickschädel" stattdessen die verletzlichen Flanken eines Gegners und trug Kopf-Duelle nur bei Balz- oder Revierkämpfen aus.

Name: *Stegoceras*
Lebte: *vor 70 Mio. Jahren*
Fundort: *Nordamerika*
Länge: *2 m*
Nahrung: *Pflanzen*
Habitat: *Wälder*

LANGE BEINE, LANGER SCHWANZ

Stegoceras war ein kleiner Dinosaurier mit knochigem Schädeldach und lief auf zwei langen Beinen. In der Jugend war sein Schädel eher abgeflacht, der hohe Knochendom war erst ein Merkmal des erwachsenen Tiers. *Stegoceras* hatte dank seiner großen Augen wohl ein gutes Sehvermögen. Seine kurzen Arme endeten in Händen mit fünf Fingern und die langen Hinterbeine in vierzehigen Füßen. Der lange Schwanz des Sauriers war steif und kaum beweglich.

Bei einem Revierkampf pressen zwei Stegoceras-Saurier ihre Schädel aneinander, um zu entscheiden, wer das dominante Tier in der Herde sein wird. Der Verlierer könnte gezwungen sein, die Gruppe zu verlassen.

STEGOCERAS-SCHÄDEL

Der Schädel war etwa 20 Zentimeter lang und wies eine sehr starke, höckerige Stirnpartie auf. Der kräftigste Teil des Schädelknochens war über dem Gehirn sechs Zentimeter stark. Die Rückseite des Schädels kränzte ein Saum, der mit Knoten und Höckern besetzt war.

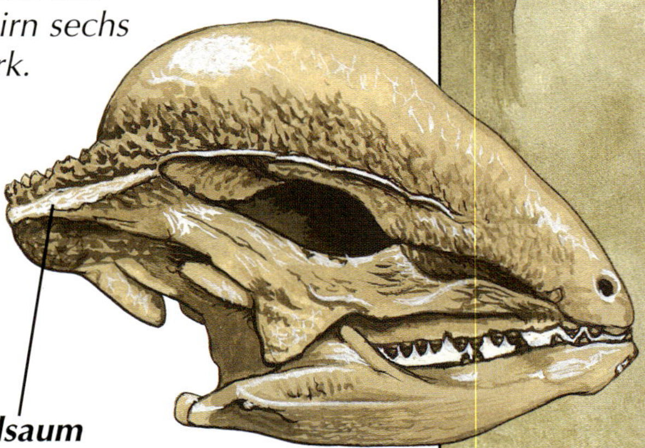

KOPFNÜSSE

Man nimmt an, dass *Stegoceras* in Herdenverbänden durch Wälder und an Fluss- und Seeufern entlangstreifte. Von Zeit zu Zeit lieferten sich die Bullen wahrscheinlich Kopfduelle. Jungtiere könnten diese Kämpfe der Erwachsenen nachgespielt haben.

RASIERMESSERSCHARF

Aller Wahrscheinlichkeit nach war *Stegoceras* ein Pflanzenfresser. Seine Kiefer waren mit zahlreichen kleinen, scharfen Zähnen besetzt, von denen einige Sägekanten aufwiesen, die zähe, holzige Vegetation durchtrennen konnten. Vielleicht verzehrte *Stegoceras* aber auch gelegentlich Insekten sowie kleine Echsen und Säugetiere.

VON DER HAND IN DEN MUND

Die Hände von Stegoceras *eigneten sich gut zum Greifen von Pflanzen, die er zum Maul führte, um sie durchzubeißen. Vielleicht grub er mit seinen Fingerklauen auch Wurzeln und andere unterirdische Nahrung aus.*

KAPITEL FÜNF

ENTENSCHNABEL- UND ANDERE DINOSAURIER

In Jura und Kreidezeit entwickelten sich neue Formen zwei- und vierbeiniger Pflanzenfresser, die auf den Zehen und nicht mehr auf den Fußsohlen liefen wie viele andere Herbivoren. 1881 taufte der amerikanische Fossil-Sammler Othniel Charles March (1831–1899) sie nach diesem Merkmal „Vogelfüße“. Sie waren beweglich und schnell und erreichten Längen von zwei bis 20 Metern. Die Ornithopoden waren die ersten Pflanzen fressenden Dinosaurier mit echten Mahlzähnen und Backentaschen. Die Fossilien ihrer zahlreichen und weit verbreiteten Familie finden sich auf jedem Kontinent, sogar in der Antarktis. Bis heute konnte man zahlreiche Ornithopoden-Gruppen und -Familien identifizieren.

DINOSAURIER MIT „UNTERSCHIEDLICHEN ZÄHNEN“

Heterodontosaurier zeichneten sich durch drei verschiedene Arten von Zähnen aus: Schneide-, Mahl- und Reißzähne. Diese ersten Ornithopoden traten im Unteren Jura auf.

Innerhalb der großen Gruppe der Ornithopoden gab es Arten von sehr unterschiedlicher Größe.

DINOSAURIER MIT ZAHNREIHEN

Die Zähne der Hypsilophodonten standen in regelmäßigen Reihen, wodurch sich die Leistung ihrer Kauflächen verbesserte. Ein Beispiel ist *Leaellynasaura*.

DINOSAURIER MIT „IGUANAZÄHNEN"

Die Iguanodons verfügten über hochkronige Backenzahnreihen mit starken Leisten, die gut aufeinander passten. Ihr Namensgeber ist Iguanodon.

ENTENSCHNABEL-DINOSAURIER

Eigentlich heißen sie Hadrosaurier, „große Echsen". Wegen ihrer Schnabelform bezeichnet man sie auch als „Entenschnabel-Dinosaurier". Sehr bekannt wurde *Maiasaura*.

Die Schnauzen der Ornithopoden endeten in hornbedeckten Knochenschnäbeln, die sich zum Abweiden der Vegetation eigneten.

Kleine Gruppen wandernder Ornithopoden ziehen auf der Suche nach neuen Weidegründen durch eine Landschaft der Kreidezeit vor 120 Millionen Jahren.

Als erste Ornithopoden gelten die Heterodontosaurier – die Dinosaurier mit „unterschiedlichen Zähnen“. Sie traten vor 220 Millionen Jahren auf und scheinen hauptsächlich in Südafrika gelebt zu haben, wenngleich man auch in Europa, Südamerika und Nordamerika auf einzelne Heterodontosaurier stieß. Sie waren kleine Pflanzenfresser mit knochigen Schnäbeln und verschiedenen Arten spezialisierter Zähne.

PISANOSAURUS

Trias, vor 220 Mio. Jahren
Südamerika
90 cm lang (unsicher)

Einige Forscher halten *Pisanosaurus* aus Argentinien für den ältesten bekannten Heterodontosaurier. Da man aber bisher nur Teile seines Schädels, Kiefers, Rückgrats, Beins und Fußes gefunden hat, die alle von dem selben Exemplar stammen, bestehen Zweifel an seiner Familienzugehörigkeit. *Pisanosaurus* hatte spitze Zähne, aber die eigentlichen Reißzähne anderer Verwandter, wie des besser bekannten *Heterodontosaurus*, scheinen zu fehlen. Eines aber ist sicher: Mit einem Alter von 220 Millionen Jahren war er einer der ersten Dinosaurier überhaupt. Seine Fossilien zeigen deutlich, dass er nur ein kleines Reptil war, so wie alle frühen Dinosaurier.

DREI ARTEN ZÄHNE

Der Name von Heterodontosaurus *(„Echse mit unterschiedlichen Zähnen“) liegt nahe. Hinter seinem Knochenschnabel saßen meißelförmige Schneidezähne. Dann folgten die Reißzähne (vielleicht nur bei den Männchen), die den Fangzähnen eines Hundes ähneln. Ihre Funktion ist nicht geklärt. Im hinteren Maul saßen die mit Leisten versehenen Mahlzähne zum Kauen.*

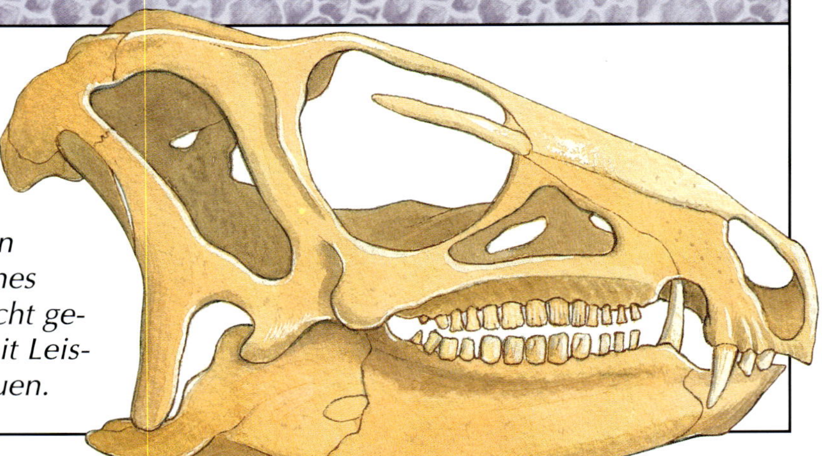

ABRICTOSAURUS

Jura, vor 205 Mio. Jahren
Südafrika
1,2 m lang

Abrictosaurus war vermutlich ein früher Heterodontosaurier. Da man allerdings auch von ihm nicht viele Überreste gefunden hat, fällt seine Zuordnung zu einer Art nicht leicht. Der Schädel dieses Tiers ließ Fangzähne vermissen, doch womöglich war *Abrictosaurus* nur ein weiblicher *Heterodontosaurus* – dann bestand der Unterschied zwischen Männchen und Weibchen nur in den Fangzähnen. Um diese Theorie zu bestätigen, benötigt man aber noch weitere Fossilien.

HETERODONTOSAURUS

Jura, vor 205 Mio. Jahren
Südafrika
1,2 m lang

Heterodontosaurus hatte kurze Arme und lange, schlanke Beine und Füße, die einen schnellen Läufer vermuten lassen. Sein Maul endete in einem Knochenschnabel, in dem sich drei Arten von Zähnen befanden: kleine, scharfe Schneidezähne, Fangzähne und dahinter Mahlzähne. Man nimmt an, dass nur die Männchen Fangzähne besaßen, die sie wohl bei der Brautwerbung einsetzten. *Heterodontosaurus* ernährte sich von niedriger Vegetation, die er mit dem Schnabel und den Vorderzähnen abrupfte.

Heterodontosaurier gelten allgemein als Herbivoren, die mit ihren Schnäbeln niedrig wachsende Pflanzen abweideten. Sie könnten aber auch Allesfresser gewesen sein, denn sie hatten starke Arme und kräftige Klauen an den Fingern, die zum Graben geeignet erscheinen. Vielleicht benutzten also die Heterodontosaurier ihre Klauen nicht nur zum Ausgraben von essbaren Wurzeln und Knollen, sondern auch zum Aufspüren unterirdisch lebender Tiere.

Bisher hat man von *Lycorhinus* nur die Zähne gefunden, nach deren Form er wohl dem *Heterodontosaurus* ähnelte. Er trug große, leicht gekrümmte und spitze Fangzähne in Ober- und Unterkiefer. Sie ähnelten kleinen Stoßzähnen. Eben dieses charakteristische Merkmal brachte ihm den Namen *Lycorhinus*, „Wolfsmaul", ein. Die Funktion solcher Fangzähne bei Pflanzenfressern wie *Lycorhinus* ist unklar, sind sie doch eher ein Merkmal von Fleischfressern. Vielleicht, so die Wissenschaftler, setzte *Lycorhinus* sie zur Balz und bei Rangkämpfen ein.

LYCORHINUS
Jura, vor 200 Mio. Jahren
Südafrika
1,2 m lang (unsicher)

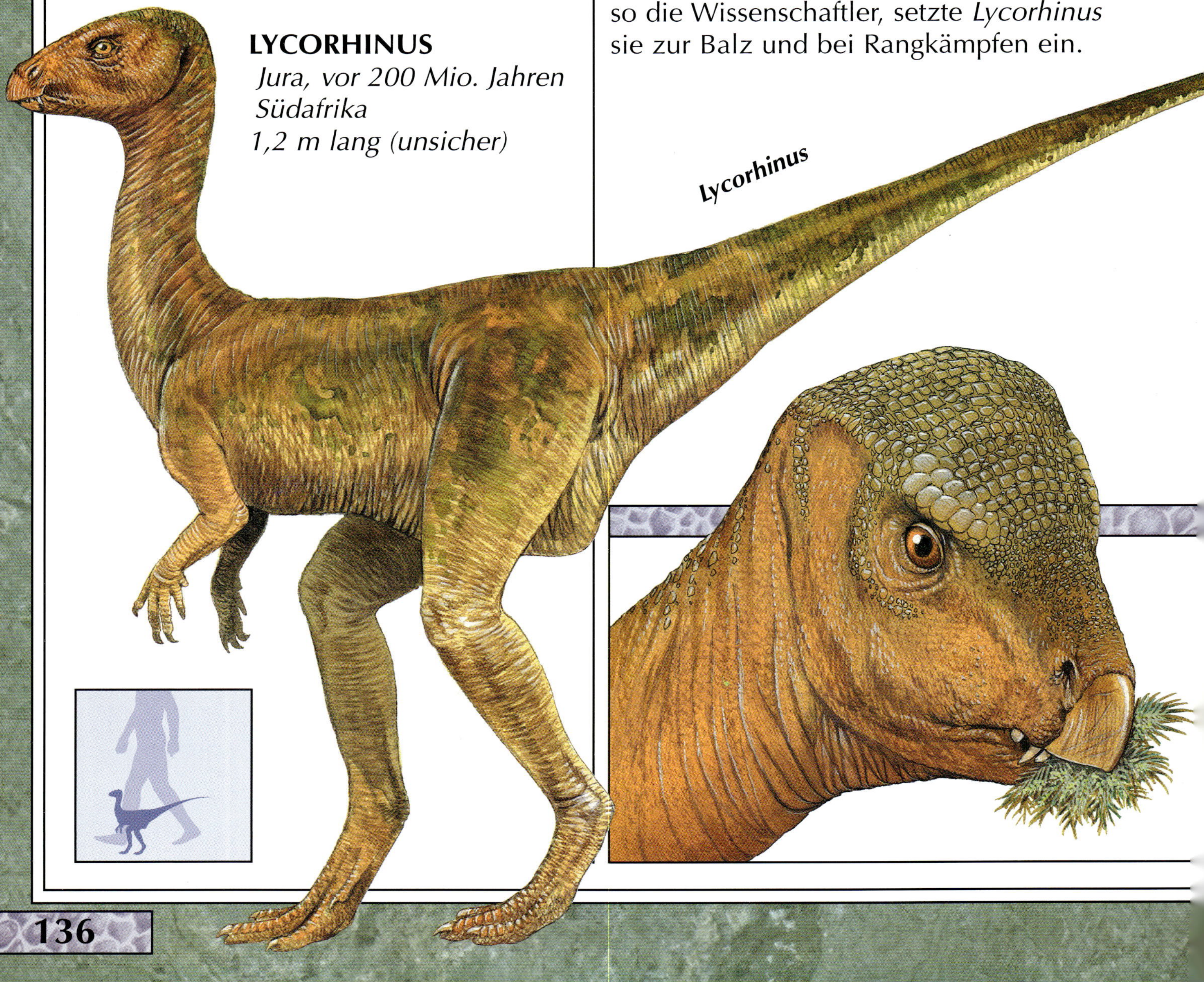

Lanasaurus

LANASAURUS

Jura, vor 200 Mio. Jahren
Südafrika
1,2 m lang (unsicher)

Ein weiterer, nur durch seine Zähne bekannter Heterodontosaurier aus Südafrika ist *Lanasaurus*. Auch er könnte sich als ein weiteres Lycorhinus-Exemplar herausstellen, darum hofft man auf weitere Knochenfunde. *Lanasaurus* besaß Zähne, die sich selbst schärften. Beim Öffnen und Schließen der Kiefer rieben sie so aneinander, dass sie sich immer wieder schliffen. Sobald alte, abgenutzte Zähne ausfielen, wuchsen Nachfolger in Dreiergruppen nach.

Echinodon

ECHINODON

Jura, vor 150 Mio. Jahren
Europa
60 cm lang

Nicht alle Wissenschaftler halten den in Südengland entdeckten *Echinodon* für einen Heterodontosaurier. Wegen der zwischen seinen versteinerten Knochen gefundenen Knochenschuppen ordnen einige ihn einer anderen Ornithopoden-Familie, den Fabrosauriern, zu. Seine kleinen, spitzen Fangzähne in Ober- und Unterkiefer sprechen allerdings dagegen, sie sind ein charakteristisches Merkmal der Heterodontosaurier. *Echinodon* war ein kleiner Pflanzenfresser und einer der letzten Angehörigen seiner Familie.

DINOSAURIER MIT BACKENTASCHEN

Untersuchungen ihrer Zähne ergaben, dass die Heterodontosaurier weite fleischige Wangen besaßen – ein gemeinsames Merkmal aller Ornithopoden, aber die Heterodontosaurier entwickelten es als erste. Da die Kauflächen ihrer Backenzähne nach unten und außen geneigt waren, fiel beim Kauen Nahrung in diese Backentaschen. Die Zunge transportierte den Brei von dort wieder zwischen die Mahlzähne.

LESOTHOSAURUS

Womöglich war *Lesothosaurus* ein Ornithopode. Seine Einordnung in diese Gruppe ist aber ungewiss. Er wird der kleinen Familie der Fabrosaurier zugerechnet.

Name: *Lesothosaurus*
Lebte: *vor 200 Mio. Jahren*
Fundort: *Südafrika*
Länge: *1 m*
Nahrung: *Pflanzen*
Habitat: *Halbwüsten*

TIEFSCHLAF IN DER HITZE

Vielleicht fiel Lesothosaurus *periodisch in einen Energie sparenden Tiefschlaf, um die tropische Hitze zu überstehen. Man schließt das aus dem Fund zweier ineinander verschlungenen Skelette. Zwei Lesothosaurier könnten sich bei sehr heißem Wetter in eine Erdhöhle verkrochen haben, um zu übersommern, aber im Schlaf gestorben sein.*

KLEIN, ABER FLINK

Dank seiner langen Hinterbeine war *Lesothosaurus* ein schneller Läufer. Die fünffingrigen Hände an seinen kurzen Armen konnten gut greifen und halten. Sein langer, spitzer Schwanz wurde von festen Sehnen versteift. Er hatte einen biegsamen Hals und einen kleinen dreieckigen Schädel mit großen Augen. Neben scharfen und spitzen Schneidezähnen besaß er zahlreiche Backenzähne.

NAHRUNG IN BODENNÄHE

Lesothosaurus war ein Pflanzenfresser. Er lebte in einer heißen Halbwüste, wo die Nahrung zu manchen Jahreszeiten sicher knapp wurde. Er ernährte sich von niedrig wachsenden Pflanzen und wohl auch von Wurzeln, die er mit den Händen ausgrub.

Eine Gruppe von Lesothosauriern zieht durch eine Halbwüste des frühen Jura und grast in der spärlichen Vegetation aus zähblättrigen Palmfarnen.

LESOTHOSAURUS-SKELETT

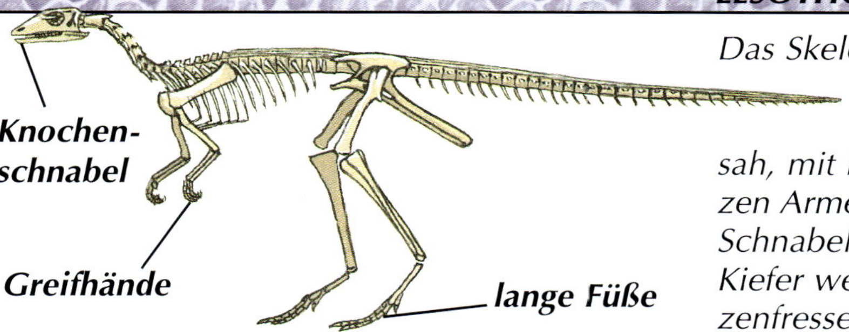

Das Skelett des Lesothosaurus *zeigt, dass er vom Hals abwärts wie ein kleiner Fleischfresser aussah, mit langen, schlanken Beinen und kurzen Armen mit Greifhänden. Der knochige Schnabel und die Mahlzähne in seinem Kiefer weisen ihn aber eindeutig als Pflanzenfresser aus.*

HUNDEGROSS

Lesothosaurus war wohl etwa so groß wie ein Hund und zog in Herden oder Rudeln über die heißen, trockenen Ebenen. Vorwiegend bewegte er sich auf zwei Beinen fort, mag sich aber zum Fressen auf allen Vieren niedergelassen haben. Bei einer Bedrohung brachte er sich blitzschnell aus der Gefahrenzone.

HYPSOPHILODONTEN 1

Die Hypsophilodonten, Dinosaurier mit „hohen Zahnleisten“, waren eine langlebige Ornithopoden-Familie, die 110 Millionen Jahre existierte: bis zum Aussterben der Dinosaurier vor 65 Millionen Jahren. Die kleinen bis mittelgroßen Tiere wurden bis zu vier Meter lang und auf allen Kontinenten, einschließlich der Antarktis und Australiens, fossiliert gefunden.

OTHNIELIA

Jura, vor 150 Mio. Jahren
Nordamerika
1,4 m lang

Othnielia war ein leicht gebautes Tier mit einem kleinen Schädel, einem knochigen Schnabel und selbst-schärfenden Backenzähnen. Wie andere Angehörige ihrer Familie besaß sie Backentaschen, die halb zerkaute Nahrung auffingen, bevor sie die Zunge wieder zwischen die Mahlzähne schob. *Othnielia* hatte Läufer-Beine, klauenbewehrte Finger und Zehen sowie einen steifen Schwanz für die Balance.

Othnielia

HYPSILOPHODON

Kreide, vor 120 Mio. Jahren
Europa, Nordamerika
2,4 m lang

Hypsilophodon

Hypsilophodon lebte in Herdenformation. Als schneller Läufer bewegte er sich behände auf zwei langen Hinterbeinen. Jeder Fuß endete in vier Zehen. Er besaß einen kleinen Schädel, große Augen, einen knochigen Schnabel und Backentaschen. Seine Kiefer waren mit etwa 30 meißelförmigen Zähnen besetzt. Er ernährte er sich von niedriger Vegetation wie Farnen und Schachtelhalmen. Das beständige Kauen nutzte seine Zähne ab, aber sie wurden durch neue ersetzt, sobald sie ausfielen.

FULGUROTHERIUM

Kreide, vor 130 Mio. Jahren
Australien
2 m lang

Man fand nur wenige Reste von *Fulgurotherium*. Zunächst hielt man ihn für einen Fleischfresser, allerdings verraten ihn seine Kiefer mit dem knöchernen Schnabel als Pflanzen fressenden Hypsophilodonten. Da Australien und die Antarktis noch miteinander verbunden waren, zog er vielleicht jedes Jahr nach Norden, um dem kalten Winter zu entkommen.

THESCELOSAURUS

Kreide, vor 70 Mio. Jahren
Nordamerika
4 m lang

Thescelosaurus war eines der letzten Mitglieder der Hypsophilodonten-Familie und lebte am Ende des Zeitalters der Reptilien. Er war ein Pflanzenfresser und Waldbewohner. Man fand ein versteinertes Herz eines *Thescelosaurus* mit dem Spitznamen „Willo" – das erste Dinosaurierherz überhaupt. Es besaß vier Kammern und entsprach eher dem Herzen eines Vogels oder Säugetiers als dem eines Reptils. Der Fund belegt, dass zumindest einige Dinosaurier einen aktiven Stoffwechsel besaßen und vermutlich Warmblüter waren.

ZUM RENNEN GEMACHT

Die Angehörigen der Hypsophilodonten-Familie waren äußerst agile und schnelle Tiere. Man vergleicht sie häufig mit modernen Fluchttieren wie Gazellen, und tatsächlich könnten sie über kurze Strecken Geschwindigkeiten von bis zu 37 Stundenkilometern erreicht haben. Die Flucht vor einem Jäger war ihre einzige Rettungsmöglichkeit.

HYPSOPHILODONTEN 2

Die Familie der Hypsophilodonten bezog ihren Namen von der ausgeprägten Form ihrer Kauwerkzeuge, denn ihre Zähne trugen hohe Leisten auf den Kauflächen. Beim Kauen vollführten ihre Kiefer kreisförmig mahlende Bewegungen, durch die die Nahrung langsam zwischen den Zähnen zerkleinert wurde. Heute kann man diese Bewegung noch bei Kamelen und Kühen beobachten.

AGILISAURUS

Jura, vor 165 Mio. Jahren
Asien
1 m lang

Beim kleinen Pflanzenfresser *Agilisaurus* aus China sind sich die Wissenschaftler nicht sicher, ob er zu den Hypsophilodonten gehört. Er könnte auch ein Mitglied einer noch unbekannten Dinosaurier-Familie gewesen sein.

Die Kiefer in seinem kurzen Schädel waren dicht mit hohen, blattförmigen Mahlzähnen und größeren spitzen Zähnen im vorderen Bereich besetzt. *Agilisaurus* besaß große Augen, einen kurzen Hals, kurze Arme, lange Beine und einen langen Schwanz.

PFLANZENNAHRUNG

Die Hypsophilodonten hatten in ihrem vorderen Maul keine Zähne, sondern rupften und zupften mit ihren knochigen Schnäbeln an den Pflanzen. Die Nahrung wurde dann von der kräftigen Zunge in die Backentaschen befördert und dort gelagert, bis die langen Mahlzähne mit ihren hohen Leisten es übernahmen, die Pflanzen zu einem schluckgerechten Brei zu zerkleinern.

DRYOSAURUS

Jura, vor 150 Mio. Jahren
Afrika, Nordamerika
4 m lang

Dryosaurus besaß einen hornbedeckten knochigen Schnabel und lange Backenzähne mit hohen Leisten. Die Zähne waren von einem dicken, rauen Schmelz überzogen. Auch *Dryosaurus* lebte wohl in Herden, die über lange Strecken von einem Weidegrund zum nächsten zogen. Er hatte fünf Finger an jeder Hand, die er zum Greifen und Abreißen von Pflanzen benutzen konnte.

PARKSOSAURUS

Kreide, vor 65 Mio. Jahren
Nordamerika
2,4 m lang

Parksosaurus war einer der letzten seiner Familie am Ende des Zeitalters der Reptilien. Er hatte stumpfe, kegelförmige Zähne zum Zermahlen dicker Blätter und fleischiger Früchte. Wie die anderen Hypsophilodonten besaß er einen von Sehnen versteiften Schwanz, mit dem er beim Laufen das Gleichgewicht hielt.

LEAELLYNASAURA

GROSSE AUGEN FÜR DIE DUNKELHEIT

Leaellynasaura *lebte nahe dem Südpol, wo vier Monate im Jahr Dunkelheit herrschte. Man nimmt an, dass seine großen Augen und seine Sehnerven gut an diese Lichtverhältnisse angepasst waren.*

Als die Reptilien die Erde beherrschten, befand sich Australien viel weiter südlich als heute und war noch mit der Antarktis verbunden. Die Tiere dort lebten in einem kalten, dunklen Klima. Eines von ihnen war der kleine Hypsophilodont *Leaellynasaura*.

Name: *Leaellynasaura*
Lebte: *vor 105 Mio. Jahren*
Fundort: *Australien*
Länge: *1 m*
Nahrung: *Pflanzen*
Habitat: *offene Waldgebiete*

IM WINTERSCHLAF

Um Energie zu sparen, könnte Leaellynasaura *die eisigen Winter im Winterschlaf überstanden haben: Seine Atmung und sein Herzschlag hätten sich verlangsamt und seine Körpertemperatur wäre gesunken. In den ersten wärmeren Tagen wäre das Tier dann wieder aktiv geworden.*

EIN SCHNELLER LÄUFER

Leaellynasaura war etwas größer als ein Truthahn. Der großäugige, zweibeinige Dinosaurier trug einen kleinen knochigen Schnabel an seinem Maul und besaß Mahlzähne mit hohen Leisten. Seine langen Beine weisen ihn als schnellen Läufer aus, der, um sein Gleichgewicht zu halten, vermutlich mit gerade ausgestrecktem Schwanz rannte.

WURZELN UND BEEREN

Leaellynasaura ernährte sich von der dürftigen Vegetation des Polarkreises. Vermutlich grub er auch essbare Wurzeln und Knollen aus.

WARMBLÜTIGER DINOSAURIER?

Leaellynasaura war vielleicht ein Herdentier und Waldbewohner. Falls er ein Warmblüter war, der selbst Körperwärme erzeugen konnte, wäre er in der Lage gewesen, auch extremer Kälte zu widerstehen. In diesem Fall war *Leaellynasaura* vermutlich ein ganzjährig aktives Tier, das keinen Winterschlaf hielt.

Im nahezu immerwährenden Zwielicht im Australien der Kreidezeit versammelt sich eine Gruppe von Leaellynasaurae *zum Trinken an einem Teich.*

Iguanodonten, „Iguana-Zähne“, verdanken ihren Namen der Ähnlichkeit ihrer Zähne mit denen heutiger Iguanas. Sie waren die Kühe ihrer Zeit, denn sie verschlangen gewaltige Mengen von Pflanzen. Erstmals erschienen sie im Mittleren Jura vor 170 Millionen Jahren und überlebten bis zum Ende des Zeitalters der Reptilien vor 65 Millionen Jahren. Es gab sie in allen Größen, und ihre Knochen wurden auf fast allen Kontinenten gefunden.

OURANOSAURUS

Kreide, vor 110 Mio. Jahren
Afrika
7 m lang

Ouranosaurus, eines der größeren Mitglieder seiner Familie, fiel durch ein charakteristisches, 50 Zentimeter hohes Rückensegel aus Haut auf. Dessen Funktion ist ungewiss, aber es könnte kräftig gefärbt gewesen sein, um Feinde abzuschrecken.

MUTTABURRASAURUS

Kreide, vor 110 Mio. Jahren
Australien
7 m lang

Auf den ersten Blick könnte man *Muttaburrasaurus* für *Iguanodon*, den Namensgeber seiner Familie, halten. Es gibt aber einige deutliche Unterschiede zwischen den beiden Iguanodonten: *Muttaburrasaurus* hatte einen hohen Knochenhöcker auf der Schnauze, der *Iguanodon* fehlte. Außerdem dienten die Backenzähne *Muttaburrasaurus* zum Zerschneiden von Pflanzenmaterial, während die des *Iguanodon* es zermahlten.

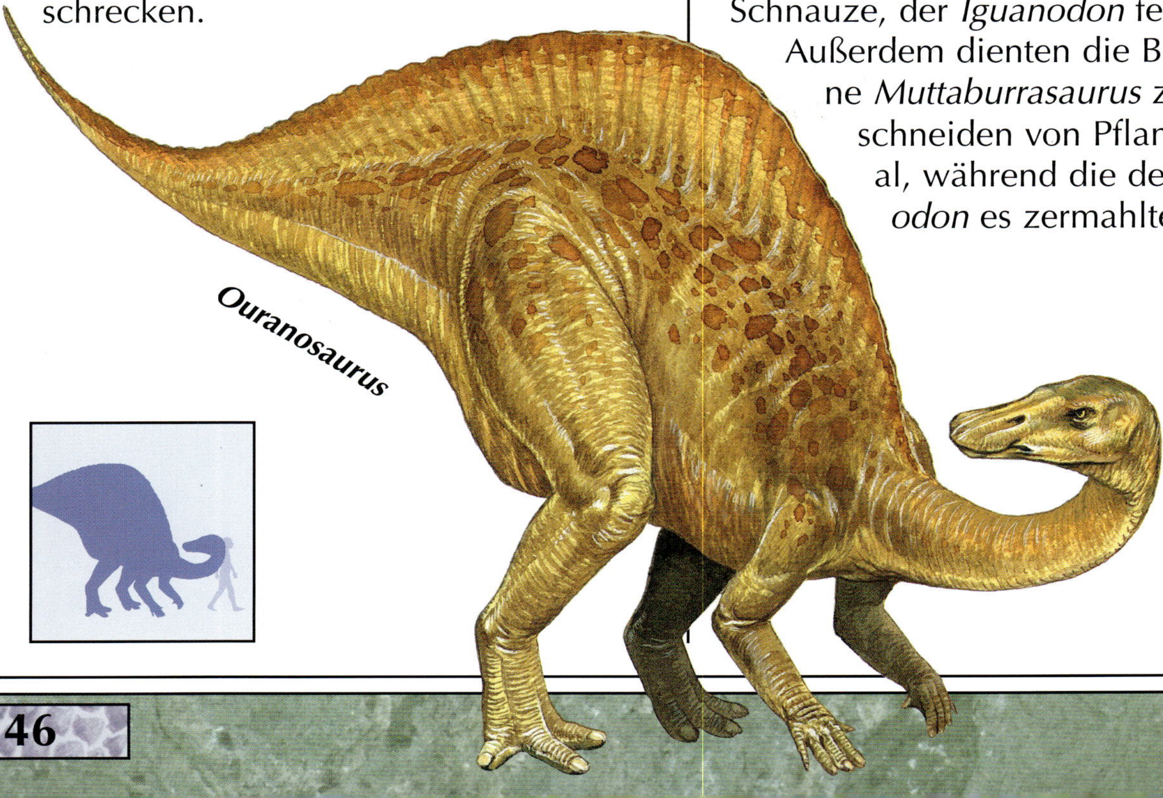

NAHRUNG UNTEN UND OBEN

Iguanodonten weideten wohl auf allen Vieren Bodenpflanzen ab. Vielleicht richteten sie sich aber auch auf ihren Hinterbeinen auf, um höher wachsendes Grün zu erreichen.

RHABDODON

Kreide, vor 75 Mio. Jahren
Europa
4,7 m lang

Rhabdodon war ein mittelgroßer Iguanodont. Seine großen Zähne besaßen stumpfe Kauflächen. Untersuchungen seiner Beinknochen zeigten, dass sie „Wachstumsringe“ aufwiesen, wie die einiger moderner Reptilien. Diese Ringe, die schnelle und langsame Wachstumsperioden anzeigen, belegen, dass *Rhabdodon* 16 Jahre benötigte, um auszuwachsen. Je älter er wurde, desto langsamer wuchs er auch.

CAMPTOSAURUS

Jura, vor 150 Mio. Jahren
Europa, Nordamerika
6 m lang

Man hat viele Camptosaurus-Exemplare gefunden, darum ist er ein gut erforschter Iguanodont. Er war einer der ersten von ihnen und lebte in Nadelwäldern, wo er die niedrige Vegetation abgraste und mit seinen meißelförmigen Zähnen zerkleinerte. Er hatte kräftige Hinterbeine und war wohl ein guter Läufer, denn wenn ihn ein Jäger wie *Allosaurus* angriff, bestand seine einzige Chance in seiner Schnelligkeit. Er könnte seine gekrümmten Fingerklauen zum Graben nach Nahrung benutzt haben.

Während der 100 Millionen Jahre ihrer Existenz vollzogen die Iguanodonten kleine evolutionäre Veränderungen. Bei den ersten verliefen die knochigen Bänder, die ihren Rücken und Schwanz versteiften, noch gerade, bei den letzten lagen sie in einem Kreuzmuster. Die frühen Iguanodonten hatten vier Zehen, die letzten drei; und ihre Zähne rückten im Lauf der Jahrmillionen immer dichter aneinander. Während all diese Veränderungen vonstatten gingen, entwickelten sich die Iguanodonten auch zur letzten Gruppe der Ornithopoden weiter: den Entenschnabel-Dinosauriern oder Hadrosauriern.

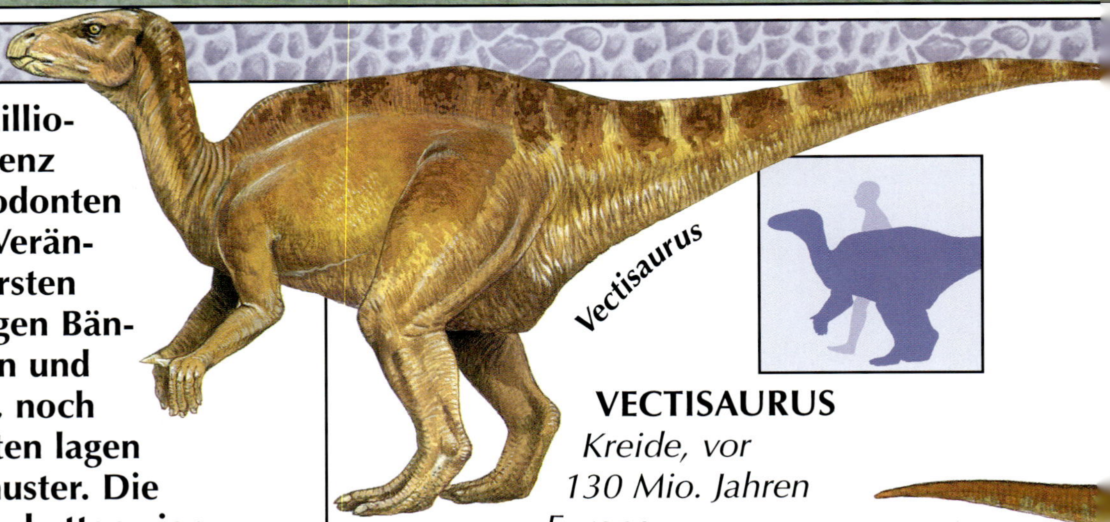

VECTISAURUS

Kreide, vor 130 Mio. Jahren
Europa
4 m lang

Da nach wie vor in jedem Jahr weitere Dinosaurier-Fossilien entdeckt werden, die unser Bild präzisieren, müssen ältere Funde oft neu bewertet werden. Dabei kommt vor, dass man sie einer neuen oder auch einer anderen bekannten Art zuordnen muss. Ein Beispiel dafür ist der in Südengland entdeckte Iguanodont *Vectisaurus*. Er wurde 1879 als eine neue Art eingestuft, daher sein Name. Heute halten Wissenschaftler ihn jedoch für einen jungen *Iguanodon*.

TENONTOSAURUS

Kreide, vor 115 Mio. Jahren
Nordamerika
7 m lang

Tenontosaurus war ein großer Pflanzenfresser, der *Iguanodon* ähnelte. Wie sein Verwandter hatte er hufartige Hände und Füße, und sein Schwanz wurde durch Sehnen versteift. Zwischen seinen Knochen fand man Zähne des Fleisch fressenden *Deinonychus*, was vermuten lässt, dass er ein Opfer dieses Jägers wurde. Oder *Deinonychus* hat den Kadaver des schon toten *Tenontosaurus* gefressen.

PROBACTROSAURUS

Kreide, vor 100 Mio. Jahren
Asien
6 m lang

Probactrosaurus gleicht mit seinem langen, abgeflachten Schädel bereits den Entenschnabel-Dinosauriern (Hadrosauriern). Das ist nicht verwunderlich, da sich die Entenschnäbel aus den Iguanodonten entwickelten, und *Probactrosaurus* aus China könnte einer ihrer frühen Vorfahren sein. Dieser Pflanzen fressende Dinosaurier hatte eine schmale Schnauze, einen langen Unterkiefer und flache Backenmahlzähne. Ausgefallene Zähne wurden sogleich durch neue ersetzt.

STEIFER RÜCKEN UND SCHWANZ

Iguanodonten hatten steife Wirbelsäulen und Schwänze, die nahezu unbeweglich waren.

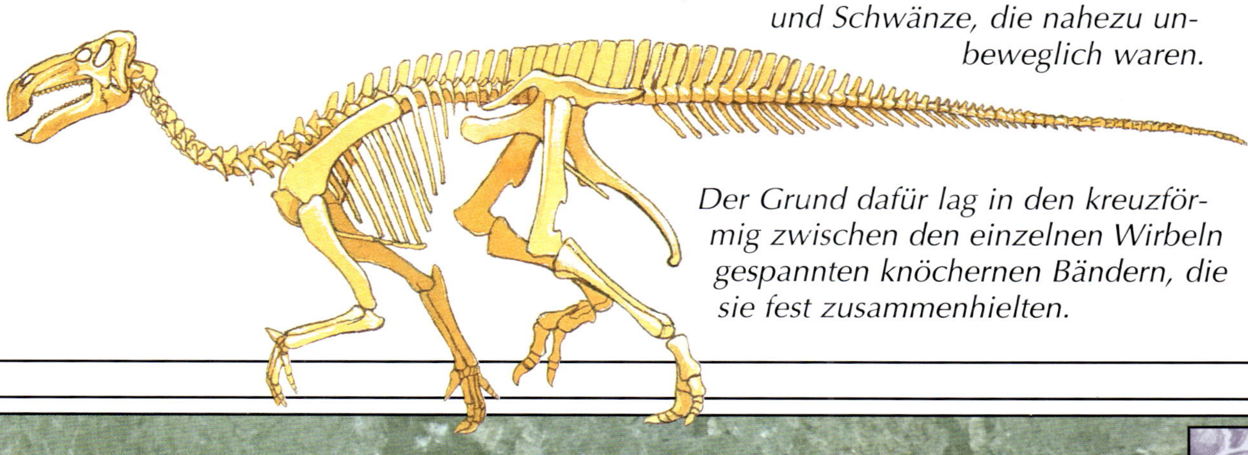

Der Grund dafür lag in den kreuzförmig zwischen den einzelnen Wirbeln gespannten knöchernen Bändern, die sie fest zusammenhielten.

IGUANODON

***Iguanodon* ist einer der bekanntesten Dinosaurier. 1822 fand man einen ersten Zahn von ihm nahe Cuckfield, einer kleinen Stadt im englischen Sussex. Der ortsansässige Fossilien-Sammler Dr. Gideon Mantell (1790–1852) ahnte, dass er von einem unbekannten prähistorischen Tier stammte. Bei einem Besuch des Royal College of Surgeons in London zeigte man Dr. Mantell den Zahn eines modernen *Iguana* aus Südamerika. Er glich seinem Fund, war aber viel kleiner. 1825 taufte Mantell sein Urzeittier *Iguanodon*, „Iguanazahn". Es war der erste Dinosaurier, der einen Namen erhielt.**

Name: *Iguanodon*
Lebte: *vor 130 Mio. Jahren*
Fundort: *Asien, Europa, Nordamerika*
Länge: *10 m*
Nahrung: *Pflanzen*
Habitat: *Waldgebiete*

DAUMENDORN

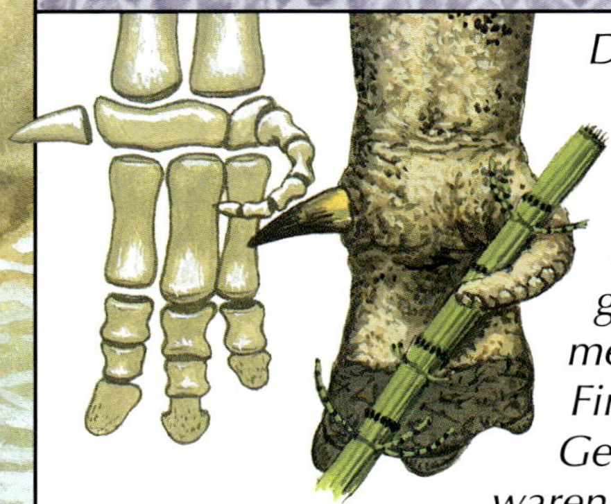

Die Hände von Iguanodon *hatten vier Finger und einen großen Daumendorn. Die Finger besaßen Gelenke und waren flexibel, besonders der kleine (fünfte) Finger, der sich über die Handfläche hin krümmen und Äste festhalten konnte.*

PFERDEKOPF

Iguanodon war ein großes Tier mit einem langen, steifen Schwanz. Der pferdeähnliche Schädel endete in einem stumpfen, zahnlosen Schnabel, der von einer Hornschicht bedeckt war. Seine Kiefer enthielten zahlreiche fünf Zentimeter lange Mahlzähne. *Iguanodon* hatte dreizehige Hufe wie unsere Kühe und Pferde. Jede Hand wies vier Finger und einen Daumendorn auf.

ZWEI BEINE ODER VIER?

Iguanodon konnte sowohl auf den Hinterbeinen als auch auf allen Vieren laufen und Geschwindigkeiten bis zu 20 Stundenkilometer erreichen. Dabei streckte er den Schwanz gerade nach hinten und hielt den Rücken parallel zum Boden. Man nimmt an, dass *Iguanodon* im Herdenverband durch Wälder aus riesigen Baumfarnen, Nadelhölzern und blühenden Magnolien streifte.

KLEIN GEMAHLEN

Mit seinem harten Schnabel rupfte *Iguanodon* Blätter, Stängel, Früchte und Samen von den Pflanzen. Seine langen, scharfen Mahlzähne verarbeiteten die Nahrung mit kreisenden Bewegungen zu einem Brei. Dabei schob die Zunge sie beständig im Maul umher, bis sie klein genug zum Verschlucken war.

Eine Iguanodon-Familie nutzt eine Tränke und grast in der Ufervegetation der Unteren Kreidezeit. Wenn sie weiter gezogen sein wird, werden nur ihre Fußspuren und ein paar Dunghaufen von ihrer Anwesenheit zeugen.

DER DAUMENDORN IN AKTION

Iguanodon *hat seinen Daumendorn vermutlich zur Verteidigung eingesetzt, indem er damit wie mit einem Messer zustach. Er könnte ihn in gleicher Weise auch bei Kämpfen mit Artgenossen um die Rangordnung in der Herde benutzt haben.*

Die wegen ihrer Schnabelformen „Entenschnäbel" genannten Hadrosaurier waren die letzte große Dinosaurier-Gruppe, die sich entwickelte. Sie waren Nachkommen der Iguanodonten und traten erstmalig vor 100 Millionen Jahren auf. Sie besiedelten zwar einen Großteil des Planeten, starben aber am Ende des Zeitalters der Reptilien vor 65 Millionen Jahren aus.

HADROSAURUS

Kreide, vor 75 Mio. Jahren
Nordamerika
9 m lang

Hadrosaurus ist berühmt, weil von ihm als erstem Dinosaurier ein nahezu vollständiges Skelett gefunden wurde. Es wurde 1857 in den USA ausgegraben und im folgenden Jahr auf den schlichten Namen „große Echse" getauft.

SAUROLOPHUS

Kreide, vor 70 Mio. Jahren
Asien, Nordamerika
12 m lang

Saurolophus hatte einen langen Schwanz, kurze Arme und lange Hinterbeine mit dreizehigen Hufen. Charakteristisch ist ein langer Knochenkamm, der sich von seinem Hinterkopf bis zu einer Öffnung nahe seiner Nüstern erstreckte. Diese Öffnung könnte mit einem Hautlappen oder -sack bedeckt gewesen sein, sodass *Saurolophus* vielleicht Geräusche erzeugte, um mit anderen zu kommunizieren.

BREITE ENTENARTIGE MÄULER

Es ist leicht zu verstehen, warum die Forscher die Hadrosaurier „Entenschnäbel" nannten. Ihr gesamtes vorderes zahnloses Maul war zu einem breiten, halbrunden Schnabel abgeflacht, dessen unterer Teil länger war als der obere. Dieser Schnabel wurde von einer harten, dicken Hornschicht geschützt.

Lambeosaurus

LAMBEOSAURUS
Kreide, vor 70 Mio. Jahren
Nordamerika
9 m lang

Auf dem Kopf trug das Reptil zwei knöcherne Auswüchse. Der vordere war ein hohler, rechteckiger, mit den Nüstern verbundener Kamm, mit dem die Echse tiefe, dröhnende Laute erzeugen konnte. Dahinter saß ein rückwärts gerichteter Knochendorn, der über einen Hautlappen mit dem Rücken verbunden gewesen sein mag. Nur Männchen besaßen diesen Dorn, die Weibchen lediglich den Kamm.

KRITOSAURUS
Kreide, vor
75 Mio. Jahren
Nordamerika
8 m lang

Dieser Hadrosaurier hatte ein breites Gesicht und einen abgeflachten Schädel mit einem Knochenhöcker auf der Schnauzenmitte, der vermutlich mit seinem Geruchssinn zu tun hatte. In der Tiefe seines Mauls saßen Hunderte dicht gepackter Mahlzähne, die die Nahrung vor dem Schlucken gründlich zerkleinerten. Abgenutzte Zähne fielen aus und wurden durch neue ersetzt. *Kritosaurus* war vermutlich ein Herdentier, das jedes Jahr lange Strecken zurücklegte. Einige Wissenschaftler halten ihn allerdings für identisch mit *Hadrosaurus*.

Kritosaurus

Bemerkenswerte Funde von Hadrosaurier-Fossilien haben Wissenschaftler mehr Erkenntnisse über die Entenschnabel-Echsen gewinnen lassen als über jede andere Dinosaurier-Gruppe. So brachte zum Beispiel der Körper eines mumifizierten *Edmontosaurus* eine dicke, faltige Haut mit kleinen, überlappenden Knochenplatten zum Vorschein. Leider weiß man nichts über seine Hautfarbe.

TSINTAOSAURUS

Kreide, vor 70 Mio. Jahren
Asien
10 m lang

Tsintaosaurus, ein großer Hadrosaurier aus China, trug einen dornförmigen Knochensporn zwischen den Augen. Dieser hohle, nach vorn gerichtete Dorn war bis zu einem Meter lang. Womöglich spannte sich ein Hautlappen oder -sack von diesem Dorn bis zur Schnauze und diente der Lauterzeugung.

PARASAUROLOPHUS

Kreide, vor 75 Mio. Jahren
Nordamerika
10 m lang

Parasaurolophus war einer der auffälligsten Hadrosaurier. Auf dem Schädel trug er einen hohlen, bis zu 1,8 Meter langen, dünnwandigen Knochenkamm, der über ein kompliziertes Gangsystem mit seinem Rachen verbunden war. Wahrscheinlich erzeugte *Parasaurolophus,* indem er Luft durch diesen Kamm blies, ein tiefes Trompetengeräusch. Wenn er den Kopf zurücklegte, ruhte die Kammspitze in einer Kerbe auf dem Rücken.

PROSAUROLOPHUS

Kreide, vor 75 Mio. Jahren
Nordamerika
15 m lang

Prosaurolophus war einer der größten Hadrosaurier. Sein breites Maul endete in einem Schnabel, der kleiner und kürzer als bei seinen Verwandten war. Auf dem Schädel trug er einen spitz zulaufenden Kamm. *Prosaurolophus* ernährte sich sowohl von harten Zweigen, Kiefernnadeln und Samen, als auch von weicheren Pflanzenteilen. Aufgerichtet konnte er recht hoch langen. Er war vielleicht der Vorfahre des *Saurolophus*, daher sein Name.

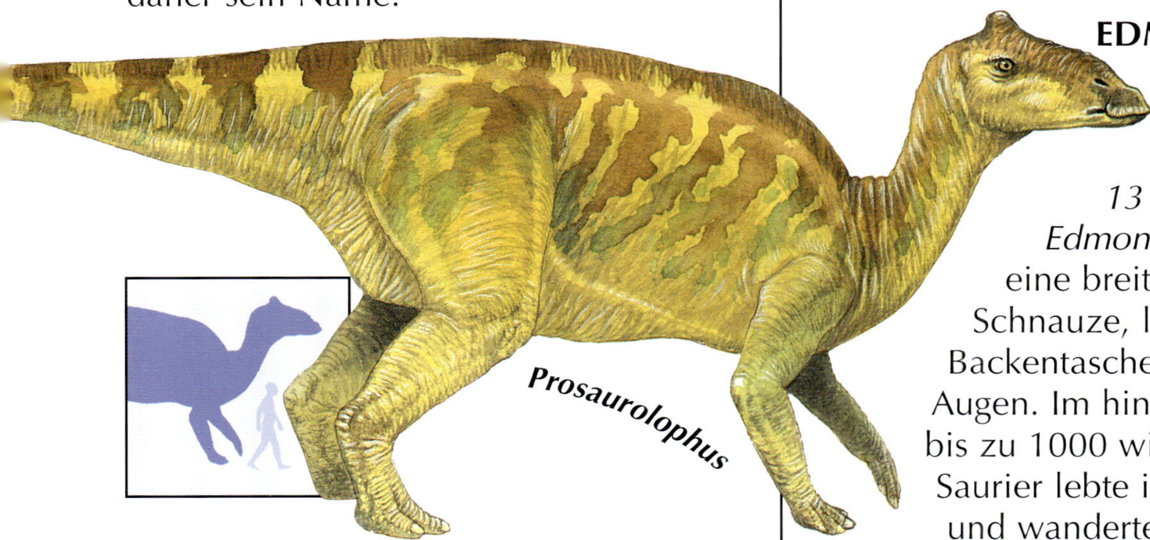

ZAHNBATTERIEN

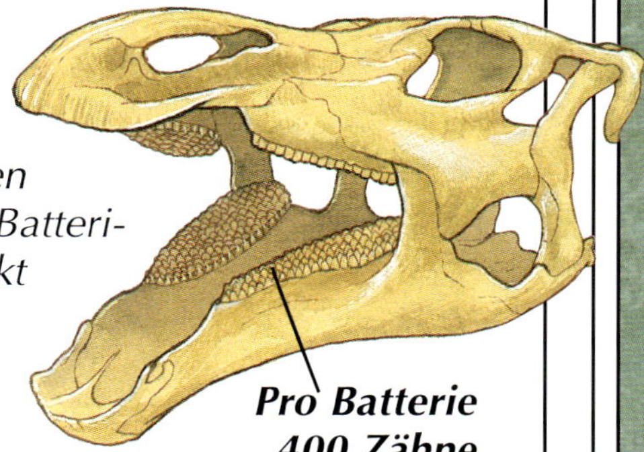

Die Kiefer der Hadrosaurier waren mit bis zu 1600 Zähnen besetzt, die in Batterien dicht gepackt waren. Es gab keine Zwischenräume zwischen den in Dreiergruppen angeordneten Zähnen. Jede dieser Gruppen bildete eine „Zahnfamilie". Jugendliche hatten weniger Zähne als Erwachsene, und bei allen saßen unter dem Kiefer bereits neue Zähne, die ausgefallene alte ersetzen sollten.

EDMONTOSAURUS

Kreide, vor
65 Mio. Jahren
Nordamerika
13 m lang

Edmontosaurus hatte eine breite, schnabelartige Schnauze, lange Kiefer mit Backentaschen und große Augen. Im hinteren Kiefer saßen bis zu 1000 winzige Zähne. Der Saurier lebte in großen Herden und wanderte jedes Jahr über Tausende von Kilometern. Beim Abweiden niedriger Pflanzen schritt er auf allen Vieren. 1908 fand der amerikanische Fossilien-Sammler George Sternberg (1883–1969) ein nahezu vollständiges Exemplar mit fast komplett versteinerter Haut und Resten von Muskelfleisch – so wurde *Edmontosaurus* als „Dinosaurier-Mumie" berühmt.

Lange Zeit hielt man die Hadrosaurier für Wasserbewohner, die durch ihre hohlen Schädelkämme wie durch Schnorchel atmeten. Diese Vorstellung ist heute widerlegt, und die Wissenschaftler sind überzeugt, dass die Entenschnabel-Dinosaurier Landtiere waren, die sich mit steif ausgestreckten Schwänzen auf zwei Beinen fortbewegten.

BRACHYLOPHOSAURUS

Kreide, vor 80 Mio. Jahren
Nordamerika
9 m lang

Wie andere Hadrosaurier hatte auch *Brachylophosaurus* einen zahnlosen Entenschnabel und Hunderte nachwachsender Mahlzähne im hinteren Kiefer. Er unterschied sich aber von vielen anderen durch seinen ungewöhnlichen Schädelkamm, der als niedriger, flacher Knochenhöcker auf der vorderen Schnauze saß. Er war nicht hohl, bestand vielmehr aus kompaktem Knochengewebe und diente also nicht der Lauterzeugung. *Brachylophosaurus* könnte ihn bei Kopf-Duellen mit Artgenossen (um die Rangfolge in der Herde) eingesetzt haben.

ANATOTITAN

Kreide, vor 65 Mio. Jahren
Nordamerika
12 m lang

Anatotitan war ein großer Hadrosaurier, ein Herdentier und Waldbewohner. Er ernährte sich von Kiefernnadeln, Zweigen, Samen und Wasserpflanzen. Vorn an seinem Maul saß ein langer, breiter, zahnloser Schnabel. In dessen Tiefe befanden sich Hunderte von dicht gepackten, starken Mahlzähnen in Zahnbatterien. In Backentaschen lagerte das Tier beim Weiden kurzfristig seine Nahrung, die später von der kräftigen Zunge zwischen die Mahlzähne gedrückt wurde. *Anatotitan* hatte einen langen, spitzen Schwanz und dreizehige Hufe. Seine Arme endeten in Händen mit weichen Handflächen.

CORYTHOSAURUS

Kreide, vor 80 Mio. Jahren
Nordamerika
9 m lang

Corythosaurus trug sein auffälligstes Merkmal auf dem Kopf: einen großen, halbkreisförmigen Knochenkamm. Nur erwachsene Männchen scheinen solch eine Zierde voll entwickelt zu haben, die Kämme der Weibchen und Jungtiere blieben wesentlich kleiner. *Corythosaurus* lebte in Sümpfen an Waldrändern. Die Herden hielten sich stets in Wassernähe auf – möglich also, dass die Tiere schwimmen oder durch tieferes Wasser waten konnten, wobei sie Hindernisse mit ihren breiten Händen beiseite schoben.

SHANTUNGOSAURUS

Kreide, vor 75 Mio. Jahren
Asien
16 m lang

Dieser massive Hadrosaurier aus China war der größte und mit einem Gewicht von etwa sieben Tonnen auch der schwerste bisher bekannte Entenschnabel-Saurier. Sein flacher Schädel trug keinen Kamm. Wie bei allen Hadrosauriern war sein Schnabel zahnlos, dafür steckten im Kiefer rund 1500 winzige Mahlzähne. Eine große Öffnung nahe seinen Nüstern könnte von einem Hautlappen oder -sack bedeckt gewesen sein, mit dem er Laute erzeugte.

GERÄUSCHE UND GERÜCHE

Hadrosaurier wie der Corythosaurus *wurden ohne Kamm geboren. Erst im Laufe der Zeit erweiterte sich ihr Schädeldach zu einem hohlen Kamm, in dessen Innerem sich Nasengänge befanden, die vermutlich der Lauterzeugung und der Verbesserung des Geruchssinns dienten.*

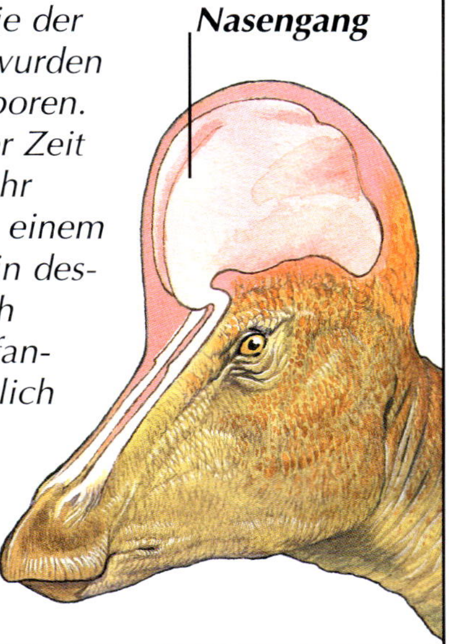

Maiasaura ist die bekannteste Entenschnabel-Echse. Ihr Lebenszyklus von der Geburt bis zum Tod ist bekannt, weil man einen Nistplatz mit Eiern und Jungtieren gefunden hat. Diese Hadrosaurier scheinen fürsorgliche Eltern gewesen zu sein, was auch ihr Name verdeutlicht, der „gute Mutterechse“ bedeutet.

Name: *Maiasaura*
Lebte: *vor 80 Mio. Jahren*
Fundort: *Nordamerika*
Länge: *9 m*
Nahrung: *Pflanzen*
Habitat: *Wälder*

HORN-SCHNABEL

Maiasauras breite Schnauze endete in einem hornbedeckten Schnabel. Der Schädel ließ Backentaschen Raum, die Kiefer waren dicht mit Zähnen besetzt. Auf dem Kopf trug der Saurier einen knöchernen Höcker. Kurze Arme und ein langer Schwanz runden sein Bild ab.

SICHERHEIT IN DER MENGE

Maiasaura lebte in Herden von bis zu 10.000 Tieren. Als Pflanzenfresser musste er als Erwachsener täglich 90 Kilogramm Pflanzen zu sich nehmen, um zu überleben. Bei einem Angriff brachte die Herde sich vermutlich im Galopp in Sicherheit.

RIESIGE ZIEHENDE HERDEN

Bei so großen Herden war der Bedarf nach Nahrung enorm. Darum zogen sie vermutlich entlang bewährter Routen von den Weidegründen zu den Nistplätzen.

AM NISTPLATZ

Maiasaura brütete nicht auf dem Nest. Stattdessen deckte er es mit Pflanzen ab. Bei ihrem Verrotten entstand Wärme, und in diesem „Brutkasten“ konnten sich die Eier entwickeln. Die Nestlinge waren etwa 30 Zentimeter lang und wurden von den Eltern gut versorgt. Mit 1,5 Metern Größe konnten sie das Nest verlassen. Im Alter von einem Jahr war ein *Maiasaura* bereits 2,5 Meter lang – fünfmal kleiner als die erwachsene Echse. Wie lange die Jungen bei den Eltern blieben, ist nicht bekannt.

Die Nester waren etwa eine Körperlänge voneinander entfernt gebaut, und die erwachsenen Maiasaurae kümmerten sich um die Eier und die Jungen. Sie blieben bis zum Schlüpfen beim Nest. Die Neugeborenen waren durch Beutegreifer erheblich gefährdet.

MAIASAURA-NEST

Maiasaura *baute sein Nest in eine etwa zwei Meter große Erdmulde, die er mit Pflanzen auspolsterte. Dann legte er etwa 25 grapefruitgroße Eier in einer exakten Kreisformation hinein. Die Eier berührten sich nicht.*

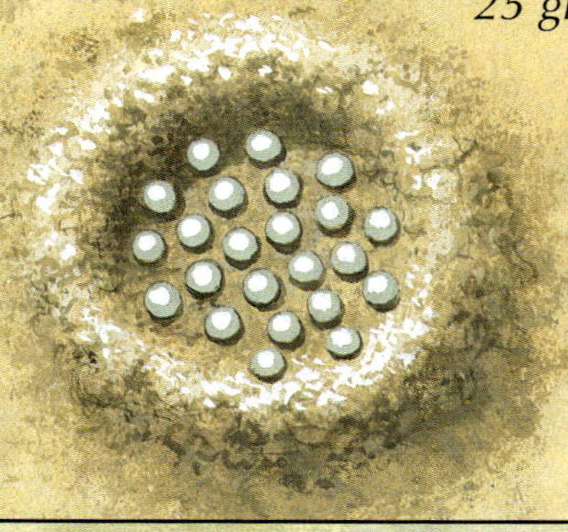

KAPITEL SECHS

PTEROSAURIER

Kein Dinosaurier ist jemals geflogen. Dennoch eroberten Reptilien zur Zeit der Dinosaurier die Lüfte: die Pterosaurier oder „Flügel-Echsen" nämlich, die allerdings keine Echsen waren, so wenig wie die Dinosaurier.

Pterosaurier traten kurz nach den ersten Dinosauriern vor 225 Millionen Jahren auf den Plan und entwickelten schnell viele Formen und Größen. Gemeinsam blieb ihnen die gleiche typische Skelett- und Knochenstruktur.

VIELGESTALTIG

Die Pterosaurier entwickelten eine große Bandbreite von Nahrungs- und Lebensgewohnheiten. Die meisten Fossilien stammen von Flugsauriern, die nahe dem Wasser lebten. Einige Pterosaurier waren Experten beim Fang von Süßwasserfischen, andere sammelten winzige Tiere und Pflanzen von der Meeresoberfläche, und wieder andere jagten über Land, fingen Insekten in der Luft oder fraßen Aas auf dem Boden.

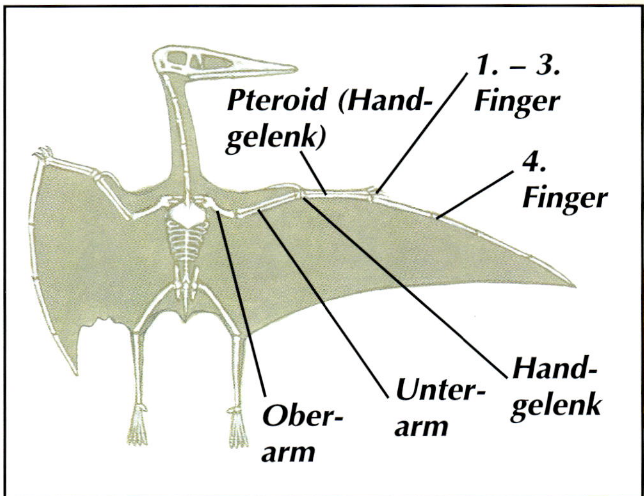

Pterosaurierknochen waren hohl und dünnwandig, um Gewicht zu sparen.

FLUGHÄUTE

Die Vorderglieder oder Arme hatten sich bei den Pterosauriern zu Flughäuten entwickelt. Die Gleitfläche bestand aus einer zähen, elastischen Membran, dem Patagium, einer Hautbahn, die mit elastischen Fasern und sehr dünnen Muskelsträngen verstärkt war. Die Membran war an den Körperflanken zwischen Schulter und Hinterbein aufgehängt.

LANGE FINGER

Die Flughaut wurde von den recht langen Arm- und Handgelenkknochen und den noch längeren Knochen des stark verlängerten vierten Fingers gespannt.

GLEITER ODER FLATTERER?

Einige Pterosaurier waren für den Gleitflug gebaut. Ihre Flughäute waren lang und schmal wie die Flügel der heutigen Albatrosse und gewährleisteten maximalen Auftrieb durch aufsteigende Thermalströmungen und Steigwinde an Abhängen. Andere spezialisierten sich auf einen aktiveren, beweglicheren Flugstil. Sie hatten kurze, breite Flughäute und kräftige Schwingenmuskeln, mit denen sie ihre Flügel schlagen und rasch die Richtung ändern konnten. Gut erhaltene Fossilien zeigen, dass der Pterosaurierkörper mit einer Art Fell bedeckt war, das die Muskeln warm und leistungsfähig hielt. Folglich waren die Pterosaurier wohl Warmblüter.

Einige Pterosaurier verfügten über scharfe Zähne und lange Schwänze. Andere besaßen sehr kurze Schwänze und zahnlose, vogelähnliche Schnäbel.

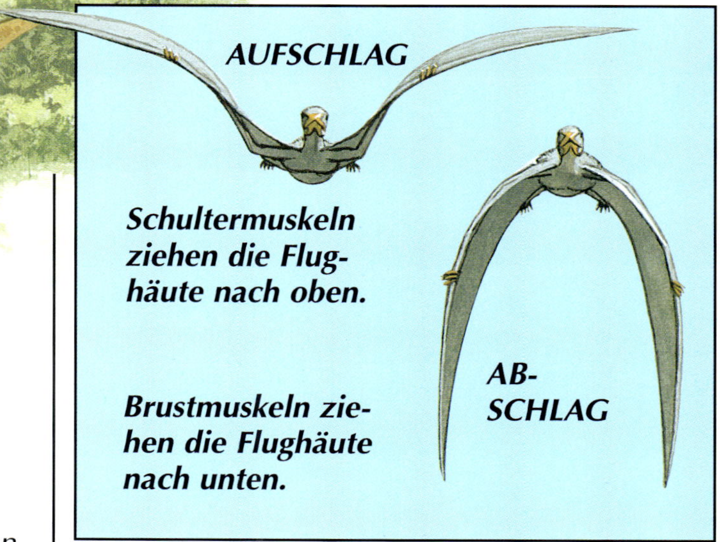

Die Brustmuskeln bewegten die Flughäute nach unten und das Tier hoch und vorwärts.

Die Trias war für die Reptilien eine Zeit der rasanten Evolution, in der mehrere neue Gruppen auftraten: Krokodile, Schildkröten, Meeresreptilien, Pterosaurier und Dinosaurier. Die frühesten Pterosaurier erschienen vor etwa 230–225 Millionen Jahren. Bereits diese ersten Arten waren geübte Flieger mit allen wichtigen Merkmalen der späteren Pterosaurier, z. B. voll ausgebildeten Flughäuten. Vermutlich gab es aber schon zuvor Pterosaurier, die noch die Merkmale ihrer Vorfahren aufwiesen. Aber bis heute fehlen in unseren Fossiliensammlungen einige Bindeglieder.

PETEINOSAURUS

Trias, vor 220 Mio. Jahren
Europa
60 cm Spannweite

Peteinosaurus ist einer der frühesten bisher entdeckten Pterosaurier. Er hatte kürzere Flughäute als die meisten späteren Arten und einen langen verstärkten Schwanz mit einem senkrechten „Paddel" am Ende, das er zum Steuern verwendete. *Peteinosaurus* lebte am Ufer des alten Thetys-Meers am Fuß der heutigen Südalpen. Er war nur taubengroß und sein daumenlanger Schädel bestand fast ganz aus den beiden Kiefern mit zwei großen Fangzähnen. Er schwang sich von einem Ast aus auf Libellen und andere Insekten, die er im Flug fing.

Peteinosaurus

WO KAMEN DIE PTEROSAURIER HER?

Die Ursprünge der Pterosaurier sind noch unbekannt. Ein denkbarer Vorfahre wäre Sharovipteryx, *wenn er nicht zu spät, in der Ober-Trias, gelebt hätte, als es die Pterosaurier schon gab. Er war ein Gleitflieger aus der Gruppe der Thecodonten, aus der sich vermutlich auch die Dinosaurier entwickelt haben. Seine Überreste stammen aus Kasachstan. Das nur 25 Zentimeter lange Tier flog mit Hilfe von Flughäuten zwischen den langen Hinterbeinen und dem Schwanz und kleiner Membranen zwischen den kurzen Armen und der Brust.*

PREONDACTYLUS

Trias, vor 220 Mio. Jahren
Europa
45 cm Spannweite

Der „Preone-Finger" ist nach dem Preone-Tal in Norditalien benannt, wo man seine Fingerknochen gefunden hat. Er war ein sehr früher Pterosaurier mit kurzen Flughäuten, langen Beinen und langem Paddelschwanz. Das amselgroße Tier besaß spitze Kiefer mit scharfen Zähnen, die darauf hindeuten, dass er Insekten oder Fische fraß. Bei einem Fund waren seine Knochen zu einem Klumpen gepackt. Vermutlich stürzte dieser Pterosaurier ins Wasser und wurde von einem Fisch gefressen, der das „Gewölle" wieder auswürgte.

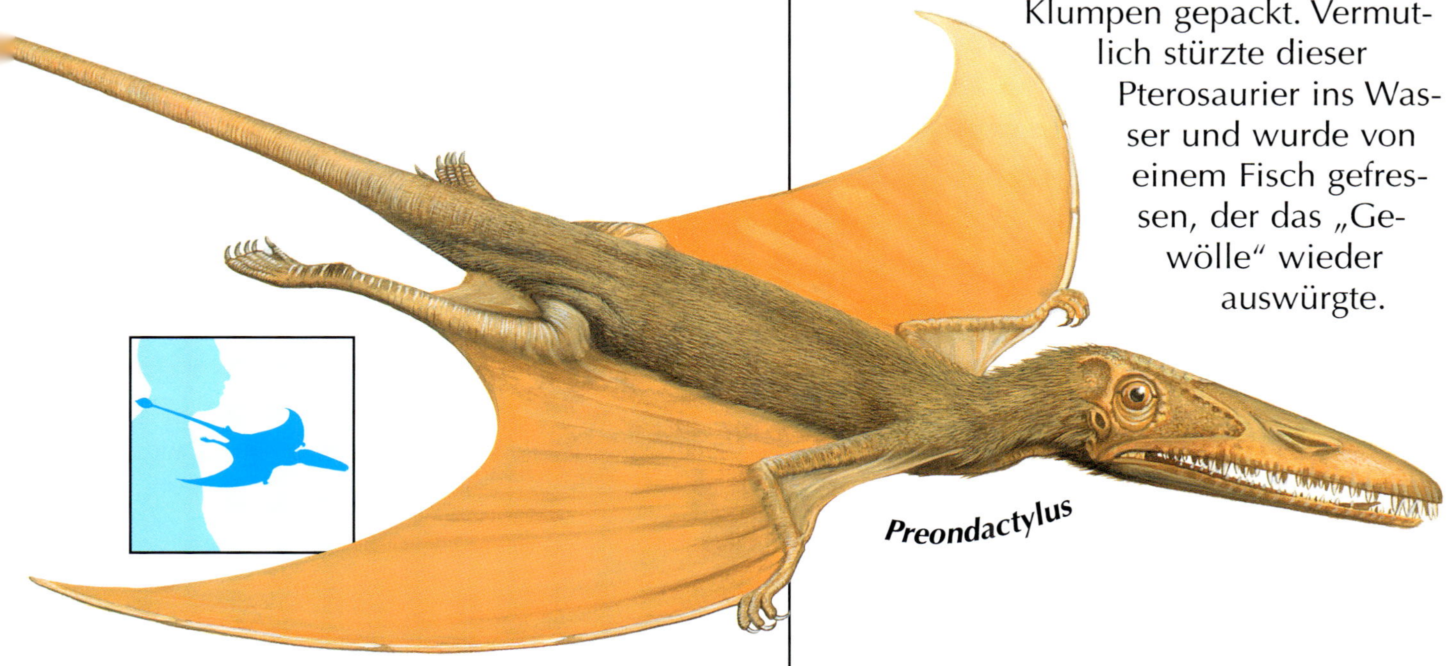

Preondactylus

PTEROSAURIER UND VÖGEL

Pterosaurier entwickelten sich 75 Millionen Jahre vor den Vögeln, aus anderen Ahnen. Ihre Flughäute unterschieden sich von Vogelflügeln darin, dass sie vor allem von den Fingerknochen gestützt wurden und nicht von den Armen. Außerdem hatten die Pterosaurier im Gegensatz zu den Vögeln keine Federn, aber knöcherne Schwänze.

EUDIMORPHODON

***Eudimorphodon* lebte in der Ober-Trias vor 220 Millionen Jahren in der Gegend des heutigen Norditalien. Sein Name bedeutet „echter zweiförmiger Zahn“, denn er hatte zwei Arten von Zähnen: scharfe Fänge im Vorderkiefer, kleinere Zähne im hinteren Maul mit drei oder fünf Zahnhöckern. Kein anderer Pterosaurier besaß Zähne mit mehreren Höckern. Andere seiner Merkmale – kurze Flughäute und Beine, langer Schwanz – waren typisch für seine Familie, die Rhamphorhynchidae, die früheste Pterosaurier-Hauptgruppe, die nach dem späteren *Rhamphorhynchus* benannt ist.**

TAUCHEN ZUM FRESSEN

Einer Theorie zufolge tauchte Eudimorphodon *beim Fischfang wie ein Pfeil ins Wasser ein. Dort griff er seine Beute wie ein heutiger Tölpel mit dem Maul. Für diese Jagdmethode brauchte er ein gutes Sehvermögen und sehr starke Flugmuskeln, um sich aus dem Wasser wieder in die Luft zu schwingen.*

FISCH ZUM ABENDESSEN

Die scharfen Zähne von *Eudimorphodon* deuten darauf hin, dass er vermutlich Fische fing. Tatsächlich hat man bei seinen Fossilien im Bereich des Magens Fischschuppen entdeckt.

Eudimorphodon lebte wahrscheinlich in Schwärmen an der Küste des alten Thetys-Meers. Er flog dicht über das Wasser und hielt nach Fischen Ausschau. Sein Schädel hatte große Augenhöhlen, woraus man auf ein gutes Sehvermögen schließt. Beim dichten Flug über das Wasser oder beim Tauchen konnten die langen Kiefer vorwärts und seitlich nach Beute schnappen. Der kurze Hals reichte nicht tief ins Wasser hinein, sodass er wahrscheinlich eintauchte.

GUTER FLIEGER

Eudimorphodon war gewiss ein aktiver Flieger. Sein breites Brustbein war mit einem Kiel versehen, an dem die starken Flugmuskeln aufgehängt waren. Die drei kurzen Finger und Klauen in der Mitte jeder Flughaut waren kräftig genug, um bei Flugpausen Halt an einer Klippe oder auf einem Ast zu gewährleisten. Die Spannweite des Pterosauriers betrug einen Meter. *Eudimorphodon* war von der schnabelartigen Schnauze bis zum Schwanzende mit dem rautenförmigen Paddel etwa 70 Zentimeter lang.

Eudimorphodon *hatte als Jungtier noch nicht die Zähne des Erwachsenen. Seine „Babyzähne" eigneten sich vielmehr eher zum Insektenfang. Vielleicht blieben die Jungtiere an der Küste, bis sie stark und erfahren genug zum Tauchen waren.*

EUDIMORPHODON-SCHÄDEL

Drei große Fenster reduzierten das Gewicht des Schädels. Im Oberkiefer saßen 58 und im Unterkiefer 56 Zähne.

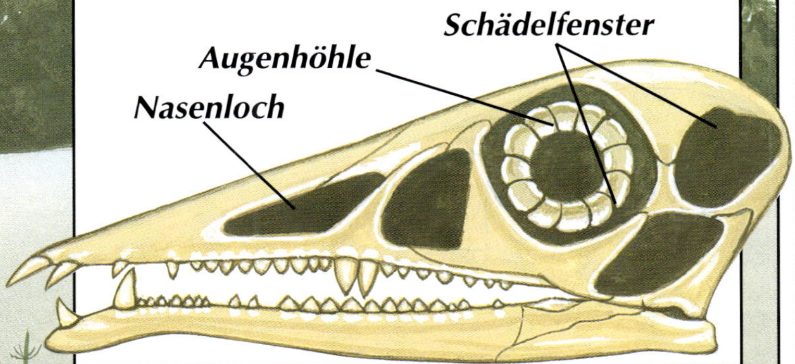

Name: *Eudimorphodon*
Lebte: *vor 220 Mio. Jahren*
Fundort: *Europa*

Spannweite: *1 m*
Nahrung: *Fische, Insekten*
Habitat: *Flüsse, Seen*

EUROPÄISCHE PTEROSAURIER DES JURA

Von ihren Ursprüngen im damaligen triassischen Europa aus verbreiteten sich die Pterosaurier bald in andere Regionen. Auch während des Jura nahm ihre Zahl zu. Als die Gruppe der Rhamphorhynchidae der der Pterodactylen wich, veränderten sich auch die Körperformen, besonders des Schädels und Schwanzes.

DORYGNATHUS

Jura, vor 190 Mio. Jahren
Europa
1 m Spannweite

Dorygnathus lebte im Bereich des heutigen Deutschland. Für einen Pterosaurier hat man erstaunlich viele Fossilien von ihm gefunden – die dünnen, zerbrechlichen Knochen wurden für gewöhnlich leicht zerdrückt, sodass sie kaum jemals fossilierten. *Dorygnathus* hatte außergewöhnliche Zähne. Am vorderen Ober- und Unterkiefer waren sie sehr lang, gebogen und scharf, zudem nach vorne gerichtet; sie griffen bei geschlossenem Maul ineinander, wodurch sie sich gut zum Fang glitschiger Fische eigneten. Die kleineren, dünneren Zähne im hinteren Kiefer hielten die Beute zuverlässig fest, während *Dorygnathus* zum Fressen in sein Nest zurückflog. Die spitze Kieferfront war zahnlos. Diesem Merkmal verdankt der Pterosaurier auch seinen Namen: „Speerkiefer".

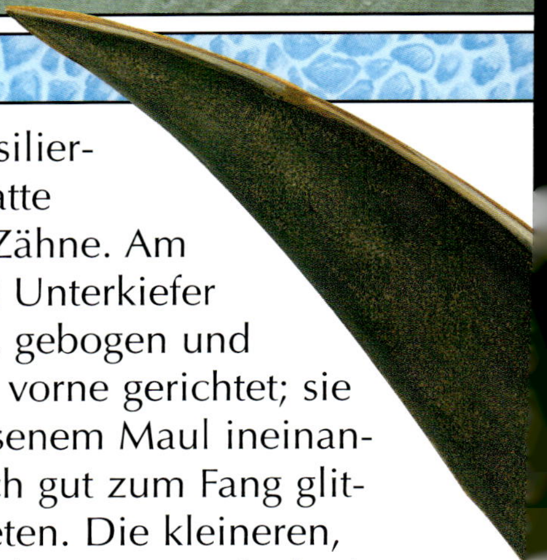

PTEROSAURIER-KÖPFE …

Frühe Rhamphorhynchidae wie Rhamphorhynchus *hatten einen recht kurzen Kopf, der vorgestreckt auf einem stämmigen Hals saß, und spitze Kiefer mit scharfen Zähnen. Bei den späteren Pterodactylen ruhte der Kopf in einer Art Knie auf dem langen Hals. Ihre Schnäbel hatten wenige oder keine Zähne und oftmals einen Schädelkamm.*

SCAPHOGNATHUS

Jura, vor 150 Mio. Jahren
Europa
90 cm Spannweite

Scaphognathus hatte einen kurzen Kopf mit einer abgerundeten, stumpfen Schnauze, die ihm den Namen „Wannen-Kiefer" eintrug. Von seinen langen aufrechten Zähnen saßen 18 im Ober- und zehn im Unterkiefer.

Scaphognathus war 1831 eines der ersten entdeckten Pterosaurier-Fossilien. Einige Funde stammten von Jungtieren. Die Art, wie sich ihre Knochen formten und verfestigten, deutet darauf hin, dass sie sehr schnell ihre endgültige Größe erreichten. So entwickeln sich auch heutige Vögel, nicht aber die meisten Reptilien, die ihr gesamtes Leben hindurch langsam weiterwachsen. Fossilien des *Scaphognathus-Schädels* zeigen, dass die Pterosaurier für ihre Größe recht große Gehirne besaßen und darin wiederum eher Vögeln glichen als Reptilien.

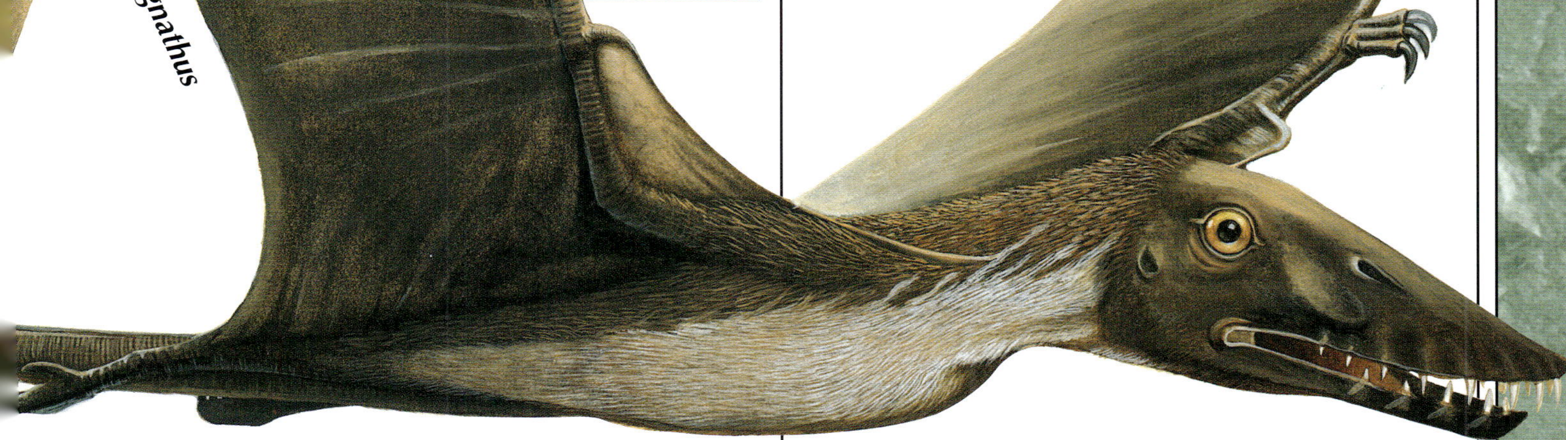

... UND PTEROSAURIER-SCHWÄNZE

Rhamphorhynchidae hatten lange, schlanke Schwänze, die durch Knochenstreben und Bänder versteift waren. An ihren Enden befanden sich versteifte Hautpaddel. Pterodactylen dagegen besaßen sehr kurze Schwänze aus wenigen dünnen Wirbelknochen; sie waren mittels kleiner Hautmembrane mit den Hinterbeinen verbunden.

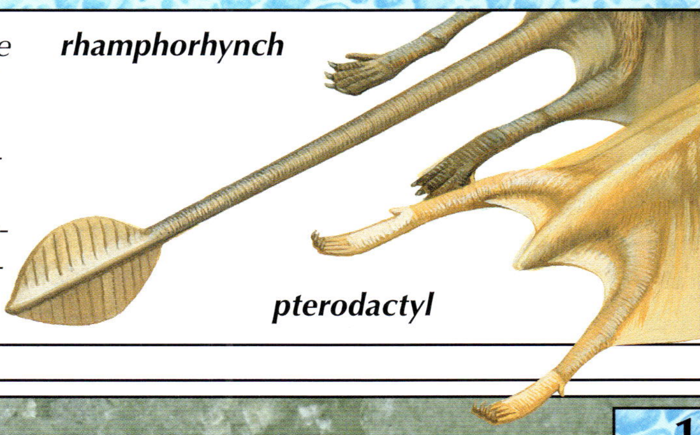

DIMORPHODON

Als einer der ersten Pterosaurier des Jura lebte *Dimorphodon* vor 205 Millionen Jahren im heutigen Südengland. Er hatte einen großen Kopf, scharfe Schneidezähne und einen langen, steifen Schwanz. Seine Gesamtlänge betrug einen Meter, wovon 20 Zentimeter der Schädel einnahm, und er hatte eine Spannweite von fast 1,5 Meter.

KEIN SCHWERER KOPF

Der Schädel von *Dimorphodon* mit der tiefen und engen Schnauze wirkt groß und schwer, aber er bestand eher aus Knochenstreben als aus Knochenplatten, was sein Gewicht erheblich reduzierte. Die drei gebogenen Finger an jedem Flügel waren kräftig und besaßen scharfe Klauen zum Klettern in Felsen und Bäumen. Wie viele andere Pterosaurier lebte er wahrscheinlich an den Küsten.

IN DER LUFT ODER ZU FUSS?

Dimorphodon war mit Sicherheit ein Jäger, der sich von Fischen, Insekten, Echsen, Würmern und anderen Kleinlebewesen ernährte. Im vorderen Ober- und Unterkiefer saßen vier Paare großer kegelförmiger Zähne, hinter denen viele kleinere Zähne folgten. Diese zwei Zahnformen gaben ihm auch den Namen „zweigestaltiger Zahn“. Man weiß nicht, ob *Dimorphodon* seine Nahrung im Flug oder auf dem Boden im Lauf erjagte.

Dimorphodons Schnabel war sehr hoch gestreckt, aber schmal. Er könnte – für die Balz und für Revierkämpfe – leuchtend gefärbt gewesen sein, wie es bei unseren Nashornvögeln und Lunden der Fall ist.

DER LAUFENDE PTEROSAURIER

Anders als die meisten Pterosaurier hatte Dimorphodon *sehr kräftige, gut entwickelte Beine. Er stand aufrecht auf seinen Beinen, um zu laufen, oder er beugte sich vor und benutzte die Finger an seinen Flughäuten als Vorderfüße, um sich schnell fortzubewegen.*

BEINE UND ZEHEN

Untersuchungen seiner Hüften, Beine und Füße haben ergeben, dass *Dimorphodon* vermutlich wie ein Vogel aufrecht auf den Zehen laufen konnte. So bewegten sich auch viele Dinosaurier fort. Jeder Fuß von *Dimorphodon* wies fünf Zehen auf, die bis auf die fünfte oder „kleine“ Zehe alle über eine Klaue verfügten. Diese war seitlich oder nach hinten abgewinkelt und könnte dem Pterosaurier beim Gehen und Stehen einen stabileren Stand verschafft haben. Andere seiner Familie hatten wesentlich schwächere Beine, die zur Seite gespreizt waren, sodass sie wohl nur breitbeinig watscheln konnten.

EIN ELEGANTER FLIEGER

Die breiten, nach hinten geschwungenen Flughäute und der lange Schwanz verliehen Dimorphodon *eine gute Balance, sodass er wohl geschmeidig und kontrolliert dahinglitt.*

Name: *Dimorphodon*
Lebte: *vor 205 Mio. Jahren*
Fundort: *Europa*
Spannweite: *1,4 m*
Nahrung: *Fisch*
Habitat: *Steilküsten*

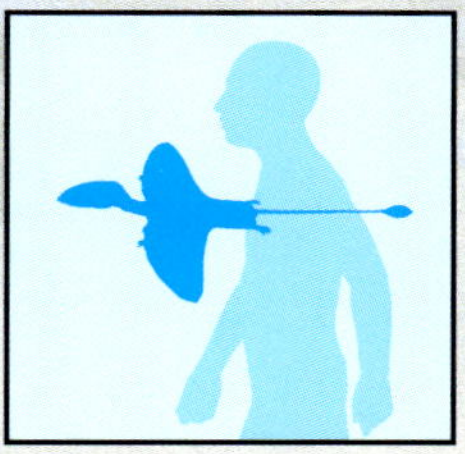

Dimorphodon *breitet seine Schwingen aus, sucht mit den Zehenklauen Halt und wirft sich in die an der Klippe aufsteigende Luftströmung.*

PTEROSAURIER DES OBERJURA

Rhamphorhynchus **ist ein gut erforschter Pterosaurier, von dem viele Fossilien, unter anderem in England, Deutschland und im afrikanischen Tansania, gefunden wurden. Er hat einer ganzen Gruppe langschwänziger Pterosaurier, den Rhamphorhynchoidae, ihren Namen gegeben. Verschiedene unterschiedlich große Arten von** ***Rhamphorhynchus*** **existierten mehr als 30 Millionen Jahre lang.**

RHAMPHORHYNCHUS

Jura, vor 150 Mio. Jahren
Europa, Afrika
bis zu 2 m Spannweite

Sein Name bedeutet „Schnabel-Schnauze“ und bezieht sich auf seinen langen, schmalen und spitzen Schnabel mit schräg zur Seite stehenden scharfen Zähnen. Sie waren perfekt zum Festhalten von Fischen geeignet. Der Kopf war etwa 20 Zentimeter lang und der Schwanz fügte dem Körper noch einmal einen Meter hinzu. *Rhamphorhynchus* schöpfte die Fische wohl mit seinem Schnabel aus dem Wasser, der in dem Moment zuschnappte, in dem ein Fisch das sensible Maul berührte.

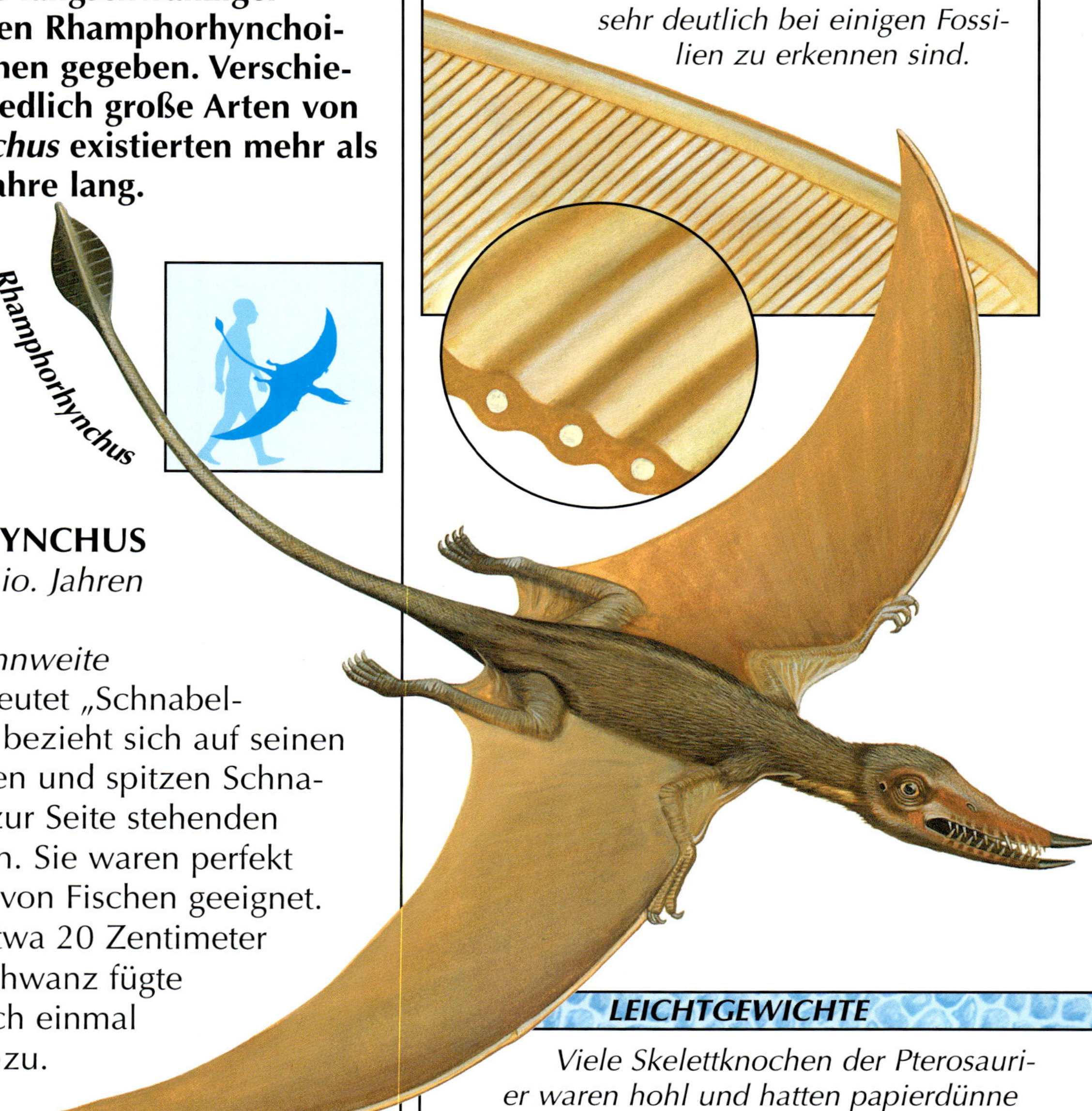

EINE ZÄHE FLUGHAUT

Die Flughäute der Pterosaurier mögen fragil und dünn wirken. Sie verfügten aber über engmaschige Fasern, so genannte Aktinofibrillen, die sie versteiften und verstärkten und die noch sehr deutlich bei einigen Fossilien zu erkennen sind.

LEICHTGEWICHTE

Viele Skelettknochen der Pterosaurier waren hohl und hatten papierdünne Wände, um ihr Gesamtgewicht zu verringern – nötig um fliegen zu können. Die Höhlung war aber von kreuz und quer verlaufenden knöchernen Streben durchzogen, die die Knochen trotz ihres geringen Gewichts sehr stabil machten.

GUTE FLIEGER

Bis vor kurzem nahmen Fossilien-Experten an, dass Pterosaurier schlechte Flieger waren, die allenfalls gleiten konnten. Mittlerweile hält man die meisten aber durchaus für ausdauernde und begabte Flieger. Ihr Brustbein besaß einen Kiel, an dem die kräftigen Brustmuskeln aufgehängt waren, die die Flughäute bewegten. Aber unter den Pterosauriern gab es, wie bei unseren Vögeln, überaus agile Flieger ebenso wie passive Gleiter und Segler.

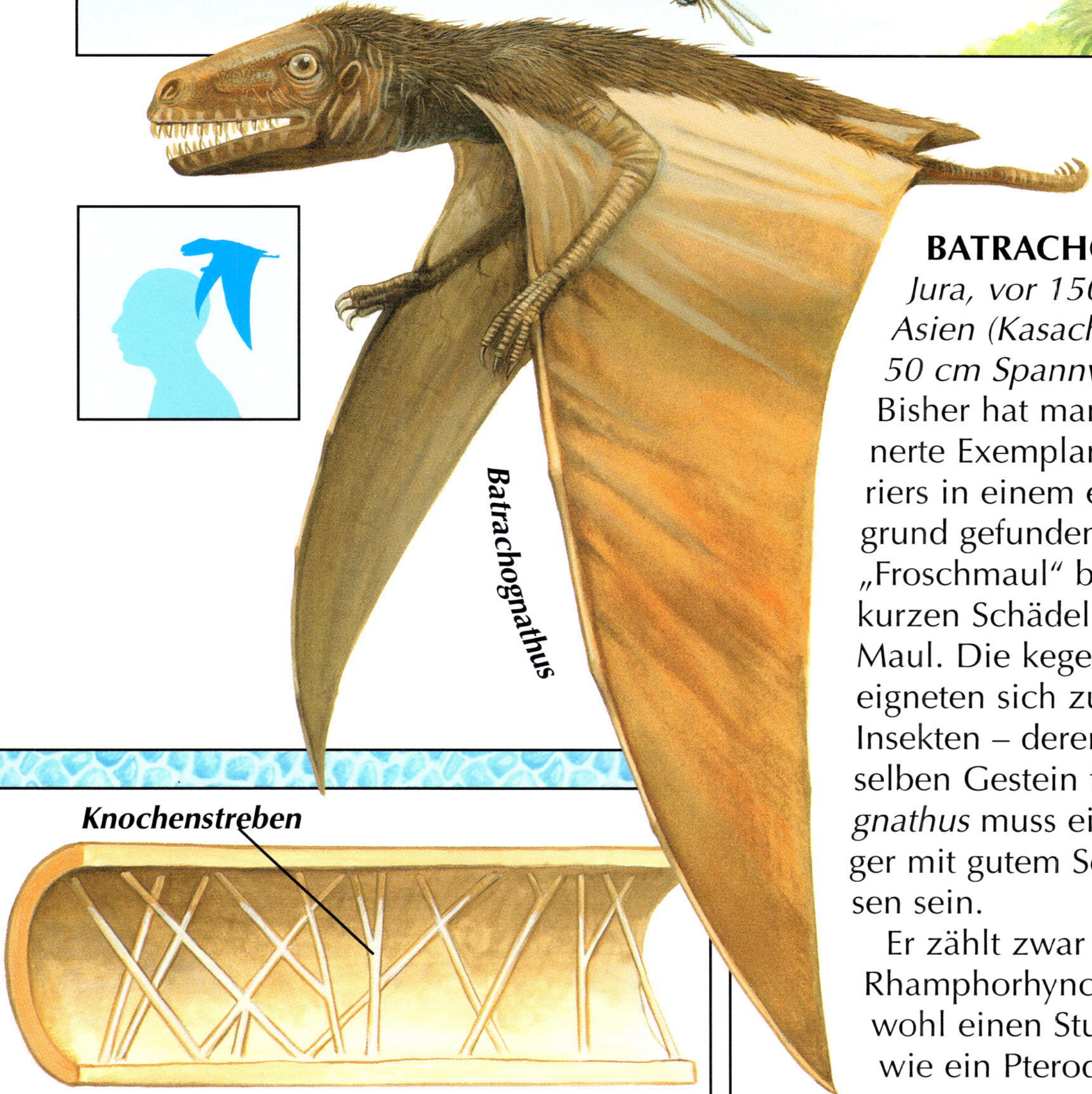

BATRACHOGNATHUS

Jura, vor 150 Mio. Jahren
Asien (Kasachstan)
50 cm Spannweite

Bisher hat man nur zwei versteinerte Exemplare dieses Pterosauriers in einem ehemaligen Seegrund gefunden. Der Name „Froschmaul“ beschreibt gut den kurzen Schädel und das breite Maul. Die kegelförmigen Zähne eigneten sich zum Fang von Insekten – deren Fossilien man im selben Gestein fand. *Batrachognathus* muss ein sehr agiler Flieger mit gutem Sehvermögen gewesen sein.

Er zählt zwar zur Gruppe der Rhamphorhynchidae, besaß aber wohl einen Stummelschwanz wie ein Pterodactyle.

DIE PTERODACTYLEN ERSCHEINEN

Die Pterodactylen waren die zweite große Gruppe von Pterosauriern. Ihre Fossilien treten unvermittelt im Gestein des Ober-Jura auf, während die Rhamphorhynchidae auszusterben beginnen. Vermutlich haben sich die ersteren aus den zweiten entwickelt, aber das ist nicht sicher. Nur die Pterodactylen überlebten das nächste Zeitalter, die Kreidezeit.

GERMANODACTYLUS

Jura, vor 150 Mio. Jahren
Europa
1,35 m Spannweite

Der „deutsche Finger" besaß einen kurzen Schwanz und den typischen flachen, knochigen Schädelkamm. Er erstreckte sich von der Stirn bis zur Schnabelmitte und war von Horn ummantelt. *Germanodactylus* mag wie eine Fledermaus kopfüber hängend geschlafen haben. Er zeigt auch noch eine weitere für die Pterodactylen typische Veränderung: einen noch längeren, schmaleren Schnabel mit wenigen oder gar keinen Zähnen mehr. Der Grund dafür war vielleicht, dass Zähne zu schwer sind und das Fliegen beeinträchtigen – Vögel haben auch keine. *Germanodactylus* besaß zwar noch einige kurze, kegelförmige Zähne, aber sein Vorderschnabel war zahnlos.

STARK GENUG ZUM FLIEGEN

Brust-, Schulter- und Armknochen der Pterosaurier konnten die Belastungen durch den Flügelschlag aushalten. Das V-förmige Gabelbein stützte das Brustbein gegen das Schulterblatt ab, um dem Zug der Flugmuskeln widerstehen zu können.

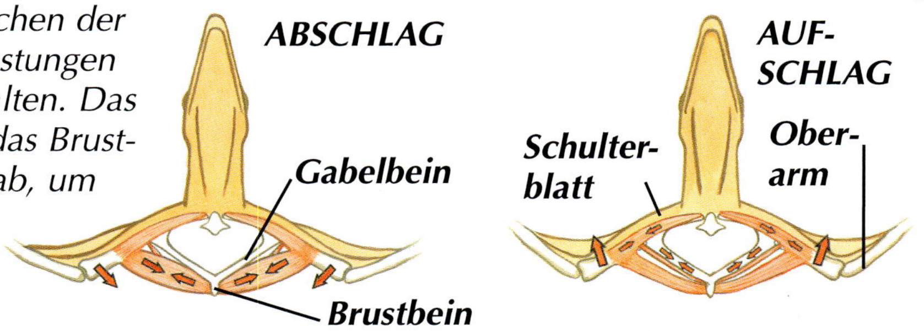

FELLBEDECKTE KÖRPER

Mehrere gute erhaltene Fossilien haben gezeigt, dass die Haut der Pterosaurier mit winzigen Grübchen übersät war, in denen kurze Haare wuchsen. Dieses Fell war an Kopf und Körper dichter, fehlte aber meist auf den Flug- und Schwimmhäuten und dem Schwanz. Es hielt wahrscheinlich die Flugmuskeln und großen Gehirne warm, wie das heute bei den Vögeln und Säugetieren der Fall ist. Wenn aber die Pterosaurier weder kaltblütig noch geschuppt waren – waren sie dann Reptilien?

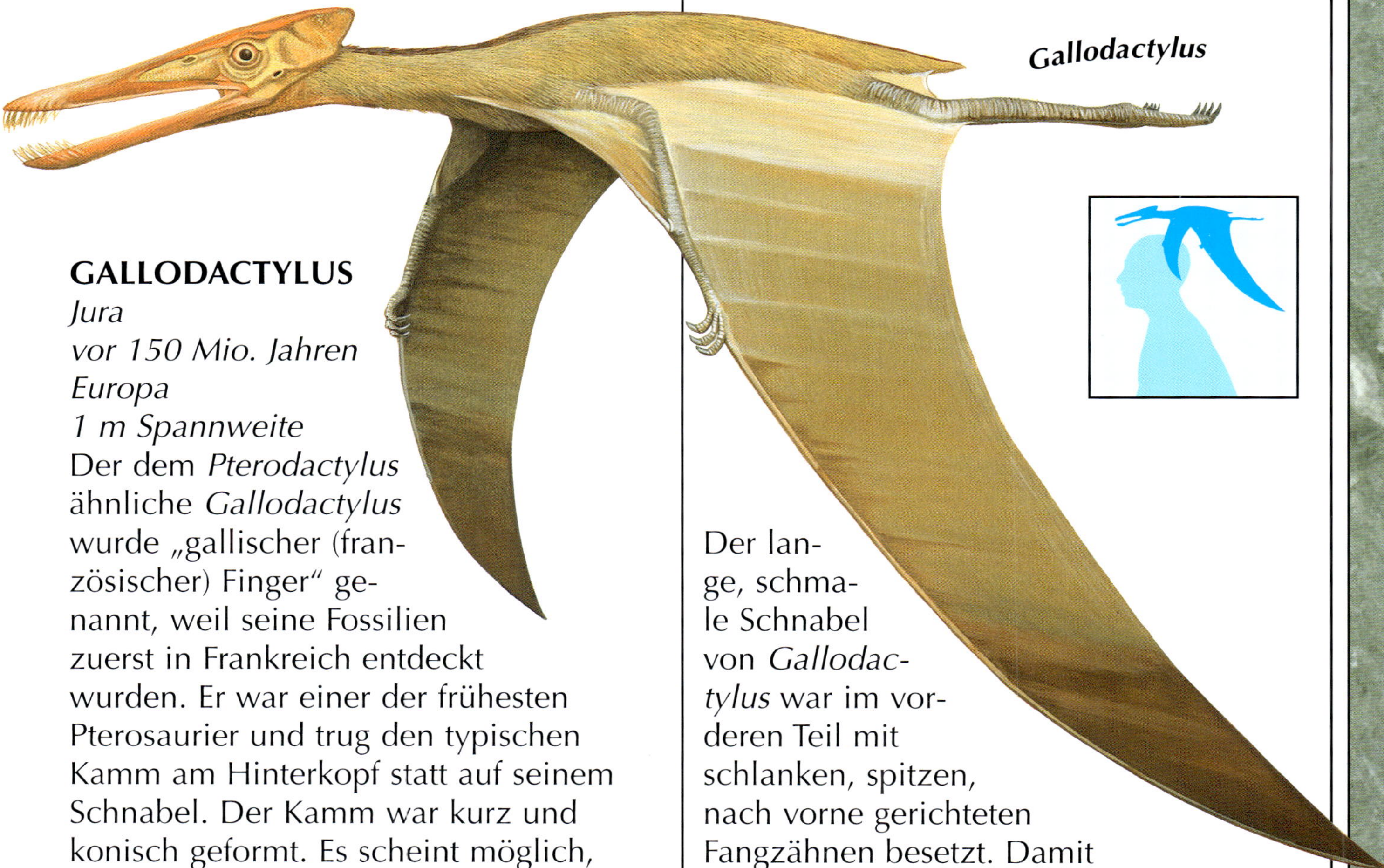

Gallodactylus

GALLODACTYLUS
Jura
vor 150 Mio. Jahren
Europa
1 m Spannweite

Der dem *Pterodactylus* ähnliche *Gallodactylus* wurde „gallischer (französischer) Finger" genannt, weil seine Fossilien zuerst in Frankreich entdeckt wurden. Er war einer der frühesten Pterosaurier und trug den typischen Kamm am Hinterkopf statt auf seinem Schnabel. Der Kamm war kurz und konisch geformt. Es scheint möglich, dass die Kämme der Pterodactylen der Balance und der Steuerung dienten und damit die Paddel-Schwänze in dieser Funktion ablösten.

Der lange, schmale Schnabel von *Gallodactylus* war im vorderen Teil mit schlanken, spitzen, nach vorne gerichteten Fangzähnen besetzt. Damit spießte er die Fische wie mit einer Harpune dicht unter der Wasseroberfläche auf. Weiter hinten im Maul besaß er keine Zähne.

UNGEWÖHNLICHE PTEROSAURIER DES JURA

Gegen Ende des Jura, vor 150–140 Millionen Jahren, lebten beide Hauptgruppen der Pterosaurier nebeneinander. Aber die Rhamphorhynchiden waren im Niedergang begriffen, während die Pterodactylen zunehmend ihre Stelle einnahmen. Zwei der faszinierendsten Arten sind hier zu sehen. Ihre Fossilien liefern uns wichtige Hinweise auf beide Gruppen.

SORDES

Jura, vor 150 Mio. Jahren
Asien (Kasachstan)
60 cm Spannweite

Der volle Name dieses Pterosauriers, *Sordes pilosus*, bedeutet „haariger Teufel“. Die ersten, in den 1960er-Jahren gefundenen Fossilien zeigten ein fast vollständiges Skelett mit Abdrucken der Weichteile, einschließlich eines dicken Fells an Kopf und Körper und eines dünneren auf den Flügeln, aber nicht am Schwanz. *Sordes* war ein kleiner Pterosaurier der Rhamphorhynchidae-Gruppe mit kurzen, breiten Flügeln. Er hatte eine zusätzliche Flughaut zwischen den Hinterbeinen, die seinen Steuer-Schwanz aber nicht behinderte. *Sordes* klappte die langen Knochen seines vierten Fingers am Boden wohl zusammen. Die elastische Flughaut schrumpfte dann zu einem schmalen Band.

START IM STURZFLUG ...

Der Anlage ihrer Hüften, Beine und Füße nach verbrachten die meisten Pterosaurier wenig Zeit mit Laufen. Sie ruhten vermutlich auf Bäumen oder an Kliffs, an denen sie sich mit ihren gebogenen Finger- oder Zehenklauen festklammerten. Beim Start stießen sie sich mit Händen und Füßen ab, breiteten ihre Flughäute aus, um den Fall zu bremsen, und begannen zu gleiten.

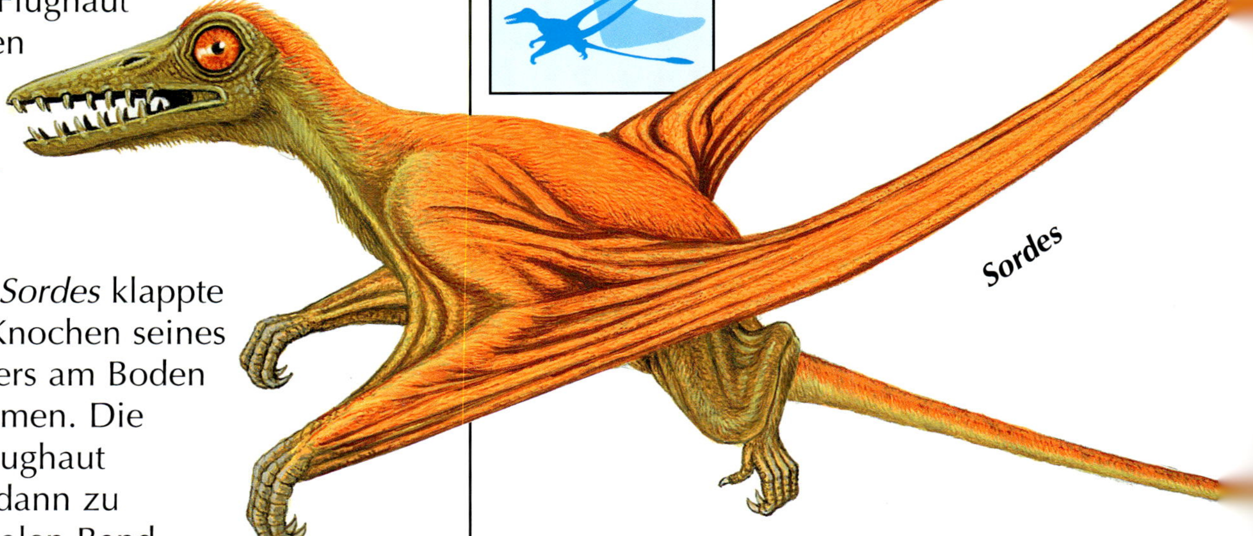

Sordes

ANUROGNATHUS

Jura, vor 150 Mio. Jahren
Europa (Deutschland)
50 cm Spannweite

Der nur durch ein Fossil aus Solnhofen bekannte „schwanzlose Kiefer" hatte den stark verkürzten Schwanz der Pterodactylen, der eher einem fleischigen Bürzel glich. *Anurognathus* war klein und zierlich, sein Körper hatte nur die Größe eines menschlichen Fingers, war aber mit langen, schlanken Flügeln ausgestattet. Der drei Zentimeter lange Schädel bestand hauptsächlich aus Knochenstreben statt aus knöchernen Platten – und war dadurch sehr leicht. Der kurze, hohe Kopf und das breite, froschartige Maul mit den winzigen nadelförmigen Zähnen zeigen, dass er sich wie eine moderne Schwalbe im Flug von Insekten ernährte.

... UND VOM BODEN AUS

Bei guten Windverhältnissen richtete sich ein Pterosaurier vermutlich auf den Hinterbeinen auf, öffnete seine Flughäute und begann unter Flattern laufend oder springend zu fliegen. Ein Start bei Windstille von einer Wasserfläche aus war erheblich schwieriger. Vielleicht nutzten die Pterosaurier Wellenkämme zum Abheben.

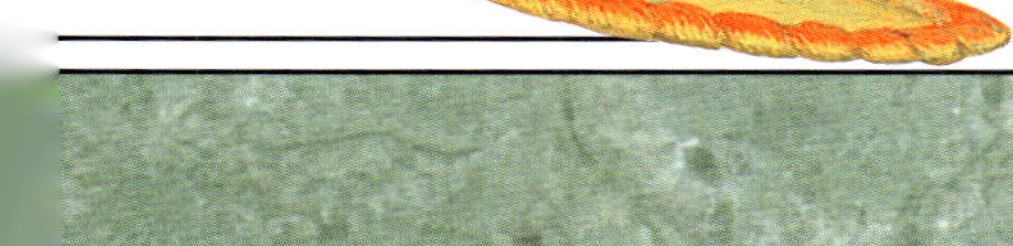

PTERODACTYLUS

Pterosaurier werden bisweilen auch „Pterodactylen“ genannt, aber streng genommen bezeichnet das nur die Gruppe um *Pterodactylus* herum. Tatsächlich gab es mehrere Pterodactylus-Arten, die vor 160 bis etwa 145 Millionen Jahren in verschiedenen Gegenden lebten.

UNTERSCHIEDLICHE GRÖSSEN

Die Pterodactylus-Arten variierten in ihren Spannweiten von Größen um die 30 Zentimeter bis hin zu Giganten mit mehr als 2,5 Metern – etwa die Größenordnung unserer Kondore und Geier. Ihre Fossilien fanden sich in verschiedenen Teilen Europas, z. B. in Deutschland, Frankreich und England, aber auch im afrikanischen Tansania.

ZUKUNFTSWEISENDE MERKMALE

Pterodactylus zeigte bereits, worauf die Evolution der Pterosaurier hinauslief. Er hatte einen sehr kurzen Schwanz und einen verlängerten Hals, der in der Schädelbasis mündete, nicht im Hinterkopf. Seine dünnen Schädelknochen wurden durch Fenster leichter.

Einige gut erhaltene Fossilien offenbaren, dass die Hauptflughäute am Oberschenkel und am oberen Teil des Unterschenkels aufgehängt waren, aber es existierte keine „Schwanzflughaut“ zwischen den Hinterbeinen, wohl aber zwischen vorderem Handgelenk und Schulter eine kleine, zusätzliche Membran, das Propatagium. Es wurde von einem der Handgelenkknochen, dem nach vorne und innen abgewinkelten Pteroid, getragen.

SCHNÄBEL UND ZÄHNE

Es gab kleine Unterschiede bei den Kiefern. Bei einigen Arten reichten die Zähne bis in den Rachen, andere hatten nur Zähne im vorderen Teil ihres Schnabels, während der hintere zahnlos war.

Name: *Pterodactylus*
Lebte: *vor 145 Mio. Jahren*
Fundort: *Europa*
Spannweite: *36–250 cm*
Nahrung: *Fische, Insekten*
Habitat: *Flüsse, Seen*

GROSSE UND KLEINE FLUGHÄUTE

Die Flughäute des *Pterodactylus* waren sehr lang und schmal. Dies lag an den Mittelhandknochen nahe den Flügelklauen, die extrem verlängert waren. Ein Fossil zeigt ein vermutlich nur wenige Wochen altes Tier mit einer Spannweite von 18 Zentimetern und einer Körperlänge von unter zwei Zentimetern. Aber auch dieses winzige Tier konnte fliegen.

Die Finger und Zehen der Pterosaurier eigneten sich kaum zum Laufen, dafür umso besser zum Greifen und zum Hängen an Baumstämmen, Ästen und Felskanten. Vielleicht ruhte Pterodactylus *inmitten geräuschvoller Kolonien und schlief wie eine Fledermaus mit um den Körper gewickelten Flughäuten kopfüber.*

FÜTTERUNG DER JUNGEN?

Junge Pterodactylen konnten zwar fliegen, waren aber zu schwach, um für ihre Nahrung zu sorgen. Womöglich kümmerten sich ihre Eltern darum, indem sie verschlungene Beute wieder hochwürgten. Ein Pterodactylus-Exemplar zeigt einen Kehlsack mit Futter für die Jungen.

PTEROSAURIER DER UNTEREN KREIDE

Die langschwänzigen Rhamphorhynchiden überlebten nicht bis in die Kreidezeit. Die kurzschwänzigen Pterodactylen verbreiteten sich jedoch schnell über alle Kontinente. Sie lebten zwar immer noch in den Küstenregionen, wie ihre Zähne und Schnäbel zeigen, die für den Fang von Fischen und Krustentieren konstruiert waren. Einige wagten sich aber auch als Aasfresser ins Landesinnere.

ORNITHODESMUS

Kreide, vor 130 Mio. Jahren
Europa (England)
5 m Spannweite

Der versteinerte Hüftknochen des ersten wirklich großen Pterosauriers, des „Vogel-Bandes“, wurde bereits in den 1880er-Jahren gefunden. Zuerst hielt man ihn für das Relikt eines prähistorischen Vogels. Der Schnabel des *Ornithodesmus* war breit und löffelförmig und trug ihm den Spitznamen eines „entenschnäbeligen“ Pterosauriers ein. Ober- und Unterkiefer waren mit scharfen Zähnen besetzt, die bei geschlossenem Schnabel ineinander griffen – ideal zum Greifen von Fischen. Der Schnabel unterschied sich sehr von den langen, schmalen, spitzen Schnäbeln anderer Pterosaurier. Folglich muss *Ornithodesmus* seine Beute auf andere Weise gefangen haben.

DER ANPASSUNGSFÄHIGE SCHNABEL

Lange, dünne, nach außen weisende Zähne im Schnabel bildeten ein Sieb, das kleine Objekte aus dem Wasser filterte. Eine kräftige, ausgeprägte Schnabelspitze stocherte in Schlamm und Sand nach Würmern und Krustentieren. Ein langer, schlanker Schnabel mit unterschiedlich ausgerichteten Zähnen eignete sich zum Greifen von Fischen, während lange kammartige Ränder Nahrung aus dem Wasser filtern – wie bei unseren Walen.

WO LEBTEN DIE PTEROSAURIER?

Fossilien zeigen, dass die meisten Pterosaurier nah am Wasser lebten. Fisch war ihre wichtigste Nahrungsquelle. Einige Arten benötigten starke Winde zum Abheben und Gleiten, andere besiedelten vielleicht sogar Lebensräume wie Wälder und Wüsten, aber dafür gibt es kaum überzeugende Anhaltspunkte.

CEARADACTYLUS
Kreide, vor 115 Mio. Jahren
Südamerika (Brasilien)
5 m Spannweite

Der „Cerèa-Finger" ist nach jener Region in Nordwest-Brasilien benannt, in der Mitte der 1980er-Jahre seine Fossilien entdeckt wurden. Er hatte einen großen, fast 60 Zentimeter langen Schädel und lebte vor 120–110 Millionen Jahren. Die unterschiedlich ausgerichteten, kräftigen Zähne waren vorne verlängert und erinnern an ein Krokodil, das ebenfalls ein guter Fischfänger ist – wie vermutlich auch *Cearadactylus*, der die Untiefen eines Sees nach Nahrung durchpflügte und dann mit seiner Beute in den Klauen zu einem Felsvorsprung flog, um sie zu verzehren. Leider wurde bislang nur der Schädel dieses Pterosauriers gefunden.

SPEZIALISIERTE FRESSGEWOHNHEITEN

Das Meer ist auch der Lebensraum von Krustentieren, Würmern, Quallen, Krabben und jener winzigen Pflanzen und Tiere, die Plankton bilden. Während der Kreidezeit spezialisierten sich die Pterosaurier auf viele dieser Nahrungsquellen.

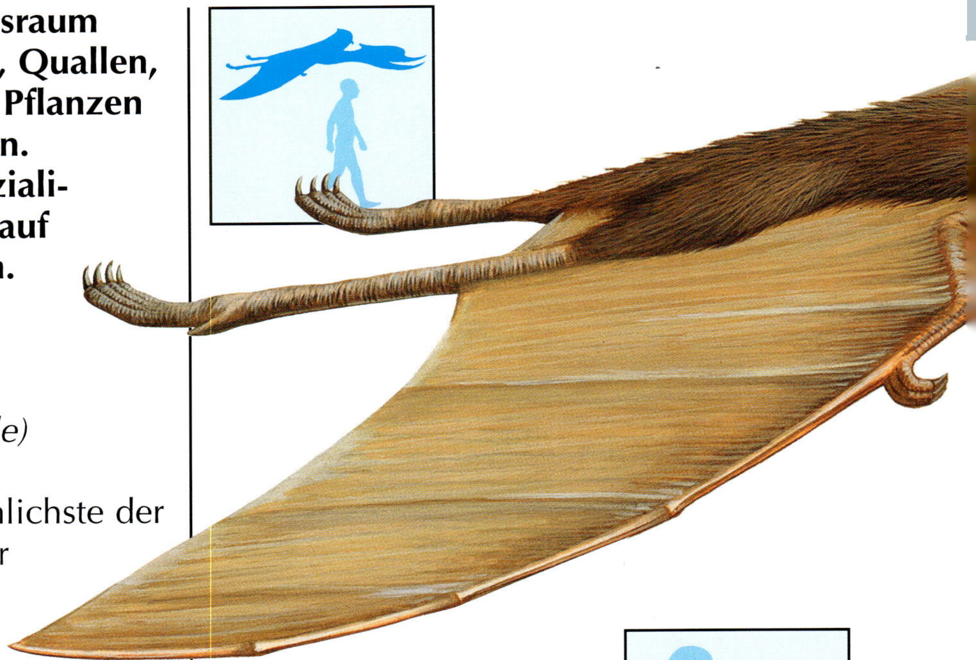

PTERODAUSTRO

Kreide, vor 140 Mio. Jahren
Südamerika (Argentinien, Chile)
1,3 m Spannweite

Dieses Tier war das ungewöhnlichste der ganzen Gruppe. Sein Kopf war 23 Zentimeter lang und sehr schmal, mit einem an der Spitze hochgebogenen Schnabel. Dessen Unterkiefer war von etwa 1000 dicht stehenden flexiblen Borsten besetzt, die winzige Nahrungsteilchen aus dem Wasser filterten, die dann die kleinen kegelförmigen Zähne zermahlten. Vermutlich stand *Pterodaustro* im flachen Wasser und filterte wie ein Flamingo durch Schwenken seines Kopfs Nahrung heraus. Oder er flog dicht über dem Meer und zog seinen Schnabel wie ein Fangnetz hindurch.

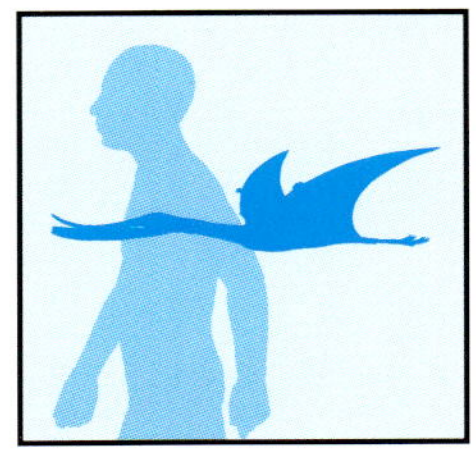

Pterodaustro

PTEROSAURIER-KINDERGÄRTEN

Die Pterosaurier legten vermutlich Eier wie die Dinosaurier und die meisten heutigen Reptilien und Vögel, denn ein trächtiger weiblicher Pterosaurier wäre so schwer gewesen, dass er erhebliche Schwierigkeiten mit dem Fliegen, der Nahrungssuche und der Flucht vor Beutegreifern gehabt hätte. Bisher hat man allerdings keine versteinerten Eier gefunden, die den Pterosauriern zugeordnet werden konnten. Viele Vögel unserer Zeit legen ihre Eier in Kolonien an Küsten oder auf Inseln ab. Pterosaurier lebten wohl ähnlich. Vermutlich nisteten auch sie in Kolonien auf Klippen, in Felsspalten und auf abgelegenen Inseln. Hier waren ihre Jungen vor Dinosauriern sicher.

DSUNGARIPTERUS

Jura bis Kreide, vor 145 Mio. Jahren
Asien (China)
3 m Spannweite

Der nach seinem chinesischen Fundort benannte Pterosaurier könnte auch im oberen Jura in Afrika gelebt haben. Er war ein großes Reptil mit einem armlangen Schädel und Hals. Die aufwärts gebogene, zahnlose Spitze des Schnabels erinnert an eine große Pinzette. Im hinteren Schnabel saßen stumpfe, knopfartige Zähne. *Dsungaripterus* trug einen Knochenkamm auf der oberen Schnabelhälfte, der zwischen den Augen bis über den Hinterkopf hinwegragte. Das Tier grub vermutlich mit seinem spitzen Schnabel in Sand, Schlamm und Felsspalten nach Würmern und Krustentieren, die er mit seinen Zähnen zermahlte.

In der Kreidezeit verbreiteten sich die Pterosaurier über die gesamte Welt und entwickelten Arten in zahlreichen Größen. Einige waren so klein wie heutige Spatzen, während andere Dimensionen erreichten, die bei keinem bekannten Vogel zu finden sind.

ANHANGUERA

Kreide, vor 120 Mio. Jahren
Südamerika
4 m Spannweite

„Alter Teufel" ist die lokale Bezeichnung für jene Gegend Brasiliens, wo diese Fossilien gefunden wurden. Zum schmalen, 50 Zentimeter langen Schädel von *Anhanguera* gehörte ein Schnabel, der mit kurzen, spitzen Zähnen besetzt war. Dank seines sehr biegsamen Halses konnte *Anhanguera* seine Beute gut von der Wasseroberfläche greifen. Mit seinen kleinen, schwachen Hüften und Beinen fiel ihm das Laufen hingegen schwer. Wie viele Pterosaurier der Kreidezeit trug *Anhanguera* einen Knochenkamm, der in seinem Fall wie ein Teller vertikal auf der Schnabelspitze saß. Bei den Fossilien wurden zwei verschieden große Kämme gefunden – sie könnten von zwei unterschiedlichen Anhanguera-Arten oder auch von einem Männchen und einem Weibchen stammen. In diesem Fall hätten die Kämme der Balz gedient.

FINDIG

Die Pterosaurier konnten ihre Kiefer sehr weit öffnen und auch seitlich bewegen, sodass auch größere Nahrung Kehlsack und Hals passieren konnte. Der Saurier warf seinen Fang wahrscheinlich in die Luft, fing ihn auf und schluckte ihn dann, den Kopf voran, herunter – denn er hatte keine Mahlzähne.

PTEROSAURIER UND KLIMA

In der Kreidezeit trieben die Kontinente auseinander, und das Klima wurde allgemein kühler und trockener. Waren die Pterosaurier Warmblüter, so konnten sie sich diesen Veränderungen anpassen – vorausgesetzt, ihnen stand genügend Nahrung zur Energiegewinnung zur Verfügung.

ORNITHOCHEIRUS

Kreide, vor 120 Mio. Jahren
Nahezu weltweit
12 m Spannweite (unsicher)

Bisher wurden keine vollständigen Fossilien der „Vogel-Hand" *Ornithocheirus* gefunden – man kennt nur einzelne Knochen und Fragmente. Aber auch so konnten sich die Experten ein Bild dieses guten Fliegers machen. Er lebte vor 125–110 Millionen Jahren und war etwa 3,5 Meter lang – allein sein Kopf maß 1,5 Meter. Aufrecht auf allen Vieren stehend hätte *Ornithocheirus* drei Meter Höhe erreicht! Er ist einer der wenigen Pterosaurier aus der Kreidezeit, die man auch in ihrer Herkunftsregion, dem heutigen England, gefunden hat. Er segelte vermutlich über die Meere und hielt nach Fischen und Tintenfischen Ausschau.

DIE BLÜTEZEIT DER PTEROSAURIER

Die Pterosaurier waren wie moderne Vögel und Fledermäuse ganz auf ihre „Flügel" angewiesen. Sie mussten fliegen, um zu jagen, oder sie verhungerten. Darum mussten sie ihre empfindlichen Flughäute besonders schützen und in ihren Ruhezeiten sorgfältig falten, um sie nicht an scharfen Kanten zu verletzen.

Ein Pterosaurier pflegte sein Fell wohl ebenso wie ein Säugetier, um es von Verfilzungen, Schmutz und Seetangresten zu befreien. Dazu benutzte er seine Zähne (falls er welche besaß), die Schnabelspitze und Finger- und Zehenklauen. Dank der feinen Haare strich die Luft im Flug ohne Wirbelbildung über Körper und Flügel.

DAS ERSTE PTEROSAURIER-FOSSIL

Das erste Pterosaurier-Fossil wurde 1784 im Kalkstein des bayerischen Solnhofen gefunden. Man hielt ihn für ein unbekanntes Meeresamphibium. 1801 bewies aber der französische Experte Georges Cuvier, dass es sich um ein Flugreptil handelte. Er gab der Art einen neuen Namen: Pterodactylen, „Flügel-Finger".

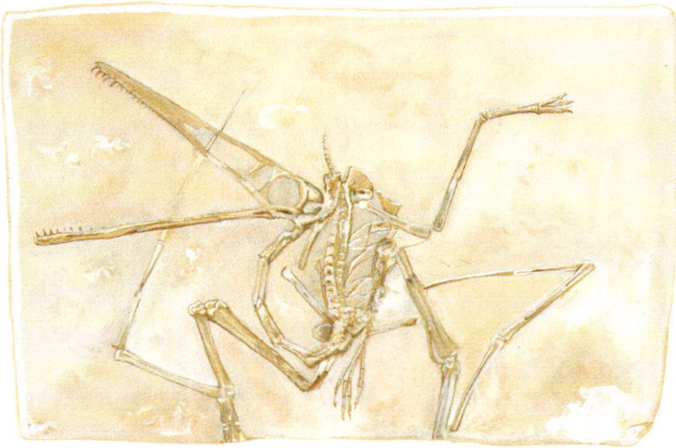

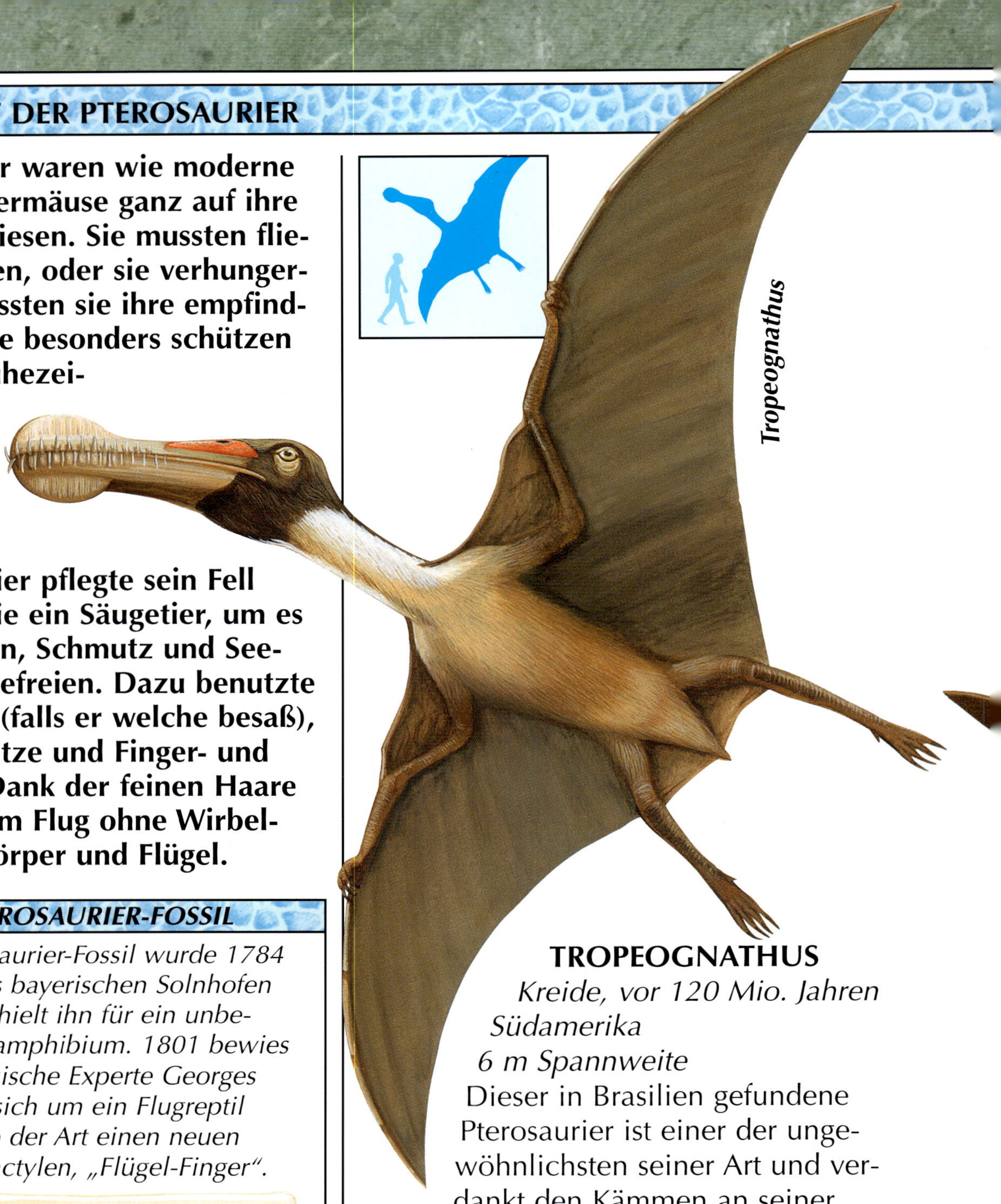

TROPEOGNATHUS

Kreide, vor 120 Mio. Jahren
Südamerika
6 m Spannweite

Dieser in Brasilien gefundene Pterosaurier ist einer der ungewöhnlichsten seiner Art und verdankt den Kämmen an seiner Schnabelspitze den Namen „Kiel-Kiefer". Die Kammgröße könnte Männchen und Weibchen unterschieden haben. Vielleicht dienten die Kämme der Stabilisierung des Schnabels, indem sie ungewollte Seitenbewegungen verhinderten, wenn *Tropeognathus* ihn im Tiefstflug durch das Wasser zog. Der Kiel eines Schiffes bezweckt das Gleiche.

SCHÄDELKÄMME

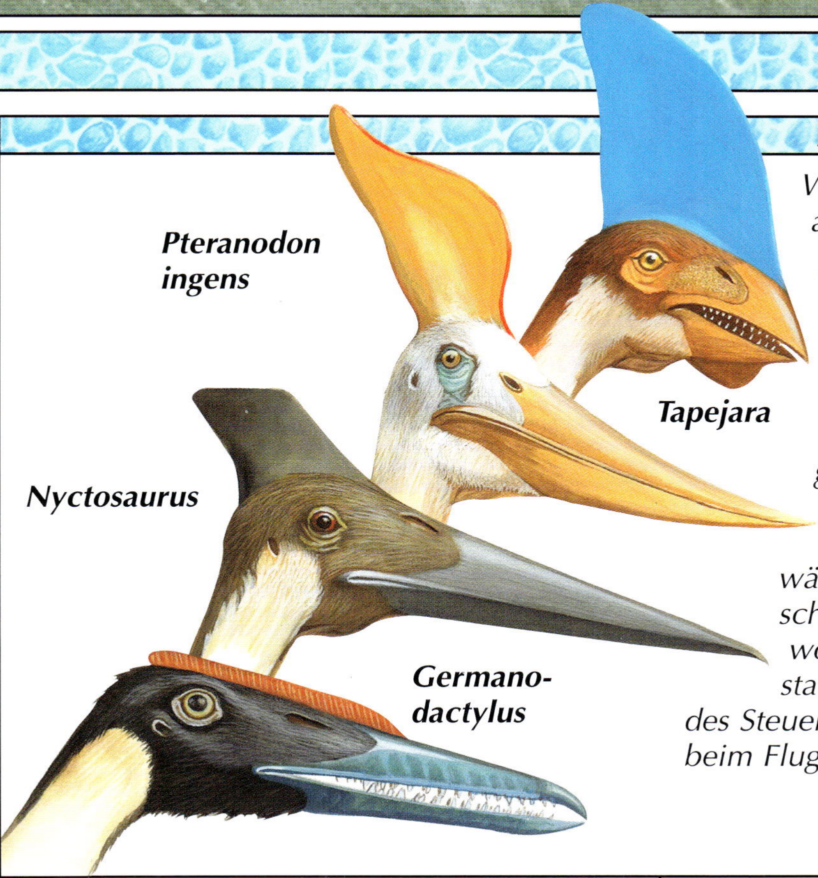

Warum trugen die Pterosaurier vor allem in der Kreidezeit so auffällige Kämme? Zum einen könnten sie der Brautwerbung gedient haben; dabei waren sie vielleicht leuchtend gefärbt wie der Schnabel eines modernen Nashornvogels. Ein langer, rückwärts gerichteter Kamm mag aber auch den Schnabel ausbalanciert und den Hals entlastet haben, während ein flacher, schmaler Kamm womöglich als stabilisierendes Steuerruder beim Flug diente.

PTERANODON

Kreide, vor 85 Mio. Jahren
Europa, Nordamerika, Asien
8 m Spannweite

Pteranodon hatte eine der größten Spannweiten unter den Pterosauriern, war aber fast schwanzlos. Seine Proportionen entsprachen denen eines Albatross. *Pteranodon* war allerdings mehr als doppelt so groß wie der größte lebende Vogel, wog jedoch weniger als 18 Kilogramm. Er war exemplarisch für die Entwicklung seiner Gruppe in der Oberen Kreidezeit: *Pterandon* besaß keine Zähne mehr, trug aber einen großen Schädelkamm. Vermutlich lebte er in der Nähe von Klippen und glitt auf den Winden, während er sich mit seinem langen Schnabel Fische fing.

QUETZALCOATLUS

In der Oberen Kreidezeit war eines der außergewöhnlichsten Tiere aller Zeiten anzutreffen: der Riesen-Pterosaurier *Quetzalcoatlus*. Fossilien dieses gewaltigen Tiers wurden an der amerikanisch-mexikanischen Grenze in Texas gefunden. Trotz seiner Größe war *Quetzalcoatlus* der letzte seiner Klasse. Die gleiche Katastrophe, die die Dinosaurier auslöschte, bereitete den Pterosauriern ihr Ende.

HATTEN PTEROSAURIER STIMME?

Pterosaurier ähnelten heutigen Seevögeln. Fragt sich also, ob sie auch schreien konnten. Die Fossilien sagen uns darüber nichts. Möglich, dass die Pterosaurier mit ihren Schnäbeln klapperten und mit den Flughäuten schlugen.

DAS GRÖSSTE GEFLÜGELTE TIER ALLER ZEITEN

Man hat Fossilien mehrerer Quetzalcoatlus-Arten gefunden, darunter einige, die von nicht voll entwickelten Jungtieren stammen könnten. Allerdings bestanden alle Funde nur aus Teilen, sodass die Größe von *Quetzalcoatlus* schwer zu bestimmen ist. Schätzungen seiner Spannweite reichen von 11–15 Metern und seines Gewichts von 70–135 Kilogramm. Sein Kopf war mit zwei Metern Länge größer als ein Mensch, ebenso seine Beine. Der gewaltige Hals war fast drei Meter lang.

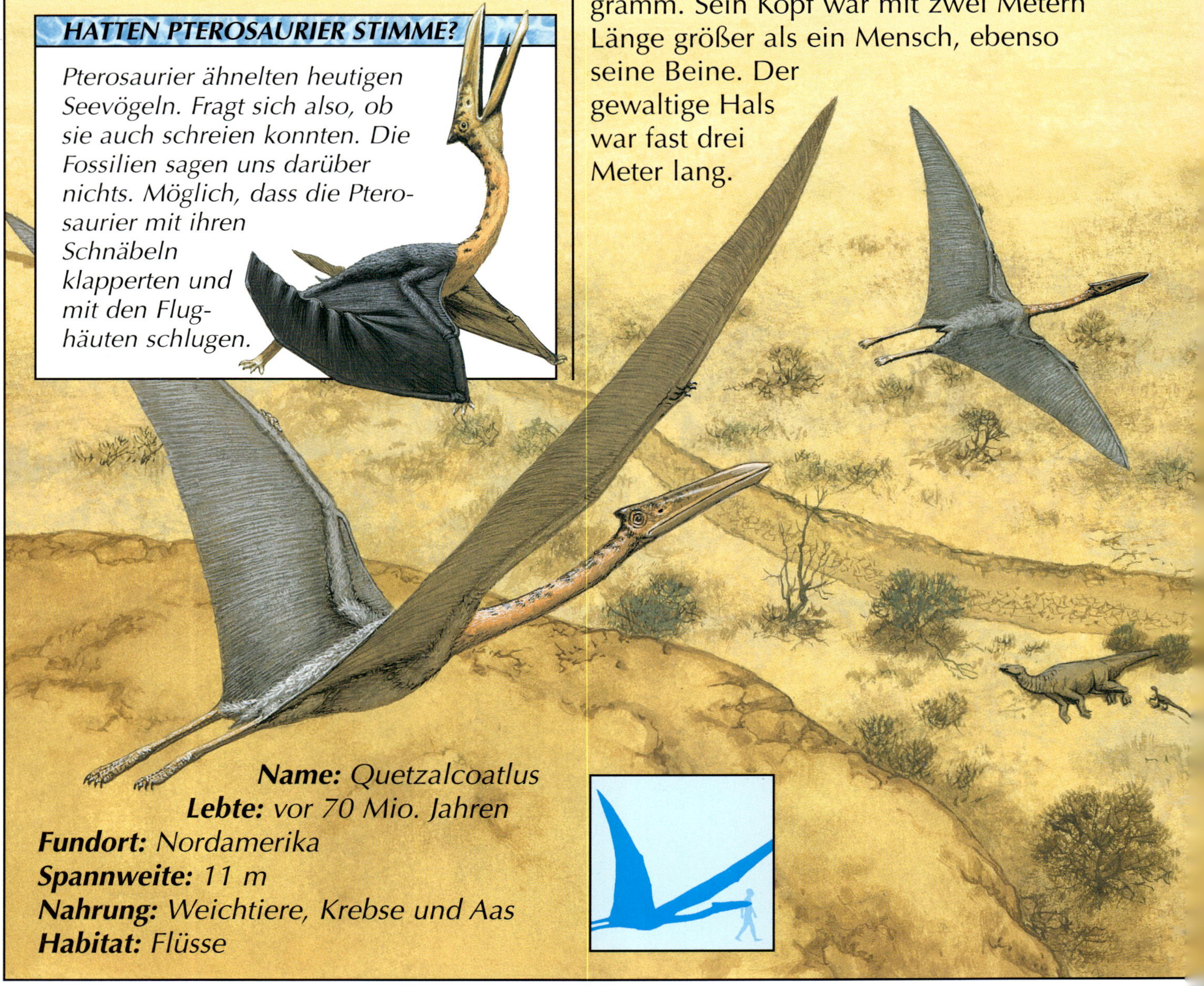

Name: *Quetzalcoatlus*
Lebte: *vor 70 Mio. Jahren*
Fundort: *Nordamerika*
Spannweite: *11 m*
Nahrung: *Weichtiere, Krebse und Aas*
Habitat: *Flüsse*

STRUPPIGES FELL

Den Namen *Quetzalcoatlus* – „Gefiederte Schlange“ – trägt auch ein Gott der alten Azteken (allerdings besaß *Quetzalcoatlus*, soweit bekannt, keine Federn). Im Gegensatz zu anderen Pterosauriern wurden die Fossilien dieses Tiers nicht in Meeressedimenten gefunden. Es scheint vielmehr, dass *Quetzalcoatlus* im Landesinneren an Flüssen und Seen lebte.

Er besaß ein großes Gehirn und große Augen – Hinweise auf ein gutes Sehvermögen. Sein Körper könnte mit einem struppigen Fell oder einem Kleid aus ungewöhnlichen, haarähnlichen Schuppen bedeckt gewesen sein. Seine Flügelknochen bestanden nicht wie bei Pterosauriern üblich aus Hohlröhren, sondern verfügten, um die riesigen Flughäute stützen zu können, über einen T-förmigen Aufbau wie ein Brückenträger.

DER „GEIER“ DER PTEROSAURIER?

Quetzalcoatlus *könnte wie ein Geier oder Kondor auf den Luftströmungen gleitend nach toten oder sterbenden Tieren Ausschau gehalten haben. Dann landete er und riss sich mit seinem Schnabel Fleisch aus dem Kadaver.*

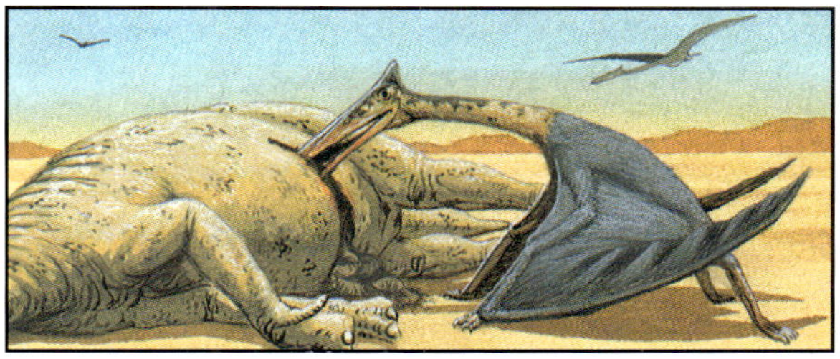

Einer anderen Theorie zufolge suchte Quetzalcoatlus *entlang von Flutebenen, Flüssen und Seen nach Fischen und Krustentieren. Er hätte sie mit den harten, dünnen, hornigen Kanten seines kräftigen Schnabels mühelos zerlegen können.*

KAPITEL SIEBEN

DAS LEBEN IM MEER

Die meisten unserer Wildtiere, vor allem die Reptilien, können schwimmen. Auch die Dinosaurier waren dazu in der Lage, wenn sie mussten. Vermutlich retteten sie sich nicht selten vor Beutegreifern und Buschfeuern in Seen oder Flüsse. Aber kein Dinosaurier lebte im Wasser. Beine und Körper dieser Reptilien waren für das Leben an Land gemacht. Trotzdem war auch zu ihrer Zeit das Wasser ein prall gefüllter Lebensraum.

EROBERUNG DER MEERE

Die Dinosaurier regierten im Mesozoikum das Land, die Pterosaurier den Himmel. Zugleich eroberten Reptilien die Meere – die Nothosaurier, Plesiosaurier, Pliosaurier, Ichthyosaurier und Mosasaurier.

Neben Fischen und Reptilien lebten viele andere Tiere in der See. Außer den Ammoniten überlebten die abgebildeten bis heute.

UNTER WASSER

Meeresreptilien wiesen ähnliche Körpermerkmale wie ihre an Land lebenden Verwandten auf: schuppige Haut, Augen, Zähne, Gliedmaßen und Schwänze. Und auch sie atmeten mit Lungen, denn sie hatten keine Kiemen wie die Fische. Alle Meeresreptilien mussten zum Atemholen auftauchen und beim Tauchen die Luft anhalten.

Jede Hauptgruppe der Meeresreptilien besaß eine charakteristische Körperform. Nur die Seeschildkröten überlebten bis heute.

VON BEINEN ZU PADDELN

Die Meeresreptilien entwickelten zwangsläufig auch ganz eigene Merkmale, die ihren an Land wohnenden Verwandten fehlten. Ihre Körper waren glatt und stromlinienförmig, damit sie schnell durchs Wasser gleiten konnten. Ihre Glieder hatten sich zu Flossen entwickelt. Ihre Zähne eigneten sich zum Fang von Fischen oder zum Aufknacken hartschaliger Krustentiere.

Als die ersten Reptilien ins Meer gingen, gab es Fische dort schon seit 300 Millionen Jahren.

MEERESNAHRUNG

Warum verließen einige Reptilien das Land und besiedelten das Meer? An Land herrschten bereits die Dinosaurier und andere gefährliche Jäger. Das Leben dort bestand aus dauernder Nahrungssuche und Gefahr durch Konkurrenten. Im Meer hingegen war reichlich Nahrung vorhanden – Fische, Krustentiere, Seesterne, Krebse, Tintenfische, Quallen und Würmer. Und die einzigen großen Jäger dort waren die Haie, die schon seit fast 200 Millionen Jahren existierten. Die Meere konnten also auch gut die Reptilien ernähren.

NOTHOSAURIER

Die Nothosaurier waren die ersten großen Meeresreptilien. Sie erschienen zu Beginn der Trias, starben aber alle gegen Ende dieses Zeitalters aus. Vermutlich jagten sie im flachen Wasser nach Fischen. Im Gegensatz zu ihren Nachfolgern wie den Ichthyosauriern waren die Nothosaurier noch nicht völlig ans Leben im Wasser angepasst. Sie besaßen noch Schwimmfüße anstelle von echten Flossen. Vermutlich watschelten sie wie Robben zum Ruhen an Land.

CERESIOSAURUS

Trias, vor 225 Mio. Jahren
Europa
4 m lang

Ceresiosaurus hatte sehr lange Zehen an seinen vier Füßen. Er schwamm wahrscheinlich, indem er seinen langen Körper und Schwanz durch das Wasser schlängelte und mit den Vorderbeinen ruderte. Seine Hinterbeine könnten zum Steuern und Bremsen gedient haben. Wie alle Nothosaurier besaß *Ceresiosaurus* viele scharfe Zähne, mit denen er Fische und Quallen fing, die er ganz verschluckte.

LARIOSAURUS

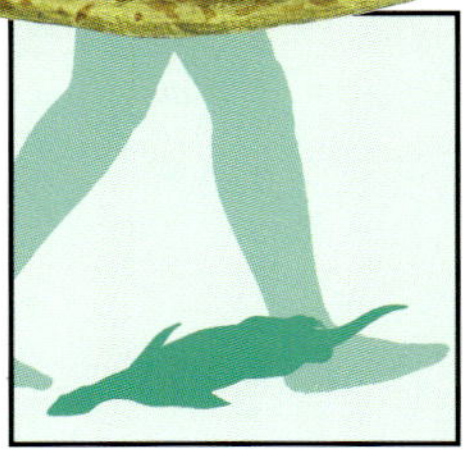

Trias, vor 225 Mio. Jahren
Europa
60 cm lang

Lariosaurus war einer der kleinsten Nothosaurier. Seine Fossilien wurden in Spanien gefunden und zeigen, dass seine Füße und Zehen eher zum Laufen an Land als zum Schwimmen geeignet waren. Auch war sein Hals nicht so lang wie der späterer Nothosaurier. *Lariosaurus* könnte seine Zeit damit verbracht haben, im flachen Wasser zu paddeln und kleine Fische, Krabben, Garnelen und Würmer zu fangen. Oder aber er verzehrte Reptilieneier, denn zu dieser Zeit gab es noch keine Vögel. In einigen Küstenregionen leben Warane auch heute noch so.

FAMILIE AM STRAND

Nothosaurier hielten sich vermutlich zeitweise auch an den Stränden auf. Ihre Beine

Pistosaurus

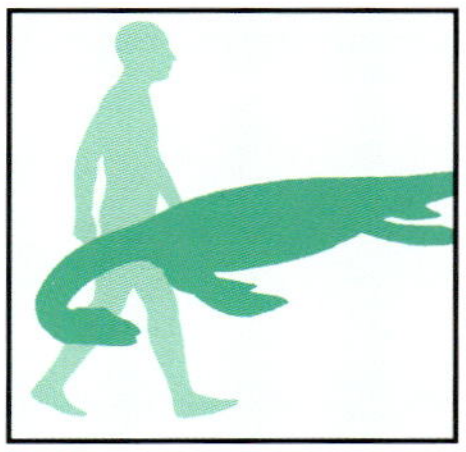

PISTOSAURUS

Trias, vor 225 Mio. Jahren
Europa
3 m lang

Pistosaurus war ein Nothosaurier, wies aber auch Merkmale anderer Meeresreptilien, der Plesiosaurier, auf, vor allem in seinen Schädelknochen. Seine Fossilien belegen, dass seine Wirbelsäule recht steif war, sodass *Pistosaurus* sich hauptsächlich mit Hilfe seiner Glieder und nicht durch schlangenhafte Bewegung seines Rumpfs im Wasser bewegte – auch dies ein Plesiosaurier-Merkmal. Einige Experten halten *Pistosaurus* oder ein ihm sehr ähnliches Tier für den Vorfahren der Plesiosaurier, die im Jura auftraten.

NOTHOSAURUS

Trias, vor 225 Mio. Jahren
Asien, Europa und Nordamerika
3 m lang

Der Name *Nothosaurus* bedeutet „falsche Echse". Die Nothosaurier waren keine Echsen, auch wenn einige von ihnen so aussahen. *Nothosaurus* war einer der weitest verbreiteten Angehörigen seiner Familie, Fossilien von ihm fand man in den Niederlanden ebenso wie in China. Seine Art überlebte mehr als 25 Millionen Jahre. Einige seiner Fossilien zeigen an den Füßen Schwimmhäute, sodass er sich an Land und im Wasser fortbewegen konnte. Wie für seine Gruppe typisch, griffen seine oberen und unteren Zahnreihen ineinander und hielten Beute sicher fest.

Nothosaurus

gestatteten eine schwerfällige Fortbewegung, ähnlich der von Seelöwen. Sie kamen an Land, um sich in der Sonne zu wärmen, zu ruhen, Nahrung in den Pfützen zu fangen, aber vielleicht auch, um dort ihre Eier abzulegen und auszubrüten.

PLESIOSAURIER

Zur Zeit der Dinosaurier waren die Plesiosaurier und die Ichthyosaurier die beiden größten Gruppen von Meeresreptilien. Die Plesiosaurier unterteilt man in zwei Hauptgruppen: in die kleinschädeligen und langhalsigen Plesiosaurier selbst und in die Pliosaurier – sie trugen auf kurzen Hälsen große Köpfe. Die frühesten Plesiosaurier-Fossilien wurden in 200 Millionen Jahre altem Gestein entdeckt.

PLESIOSAURUS

Jura, vor 200 Mio. Jahren
Europa
2,5 m lang

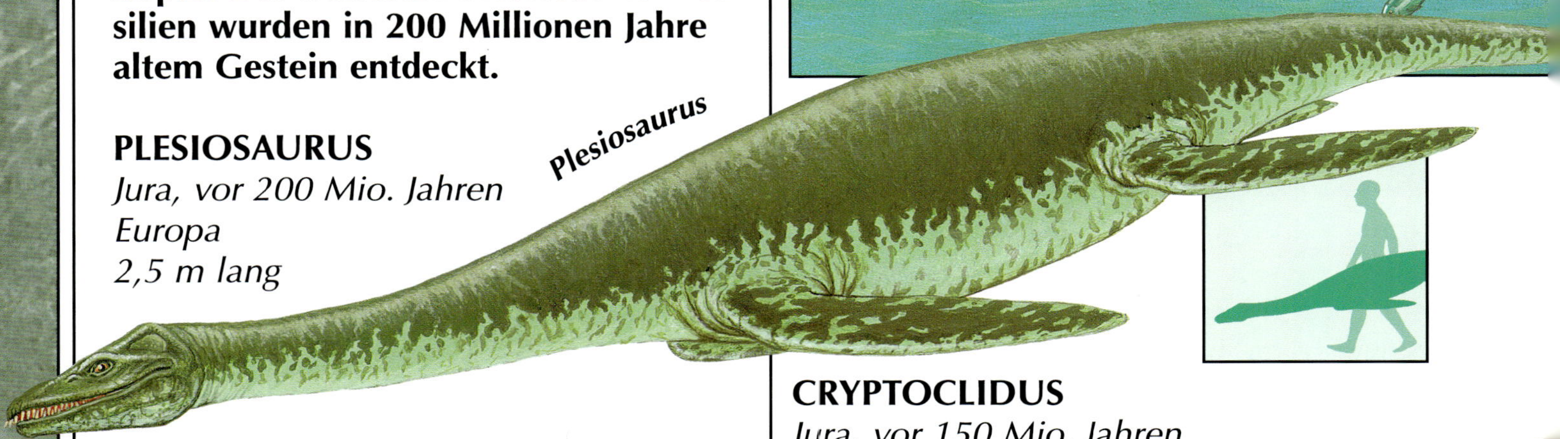

Plesiosaurus war einer der ersten Plesiosaurier und trotzdem kein „Bindeglied“, das ihn mit einer früheren Reptilien-Art verbunden hätte. Er besaß vielmehr schon alle wichtigen Merkmale eines Plesiosauriers, die sich in den folgenden 130 Millionen Jahren kaum verändern sollten. Sein Name bedeutet „Band-Reptil“ und bezieht sich auf seine zahlreichen getrennten Wirbelkörper, die sich als ein langes, flexibles Band durch Hals, Körper und Schwanz zogen.

Über die Jahrmillionen entstanden verschiedene Plesiosaurus-Arten. Ihre Fossilien finden sich in großer Zahl in Südengland. Sie hatten relativ schlanke Körper mit langen Hälsen, die aber noch nicht an die Dimensionen späterer Arten wie *Elasmosaurus* heranreichten.

IM KÄFIG GEFANGEN

Im Verlauf ihrer Evolution wurden die Zähne der Plesiosaurier länger, schlanker, spitzer und gekrümmter. Die Zahnreihen griffen bei geschlossenem Maul wie zwei Gitter ineinander. Ein Plesiosaurier musste seine Beute nicht aufspießen, er brauchte sie nur ins Maul zu nehmen, die Gitter schließen und sein Opfer verschlucken.

CRYPTOCLIDUS

Jura, vor 150 Mio. Jahren
Europa
4 m lang

Im Verlauf des Jura wurden die Plesiosaurier allmählich größer und ihre Hälse länger. Auch die Anzahl der Knochen in den einzelnen Strahlen (Finger und Zehen) ihrer Flossen nahm zu. Ein typisches Exemplar wies drei Knochen pro Strahl auf – einige Strahlen von *Cryptoclidus* bestanden sogar aus mehr als zehn Knochen! Diese größere Anzahl kleinerer Gelenke in den Flossen machte diese flexibler und ermöglichte geschmeidigere Schwimmbewegungen.

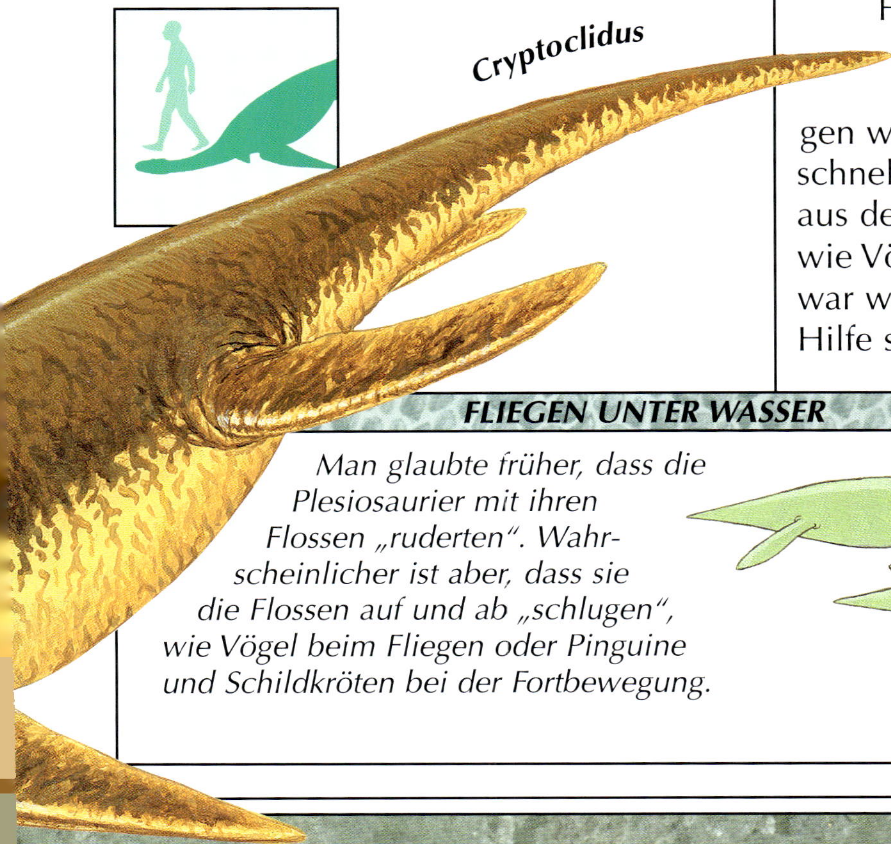

MURAENOSAURUS

Jura, vor 150 Mio. Jahren
Europa
6 m lang

Gegen Ende des Jura zählten die Plesiosaurier zu den längsten Tieren der Meere. Den größten Anteil daran hatten ihre Hälse! Bei *Muraenosaurus* machte der Hals die Hälfte seiner Gesamtlänge aus, der Kopf war dagegen winzig. Vermutlich schwenkte er ihn schnell hin und her, um sich Kleintiere aus dem Wasser zu schnappen, ähnlich wie Vögel Nahrung picken. Sein Körper war weniger biegsam, sodass er sich mit Hilfe seiner Flossen voranbewegte.

FLIEGEN UNTER WASSER

Man glaubte früher, dass die Plesiosaurier mit ihren Flossen „ruderten". Wahrscheinlicher ist aber, dass sie die Flossen auf und ab „schlugen", wie Vögel beim Fliegen oder Pinguine und Schildkröten bei der Fortbewegung.

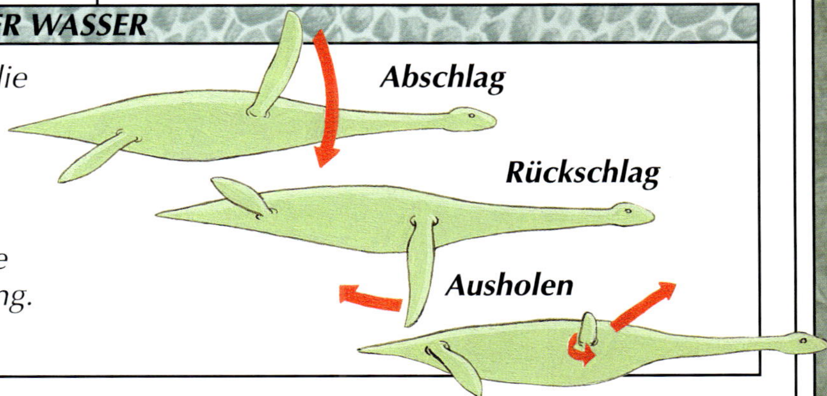

ELASMOSAURUS

Die Plesiosaurier mit den längsten Hälsen wurden nach ihrem berühmtesten Vertreter benannt, dem *Elasmosaurus.* Jemand beschrieb ihn als „eine Schlange, die man durch den Körper einer Schildkröte gefädelt hat". Mehr als die Hälfte seiner Gesamtlänge von 14 Metern nahm sein Hals ein. In der Oberen Kreidezeit gehörten die Elasmosaurier zu den letzten Plesiosauriern. Wie die Dinosaurier wurden sie vor 65 Millionen Jahren ausgelöscht.

MEHR WIRBEL

Der lange Hals von *Elasmosaurus* wurde durch zusätzliche spezielle Wirbelknochen aufgebaut. Ein Reptil besitzt im Durchschnitt fünf bis zehn solcher Wirbel, ein früher Elasmosaurier hatte dagegen 25 und *Elasmosaurus* selbst mehr als 70! Die zusätzlichen Wirbel machten seinen Hals sehr stark und biegsam.

PLESIOSAURIER-SCHÄDEL

Der Schädel von Elasmosaurus *war schmal, flach und kaum breiter als sein Hals. Das spitze Maul verlieh ihm eine Stromlinienform für die schnelle Fortbewegung. Die Zähne konnten Krustentiere zwar nicht knacken, aber in sein Maul sperren, bis er sie verschlingen konnte.*

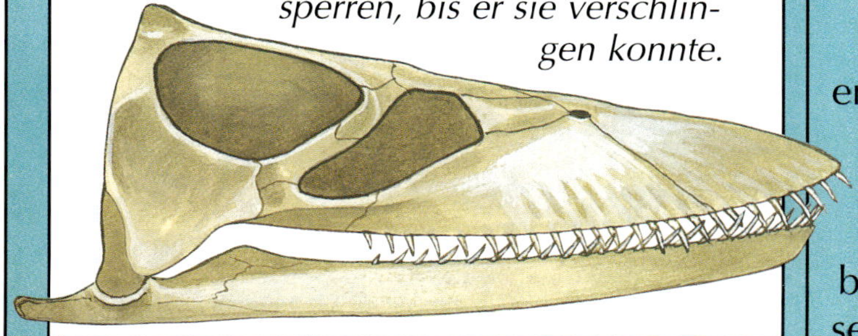

EIN SCHNELLER JÄGER

Zähne und Kiefer von *Elasmosaurus* zeigen, dass er sich von Kleintieren wie Fischen, Tintenfischen und Ammoniten ernährte. Er konnte seinen kleinen Kopf weit schneller schwenken, um sie zu fangen, als er das mit seinem riesigen Körper vermocht hätte.

AUGEN OBEN

Eine frühere Theorie über die Fressgewohnheiten des *Elasmosaurus* mutmaßte, dass er an der Wasseroberfläche schwamm, dabei seinen Kopf hoch aus dem Wasser streckte, um von dort nach Beute zu spähen, und dann auf sein Opfer wie eine Schlange herabgestoßen sei.

Heute erscheint das unwahrscheinlich, denn die Augen des *Elasmosaurus* saßen hoch an seinem Kopf, sodass er sehr gut aufwärts blicken konnte – was nahelegt, dass er seiner Beute von unten auflauerte.

HABEN SIE ÜBERLEBT?

Elasmosaurus-Fossilien wurden in Ostasien, aber auch in Nordamerika gefunden. In der Kreidezeit gehörten die Fund-Sedimente zum Grund eines riesigen Ozeans. Mancherorts entstanden Legenden von Plesiosauriern, die in tiefen, abgelegenen Seen überlebt hätten, so das Monster von Loch Ness in Schottland.

Ein Plesiosaurier musste seinen enormen Hals beim schnellen Schwimmen gerade vorstrecken, sonst hätte der Wasserdruck ihn zur Seite gedrückt. Vermutlich bewegte sich das Tier langsam und fing ein Beutetier nach dem anderen. Indem es mit den Flossen einer Körperseite rückwärts und mit denen der anderen vorwärts paddelte, konnte es auf der Stelle drehen.

VERSTEINERTES SKELETT

Der Rumpf eines Plesiosauriers verfügte über die normalen Rippen, die sich vom Rückgrat herab krümmen, aber auch über zusätzliche Bauchrippen, die sich von der Brust nach oben bogen. Sie bildeten einen stabilen „Kasten“ zur Verankerung der starken Flossenmuskeln. Die breiten Schulter- und Hüftknochen gaben den Muskeln weiteren Halt. Die Flossen saßen auf Hand- und Fingerknochen bzw. Fuß- und Zehenknochen.

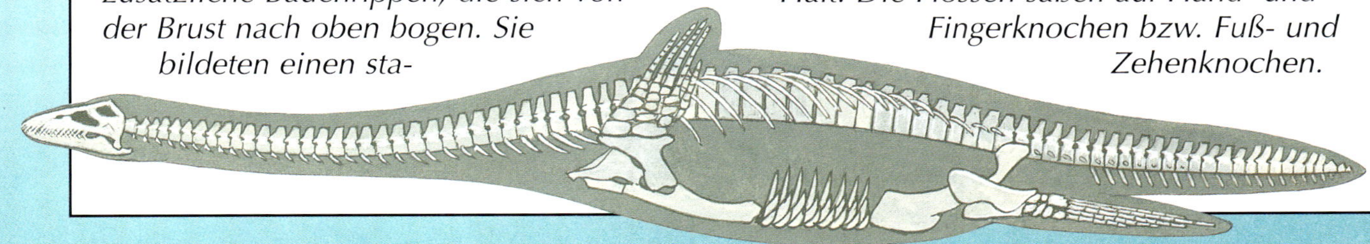

Name: *Elasmosaurus*
Lebte: *vor 70 Mio. Jahren*
Fundort: *Asien, Nordamerika*
Länge: *14 m*
Nahrung: *Fische*

PLIOSAURIER

Während sich die Plesiosaurier noch in den Meeren verbreiteten, traten schon ihre Nachfolger in Erscheinung, enge Verwandte, die Pliosaurier. Mit ihren gewaltigen Köpfen auf kurzen Hälsen konnten sie schneller schwimmen und größerer Beute nachstellen. In der Kreidezeit waren einige von ihnen so groß, dass Dinosaurier wie *Tyrannosaurus* dagegen winzig wirken!

SCHÄDELFENSTER

Wie alle Reptilien atmeten Plesio- und Pliosaurier durch Nasenlöcher. Sie lagen auf der oberen Schädelseite, sodass die Tiere zum Atmen sich kaum aus dem Wasser heben mussten.

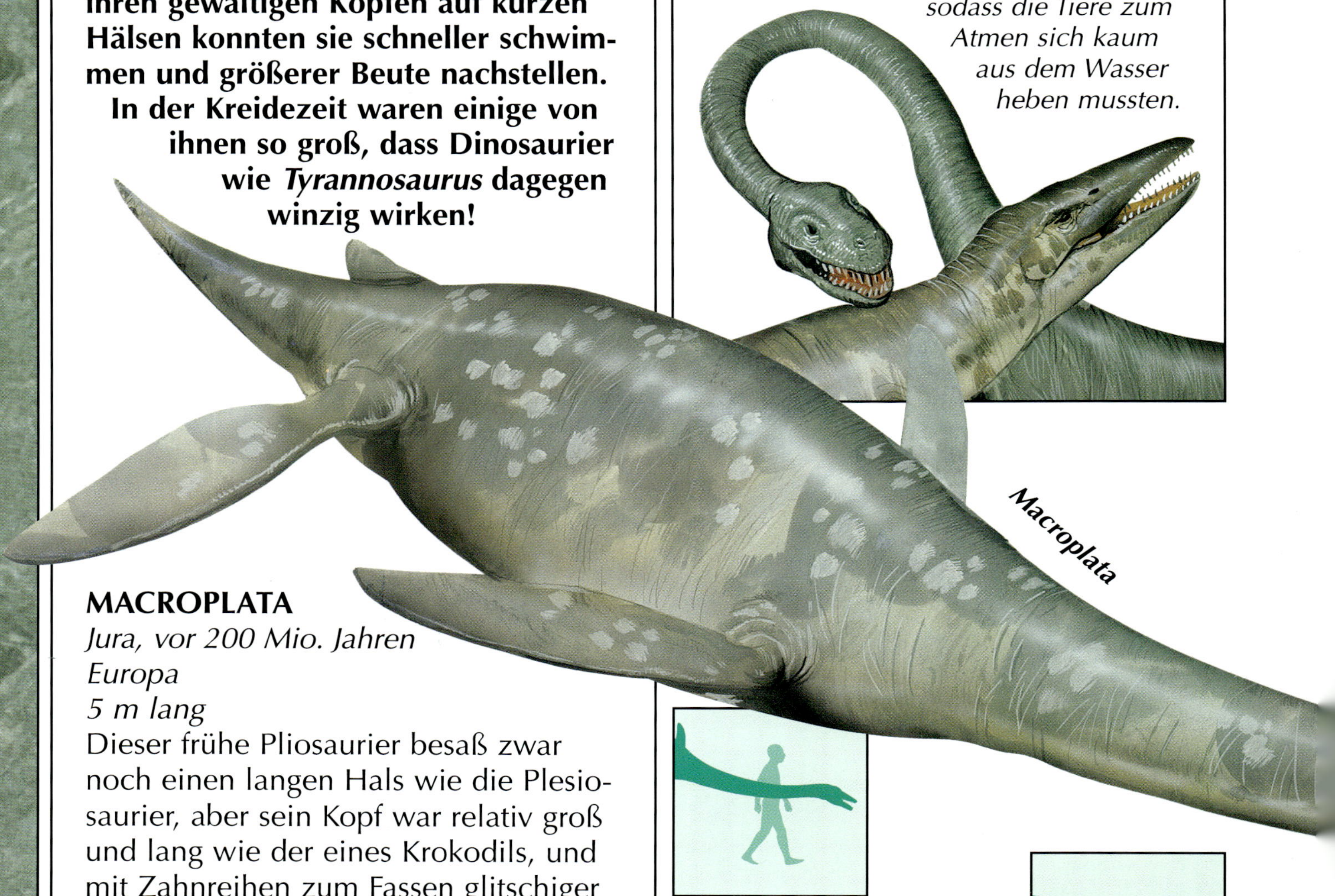

MACROPLATA

Jura, vor 200 Mio. Jahren
Europa
5 m lang

Dieser frühe Pliosaurier besaß zwar noch einen langen Hals wie die Plesiosaurier, aber sein Kopf war relativ groß und lang wie der eines Krokodils, und mit Zahnreihen zum Fassen glitschiger Beute bestückt. Auch waren seine hinteren Flossen länger als die vorderen. Womöglich schwammen die Pliosaurier also vor allem mit ihnen. Dank ihrer kurzen und spitzen Schwänze konnten sie behände durch das Wasser gleiten. Die stromlinienförmigen Rümpfe der Plesio- und Pliosaurier reduzierten den Wasserwiderstand.

Peloneustes

PELONEUSTES
Jura, vor
145 Mio. Jahren
Asien, Europa
3 m lang

Gegen Ende des Jura unterschieden sich die Pliosaurier immer mehr von den Plesiosauriern. Ihre weit kürzeren Hälse erforderten eine geringere Zahl von Wirbelknochen – weniger als 20 (Plesiosaurier hatten mehr als 30). *Peloneustes* besaß dazu noch weniger Zähne, die in größeren Abständen angeordnet und außerdem flacher und kegelförmig waren. Wie bei unseren Krokodilen eigneten sie sich zum Halten und Zerdrücken größerer Beutetiere. Pliosaurier ernährten sich wahrscheinlich von Ammoniten, Belemniten, Tintenfischen – und Plesiosauriern.

KRONOSAURUS
Kreide, vor 140 Mio. Jahren
Australien
9 m lang

Einer der größten Pliosaurier, die „Zeit-Echse“, war zugleich einer der größten Jäger in den Meeren vor 120 Millionen Jahren, fast so lang wie der *Tyrannosaurus*. Nahezu ein Viertel seines Körpers nahm der massive Kopf mit den großen, scharfen Zähnen ein. Der Schädel eines Exemplars misst 2,7 Meter, während der eines *Tyrannosaurus* 1,8 Meter erreicht.

Kronosaurus lebte in jenem flachen, warmen Meer, das zur Unteren Kreidezeit Teile Australiens bedeckte. Hier fand man auch Fisch-Fossilien und eine Vielzahl von Mollusken (Schalentiere) wie die mittlerweile ausgestorbenen Ammoniten und Belemniten, sowie Tintenfische. Einige der versteinerten Schalen weisen Bissspuren auf, die zu den Zahnbildern von Pliosauriern wie *Kronosaurus* passen.

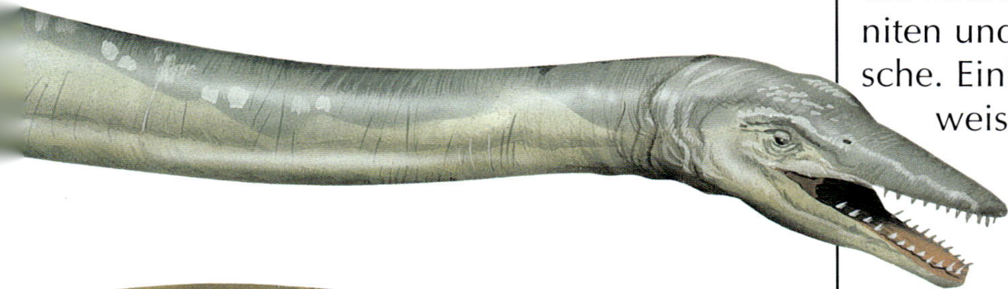

LIOPLEURODON

Der größte Fleischfresser aller Zeiten ist nicht unser 20 Meter langer und 50 Tonnen schwerer Pottwal, der größer ist als jeder Dinosaurier-Beutegreifer. Der größte Carnivore war vielmehr nach heutigen Erkenntnissen ein Pliosaurier des Oberen Jura: *Liopleurodon*.

DAS GRÖSSTE ALLER LEBEWESEN?

Liopleurodon war in der Tat gigantisch. Schätzungen seiner Länge halten bis zu 25 Meter für möglich – eine Größe, die nur wenige Riesen-Sauropoden wie *Apatosaurus* und *Mamenchisaurus* erreichten. Sein Gewicht aber könnte 75 oder sogar 150 Tonnen betragen haben! Das übersteigt selbst das Gewicht der allergrößten Dinosaurier wie *Brachiosaurus* und *Argentinosaurus*. *Liopleurodon* könnte damit sogar das größte heute lebende Tier der Welt, den Blauwal, übertroffen haben.

TRAGENDES WASSER

Die erstaunliche Größe von *Liopleurodon* wurde auch durch den Umstand ermöglicht, dass er im Wasser lebte. Wasser verringert das Gewicht eines Tiers und gestattet es auch einem solchen Koloss, sich zu bewegen. Darum treffen wir die größten Tiere unserer Zeit, die Wale, im Wasser an.

Man hat in Frankreich, England und Deutschland, aber auch in Chile mehrere fast vollständige Liopleurodon-Skelette und zahlreiche Fragmente gefunden.

SKELETT, SCHÄDEL UND ZÄHNE

Der Schädel eines Pliosauriers machte etwa ein Viertel seiner Gesamtlänge aus. Der Schädel des Liopleurodon *war fünf Meter lang – länger als die Körper vieler Dinosaurier. Seine Zähne saßen wie gekrümmte Dolche im vorderen Bereich seiner Kiefer. Im Gegensatz zu den meisten Plesiosauriern waren seine beiden hinteren Flossen größer als die vorderen. Ein Pliosaurier bewegte sich vermutlich mit seinen hinteren Flossen voran und nutzte seine Vorderflossen zum Steuern.*

Name: *Liopleurodon*
Lebte: *vor 150 Mio. Jahren*
Fundort: *Europa, Südamerika*
Länge: *25 m*
Nahrung: *Meeresreptilien*

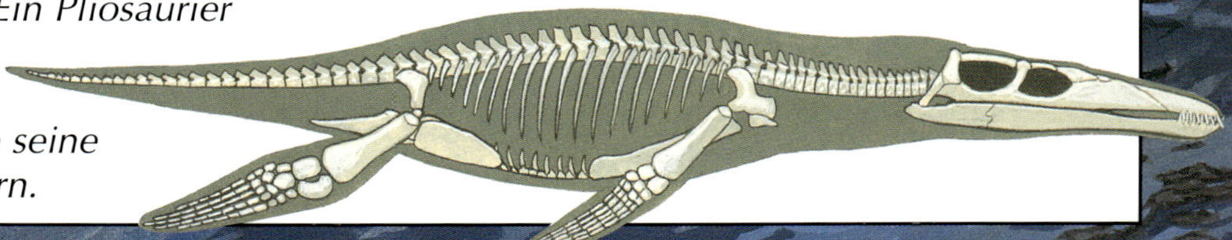

EIN SPITZEN-JÄGER

Was verschlang dieser riesige Fleischfresser? Sicher alles, was ihm schmeckte! Die meisten Fische und Schalentiere werden ihm zu klein gewesen sein. Der kräftige Schädel und die großen Zähne waren für größere Beute wie Ichthyosaurier, Plesiosaurier und kleinere Pliosaurier geeignet.

Liopleurodon *wuchtet seinen gewaltigen Körper aus dem Wasser, um mit seinen 30 Zentimeter langen Zähnen einen Ichthyosaurier zu packen. Auch unsere großen Wale wie der über 50 Tonnen schwere Buckelwal „springen“ auf diese Weise aus dem Wasser.*

EIN GERUCHSSINN WIE EIN HAI

Bei Liopleurodon *waren Gaumendach und* Nasenlöcher *durch zwei Gänge verbunden, sodass er Gerüche wahrnehmen konnte. War der Geruch eines Beutetiers im einen Nasenloch stärker als im anderen, wechselte* Liopleurodon *die Richtung und folgte der Spur wie ein Hai.*

DER AUFSTIEG DER ICHTHYOSAURIER

Zur Zeit der Dinosaurier hatten Meeresreptilien wie Nothosaurier, Pliosaurier und Plesiosaurier große flossenförmige Glieder zum Schwimmen. Viele von ihnen konnten damit wohl zur Eiablage immer noch an Land umherwatscheln. Eine andere Gruppe von Meeresreptilien besaß diese Möglichkeit nicht mehr und musste ihr ganzes Leben im Wasser verbringen. Sie entwickelten Schwänze und Rückenflossen wie Fische und sahen auch aus wie diese. Allerdings waren sie immer noch Reptilien. Ihr Name Ichthyosaurier bedeutet „Fisch-Echsen".

DAS SKELETT ZEIGT EIN REPTIL

Ichthyosaurier ähnelten Fischen oder Delfinen. Ihre Fossilien zeigen aber, dass sie keins von beiden waren. Ihre Flossen wurden von Arm- und Hand- bzw. Bein- und Fußknochen gestützt, was bei Fischen nicht der Fall ist. Außerdem besaßen die Ichthyosaurier keine Kiemen. Ihre Schwänze waren vertikal ausgerichtet, die Rückgratenden bogen sich nach unten. Im horizontalen Schwanz eines Delfins befinden sich überhaupt keine Knochen.

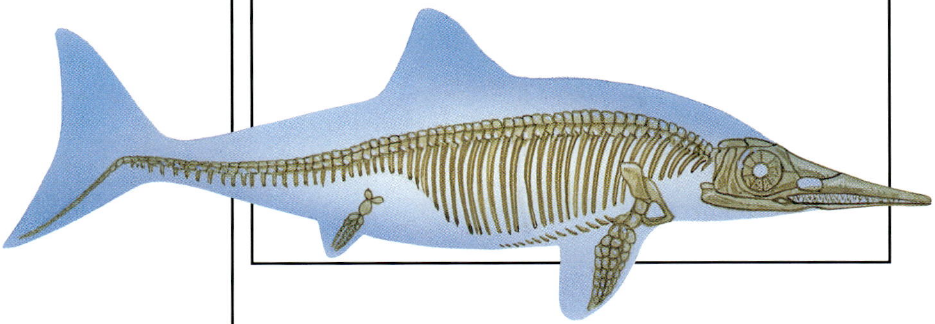

SHONISAURUS

Trias, vor 210 Mio. Jahren
Mordamerika
15 m lang

Fossilien von sehr frühen Ichthyosauriern zeigen, wie sie sich in der Unteren Trias Schritt für Schritt aus Land bewohnenden Reptilien entwickelten. Nur 30 Millionen Jahre später waren sie bereits Giganten. *Shonisaurus* war länger als der *Tyrannosaurus*. Seine paddelförmigen schmalen Glieder waren im Verhältnis zu seinem Körper recht lang. Spätere Ichthyosaurier besaßen kürzere Gliedmaßen, deren vorderes Paar zudem länger als das hintere war.

Mixosaurus

MIXOSAURUS

Trias, vor 220 Mio. Jahren
Asien, Europa, Nordamerika
1 m lang

Fossilien dieses Ichthyosauriers wurden in vielen Teilen der Welt gefunden, vom arktischen Kanada und den europäischen Alpen bis hin nach China und Südostasien. Er muss im Thetys-Meer und dem Panthalassa-Ozean weit verbreitet gewesen sein. *Mixosaurus* zeigt gut, wie sich der zweiflossige Schwanz nach und nach aus dem Reptilienschwanz entwickelt hat.

Ophthalmosaurus

OPHTHALMOSAURUS

Jura, vor 150 Mio. Jahren
Europa, Nord- und Südamerika
4,5 m lang

Von diesem Ichthyosaurier wurden in Argentinien und verschiedenen Orten Europas mehrere komplette Fossilien gefunden. Die Skelette waren unterschiedlich groß und zeigen, wie sich *Ophthalmosaurus* vom Jungtier zum Erwachsenen entwickelte. Der ausgewachsene Schädel mit seinem schmalen Maul war über einen Meter lang. Die Form des Mauls gestattete das schnelle Hin- und Herschwenken des Kopfes zum Beutegreifen ebenso wie ein zügiges Geradeausschwimmen. Der Name *Ophthalmosaurus* bedeutet „Augen-Echse" und bezieht sich auf seine rekordverdächtige Augengröße (Seite 208).

MEERESFRÜCHTE-MENÜ

Bei einigen Ichthyosaurier-Fossilien fand man im Bereich des Magens seltsame, spitze Steinklumpen. Dabei handelt es sich um die versteinerten Überreste so genannter „Schulpe", harter Körperschalen von Tintenfischen und Belemniten. Fischschuppen und Flossenstrahlen wurden ebenfalls entdeckt.

GEHEIMNISSE DER ICHTHYOSAURIER

Die Ichthyosaurier ähnelten heutigen Fischen und Delfinen und lebten vermutlich auch wie diese. Durch den Vergleich heutiger Tiere mit Ichthyosauriern können wir entschlüsseln, wie die Meeresreptilien schwammen, tauchten und Beute fingen. Dennoch bleibt ein Geheimnis: Die Ichthyosaurier traten in der Trias gemeinsam mit den Dinosauriern auf, starben aber schon vor etwa 90 Millionen Jahren aus – lange vor den Dinosauriern.

KLEIN UND GROSS

Die größten Ichthyosaurier wie Shonisaurus *und* Himalayasaurus *waren mit über 15 Metern doppelt so lang wie das größte heutige Reptil, das Salzwasserkrokodil. Die kleinsten wie* Chaohusaurus *aus China erreichten nur knapp über 60 Zentimeter Länge.*

CYMBOSPONDYLUS

Trias, vor 220 Mio. Jahren
Nordamerika
10 m lang

Diesem frühen großen Ichthyosaurier fehlten einige Merkmale seiner Gruppe. Er glich eher einem Aal mit vier Flossen und hatte weder eine Rückenflosse, noch einen zweiteiligen Schwanz entwickelt. Auch waren seine Flossenglieder noch recht klein und hauptsächlich zum Steuern und Bremsen geeignet. *Cymbospondylus* schwamm vermutlich schlängelnd wie ein Aal oder eine Seeschlange. Seine langen schmalen Kiefer waren allerdings mit vielen scharfen Zähnen besetzt – Werkzeuge eines Fischfressers.

TEMNODONTOSAURUS

Jura, vor 200 Mio. Jahren
Europa
9 m lang

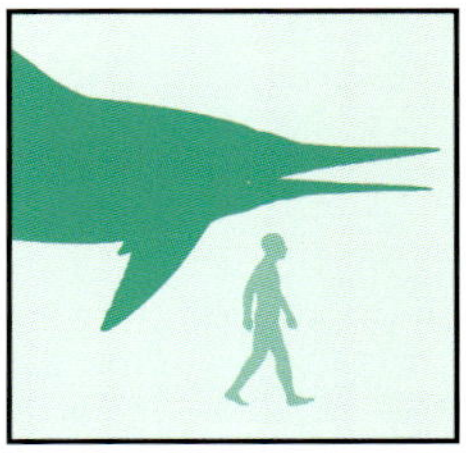

Zu Beginn des Jura hatten die Ichthyosaurier sich in schlanke, elegante und schnelle Schwimmer verwandelt. Mit seitlichen Ruderbewegungen seines Schwanzes konnte sich *Temnodontosaurus* so behände wie viele Fische durchs Wasser bewegen und vermutlich Geschwindigkeiten von mehr als

40 Stundenkilometern erreichen. Wie lange vermochte ein Ichthyosaurier wohl mit einer Lungenfüllung unter Wasser zu bleiben? Untersuchungen heutiger Meeres-Reptilien sowie der Wale lassen auf Tauchgänge von 15–20 Minuten schließen.

EURHINOSAURUS

Jura, vor 200 Mio. Jahren
Europa
1,8 m lang

Mit einem Oberkiefer, der weit über seinen Unterkiefer vorragte, war *Eurhinosaurus* einer der ungewöhnlichsten Ichthyosaurier. Dieser Oberkiefer war außerdem wie eine Schwertklinge abgeflacht und mit seitlich herausragenden Zähnen bestückt. Der einzige vergleichbare heutige Fisch ist unser Sägefisch, der seine „Säge“ zum Graben nach Würmern und Schalentieren und zur Verteidigung verwendet. Womöglich schwenkte aber *Eurhinosaurus*, wenn er einen Fischschwarm durchquerte, seine Säge auch hin und her, um seine Beute zu verwunden. Dann wendete er und verschlang sie.

ICHTHYOSAURUS

Kaum ein Tier aus dem Zeitalter der Dinosaurier ist so gut erforscht wie *Ichthyosaurus.* Man hat in Nordamerika und Europa Hunderte versteinerter Skelette von ihm gefunden. Die Fundsedimente stammen aus der Zeit zwischen dem Unteren Jura und der Unteren Kreidezeit und belegen damit, dass Ichthyosaurus-Arten über 60 Millionen Jahre lang existierten – eine erstaunlich lange Zeit für eine einzige Tierart. Die meisten Funde zeigen Ichthyosaurus als ein etwa 1,8 Meter langes Tier.

GROSSE JÄGER-AUGEN

Viele Fossilien belegen, dass Ichthyosaurier ähnlich wie Vögel recht große Augen besaßen. Sie folgten beim Beutezug also eher ihrer Sicht als dem Geruch. Der gewölbte Augapfel wurde durch einen Ringknochen, den sklerotischen Ring, geschützt und gestützt. Mit zehn Zentimetern Durchmesser waren die Augen von Ophthalmosaurus *die größten aller Wirbeltiere.*

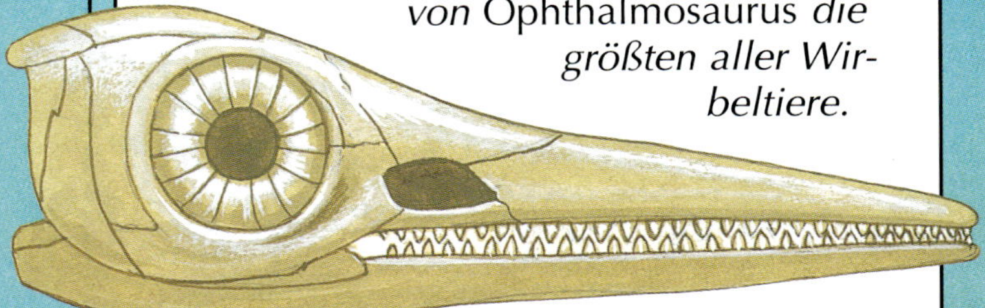

GUT ERHALTENE FOSSILIEN

Aufgrund der Entstehungsweise von Fossilien findet man häufiger versteinerte Wasser- als Landbewohner. Einige der besten Ichthyosaurus-Fossilien stammen aus der Region bei Holzmaden in Süddeutschland. Das dortige feinkörnige Sediment überlieferte sehr detailreiche Fossilien. Jeder Knochen des *Ichthyosaurus* ist perfekt erhalten. Einige Skelette sind sogar noch so angeordnet, wie sie es bei den lebenden Tieren waren.

SOGAR DER UMRISS

Einige der fossilierten Ichthyosaurus-Knochen sind von einer dünnen, dunklen Schicht umgeben. Hier ist das Fleisch verrottet, sodass man den Körperumriss erkennen kann. Dadurch wissen wir, dass *Ichthyosaurus* eine Rückenflosse und einen Schwanz besaß.

VERSTEINERTE NAHRUNG

Andere, neben *Ichthyosaurus* gefundene Fossilien zeigen, dass er sich vorwiegend von Fischen, aber auch von Tintenfischen, Belemniten und Ammoniten ernährte.

Ein Ichthyosaurus *packt einen Ammoniten. Er wird dessen Schale knacken und das Fleisch verschlingen.*

WIE TIEF?

Blieben die Ichthyosaurier beim Fressen nahe der Wasseroberfläche, oder konnten sie tief hinabtauchen? Die Tintenfische, die sie gern fraßen, haben heute Verwandte noch in 1000 Meter Tiefe. Dorthin reicht kein Licht mehr, aber *Ichthyosaurus* konnte mit seinen riesigen Augen wohl auch in solchem Zwielicht noch sehen. Außerdem registrierte er feinste Wasserbewegungen mit seinen Ohren und ortete so seine Opfer.

Name: *Ichthyosaurus*
Lebte: *vor 200 Mio. Jahren*
Fundort: *Europa, Nordamerika*
Länge: *1,8 m*
Nahrung: *Fische, Tintenfische, Ammoniten*

EIER ODER SÄUGLINGE?

Einige der Fossilien aus Bayern zeigen winzige Ichthyosaurus-Skelette in den Körpern ausgewachsener Tiere – Säuglinge kurz vor der Geburt. Ein Fossil zeigt sogar ein Baby, das mit dem Schwanz voraus gerade den Geburtskanal verlässt. Die Ichthyosaurier legten keine Eier an Land, sondern gebaren lebend wie unsere Delfine.

Die Namen zahlreicher Reptilien aus dem Mesozoikum enden mit dem Zusatz „-saurus", „Echse", obwohl die wenigsten von ihnen, selbst die Dinosaurier nicht, echte Echsen waren. Die Mosasaurier aber waren es. Ihre engsten, noch heute lebenden Verwandten sind Großechsen wie Nil- und Komodowaran. Diese Nachkommen muten winzig an im Vergleich mit den riesigen Meeresbewohnern der Mittleren und Oberen Kreidezeit. Diese teilten das Schicksal der anderen Saurier und starben vor 65 Millionen Jahren aus.

TYLOSAURUS

Kreide, vor 70 Mio. Jahren
Nordamerika
9 m lang

Der US-Bundesstaat Kansas, Fundort von *Tylosaurus,* war in der Oberen Kreidezeit von einem flachen, warmen Meer bedeckt. *Tylosaurus* zeigt die typischen Mosasaurier-Merkmale: vier Paddelglieder, ein großes Maul mit vielen spitzen Zähnen und einen langen Schwanz mit Kämmen auf Rücken und Bauch.

GLOBIDENS

Kreide, vor 70 Mio. Jahren
Nordamerika
6 m lang

Die meisten Mosasaurier verfügten zum Ergreifen ihrer weichen Beute aus Tintenfischen und Kraken über spitze Zähne. Anders *Globidens.* Die meisten seiner etwa 40 Zähne waren rund und groß wie Golfbälle. Nur ihre obere Rundung ragte aus dem Kiefer. Sie eigneten sich perfekt zum Knacken der dicken Schalen und Panzer von Krustentieren und Muscheln. Die kegelförmigen Zähne im vorderen Maul waren länger, vermutlich benutzte *Globidens* sie, um seine Opfer aus dem Meeresboden oder von Riffen zu pflücken.

MOSASAURIER-MUTTER

Mosasaurier brachten ebenso wie Ichthyosaurier und heutige Seeschlangen lebende Junge zur Welt. Sie konnten nicht mehr zur Eiablage an Land kriechen, und vermutlich versorgte die Mosasaurier-Mutter ihre Jungen, wie das auch einige Dinosaurier taten.

CLIDASTES

Kreide, vor 70 Mio. Jahren
Nordamerika
3,5 m lang

Clidastes war ein kleinerer Mosasaurier, aber immer noch so groß wie einige moderne Haie und ebenso gefährlich. Seine spitzen, rückwärts gebogenen Zähne waren wie beim Dinosaurier *Baryonyx* gleichmäßig im Maul verteilt. *Clidastes* jagte vielleicht nahe der Küste und überließ das offene Meer den Riesen-Mosasauriern.

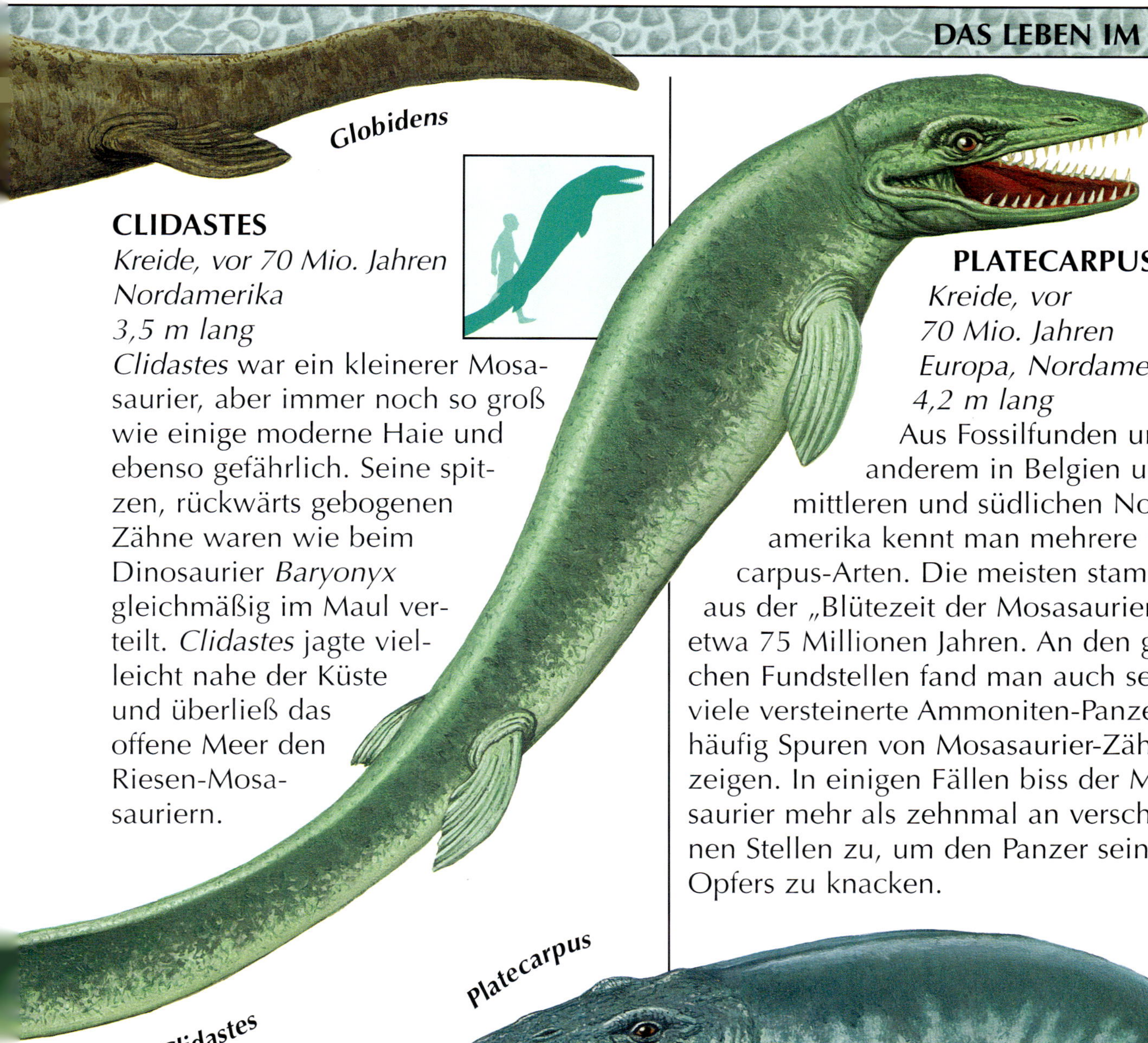

PLATECARPUS

Kreide, vor
70 Mio. Jahren
Europa, Nordamerika
4,2 m lang

Aus Fossilfunden unter anderem in Belgien und im mittleren und südlichen Nordamerika kennt man mehrere Platecarpus-Arten. Die meisten stammen aus der „Blütezeit der Mosasaurier" vor etwa 75 Millionen Jahren. An den gleichen Fundstellen fand man auch sehr viele versteinerte Ammoniten-Panzer, die häufig Spuren von Mosasaurier-Zähnen zeigen. In einigen Fällen biss der Mosasaurier mehr als zehnmal an verschiedenen Stellen zu, um den Panzer seines Opfers zu knacken.

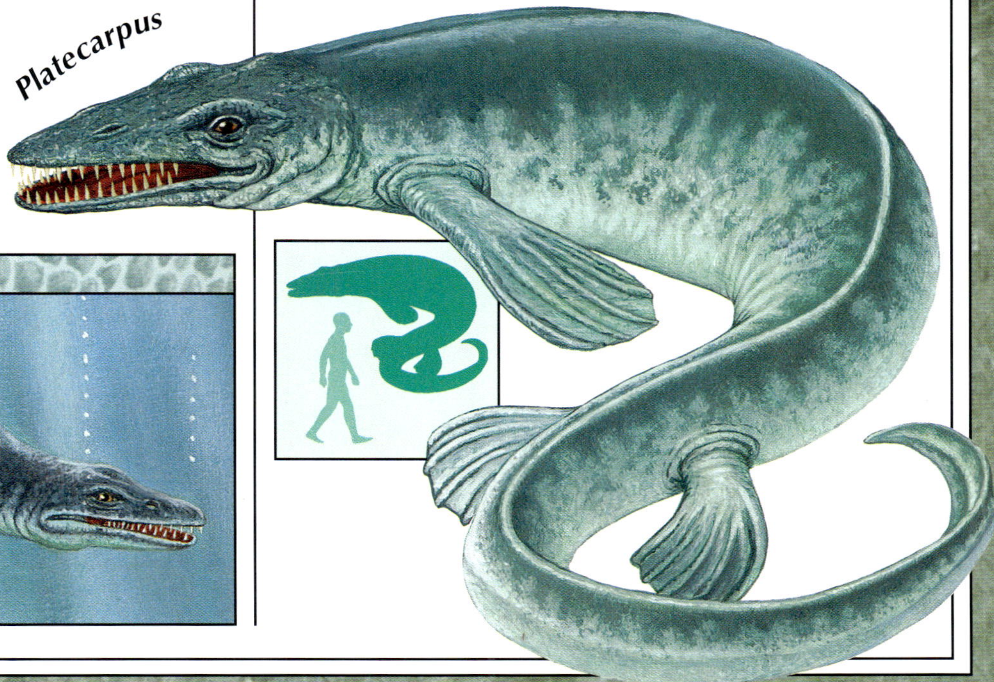

Die Mosasaurier wurden nach dem ersten gefundenen Fossil ihrer Art benannt, das man vor rund 200 Jahren entdeckte. Dieser zehn Meter lange Jäger war gefährlicher als jeder heutige Hai. In Europa und Nordamerika wurden mehrere Mosasaurus-Arten entdeckt.

URSPRÜNGE

Die Herkunft der Mosasaurier ist ein Geheimnis. Sie tauchten in den Meeren zusammen mit den Pliosauriern in der Mittleren Kreidezeit auf, während die Ichthyosaurier langsam verschwanden. Sie entwickelten sich aber weder aus diesen noch aus anderen Meeresreptilien. Wahrscheinlich traten sie erstmals in der frühen Kreidezeit als große Fleisch fressende Echsen auf, die sich langsam ans Wasser anpassten, indem sich ihre Beine zu paddelartigen Flossen entwickelten.

GESTORBEN IN DER SINTFLUT?

Die Mosasaurier – „Meuse-Echsen" – sind nach der Maas-Region in den Niederlanden benannt. In den 1770er-Jahren wurden dort in einer Kalkmine riesige versteinerte Kiefer und Zähne ausgegraben. Zu Beginn des 19. Jahrhunderts bewies dann Georges Cuvier, dass die Fossilien von einer riesigen Wasser-Echse stammten. Er nannte das Tier *Mosasaurus* und glaubte, es sei bei der biblischen Sintflut ausgestorben. Die Entdeckung solcher „Monster" brachte einige Wissenschaftler dazu, sich Gedanken über die Evolution der Arten zu machen.

Name: *Mosasaurus*
Lebte: *vor 70 Mio. Jahren*
Fundort: *Europa, Nordamerika*
Länge: *10 m*
Nahrung: *Fische, Tintenfische, Schildkröten und Ammoniten*

SCHWIMMSCHWANZ

Die Flossenbeine des *Mosasaurus* waren zu klein und zu schwach für eine schnelle Fortbewegung. Also muss er wohl seinen langen, schlanken Körper und Schwanz durchs Wasser geschlängelt haben. Kämme oder Kiele am Schwanz verliehen ihm wahrscheinlich Vortrieb. Krokodile bewegen ihre Schwänze beim Schwimmen auf die gleiche Weise. Die Flossen dienten nur zum Steuern und Bremsen.

GEFIEDERTE KOST

Neben Mosasaurier-Überresten hat man auch Fossilien des uralten Vogels Hesperornis *gefunden, dessen lange, zahnbewehrte Kiefer früher den Mosasauriern zugerechnet wurden. Der menschengroße Vogel war flugunfähig. Er paddelte mit seinen großen Schwimmfüßen im Wasser – sicher ein Leckerbissen für jeden Mosasaurier.*

Mosasaurus *schiebt seine Kiefer um den Panzer der Seeschildkröte* Protostega, *um ihn zu knacken, während im Hintergrund ein Hai lauert. Als die Mosasaurier gegen Ende der Kreidezeit ausstarben, übernahmen die Haie die Herrschaft über die Meere.*

SCHÄDEL UND SKELETT

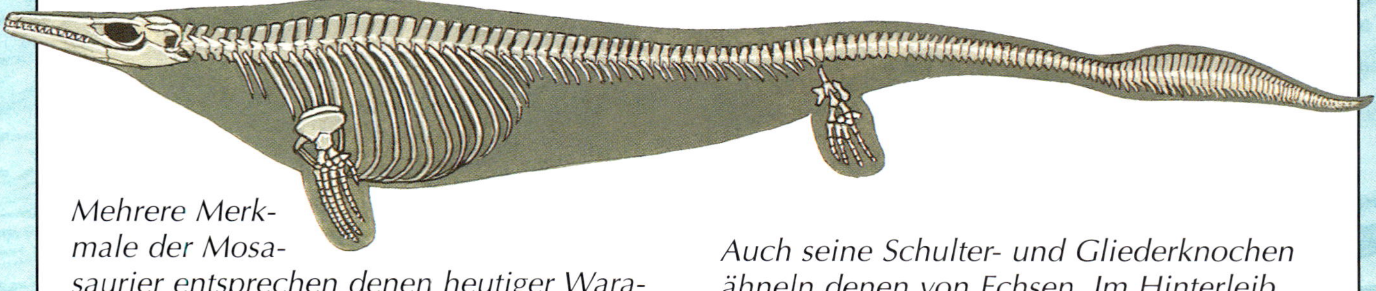

Mehrere Merkmale der Mosasaurier entsprechen denen heutiger Warane, etwa der Unterkiefer, der mit einem Gelenk versehen war, durch das der Mosasaurier sein Maul weit dehnen konnte.

Auch seine Schulter- und Gliederknochen ähneln denen von Echsen. Im Hinterleib und im Schwanz versteiften hohe Knochenstreben die langen flossenartigen Kämme, die beim Schwimmen halfen.

Wie die Dinosaurier und andere Reptilien traten Schildkröten erstmals in der Trias auf, die frühesten vor über 200 Millionen Jahren, kurz nach den Dinosauriern. Sie waren von Beginn an in große, gewölbte Schutzpanzer eingeschlossen. Die frühen Arten lebten wahrscheinlich noch an Land, aber bald strebten einige ins Wasser und entwickelten ihre Füße allmählich zu Flossen.

PROGANOCHELYS

Trias, vor 220 Mio. Jahren
Europa
1 m lang

Die reptile Gruppe der Land- und Meeresschildkröten trägt die Bezeichnung Chelonia. *Proganochelys* war in der Oberen Trias im heutigen Deutschland eines ihrer ersten Mitglieder. Der Landbewohner besaß bereits einen voll ausgeformten, 60 Zentimeter langen Panzer, der aus zwei Schichten bestand: gebogenen Knochenplatten, die von einer Hornplattschicht bedeckt waren. Wie die meisten frühen Chelonia konnte *Proganochelys* Kopf und Beine wohl noch nicht in seinen Panzer einziehen, wahrscheinlich hatte er auch, anders als die heutigen Chelonia, Zähne.

PROTOSTEGA

Kreide, vor 70 Mio. Jahren
Nordamerika
3 m lang

Die weiten Meere der Kreidezeit waren mit ihren zahllosen Mosa- und Pliosauriern, Haien und Salzwasser-Krokodilen ein recht gefährlicher Lebensraum. Die Meeresschildkröte *Protostega* schützte sich mit einem großen Panzer, der aber nicht aus soliden Knochenplatten bestand. Diese waren vielmehr auf einen ringförmigen Rahmen mit einer Mittelstrebe über dem Rückgrat reduziert, zwischen denen sich wiederum zwei Reihen schmaler Streben spannten. Dadurch wurde der Panzer von *Protostega* zwar schwächer, aber auch leichter, und ermöglichte so eine schnellere Flucht. Der kräftige Schnabel enthielt keine Zähne. *Protostega* ernährte sich von weichen Quallen, aber auch von harten Schalentieren.

EIER AM STRAND

Heutige Meeresschildkröten unterscheiden sich kaum von ihren Verwandten vor 100 Millionen Jahren. Fossilien zeigen, dass diese schon im Mesozoikum ihre Eier in Sandkuhlen am Strand vergruben. Das Muttertier füllte diese Kuhlen mit Sand, und die Sonnenwärme brütete die Eier aus. Die Jungtiere mussten zwischen Räubern hindurch den Weg ins rettende Meer finden.

PLACOCHELYS

Trias, vor 210 Mio. Jahren
Europa
90 cm lang

Placochelys ist ein beredtes Beispiel für die „konvergente Evolution“: Man spricht von ihr, wenn zwei unterschiedliche Tierarten ein sehr ähnliches Aussehen entwickeln, weil sie an den gleichen Orten der gleichen Lebensweise folgen. Von außen sah *Placochelys* aus wie eine einfache Meeresschildkröte. Aber sein Skelett zeigt, dass er einer anderen Reptilien-Gruppe angehörte, den Placodonten, die etwa zur gleichen Zeit wie ihre Verwandten, die Nothosaurier, lebten. Der Placochelys-Panzer bestand aus weit mehr Knochen als der der Meeresschildkröten.

HENODUS

Trias, vor 210 Mio. Jahren
Europa
1 m lang

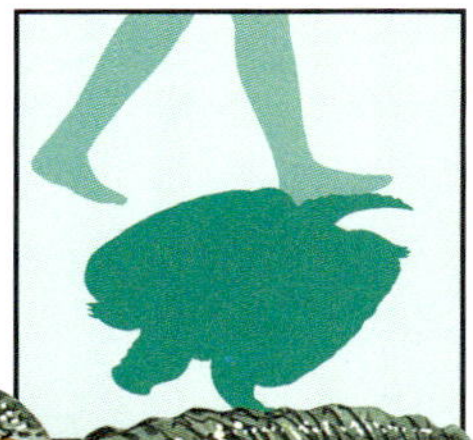

Wie *Placochelys* war auch *Henodus* keine Meeresschildkröte, sondern ein schildkrötenähnlicher Placodont. Der viereckige Panzer schützte *Henodus* vor den Beutegreifern seiner Zeit. Dazu zählten Haie, Krokodile – die gerade für sich das Wasser eroberten – sowie eine neue Gruppe von reptilen Räubern: die Ichthyosaurier. Auch der Kopf von *Henodus* war viereckig. Mit seinen zahnlosen Kiefern ernährte sich der Placodont von Schalentieren.

ARCHELON

Die Obere Kreidezeit brachte zahlreiche Riesenformen von Tierarten hervor, vor allem bei den Meeresreptilien. Die bisher größte bekannte Meeresschildkröte war *Archelon*. Ihre Überreste wurden in Nordamerika gefunden. Mit 3,7 Metern war sie so lang wie ein Kleinwagen – und auch fast so breit. Damit erreichte *Archelon* die doppelten Ausmaße unserer größten heutigen Chelonia, der Lederschildkröte, die mehr als eine halbe Tonne wiegt.

AUSDAUERNDER SCHWIMMER

Untersuchungen heutiger Meeresschildkröten zeigen, dass *Archelon* wohl nicht der allerschnellste Schwimmer war. Aber sicher konnte er eine konstante Geschwindigkeit über Stunden oder sogar Tage aufrechterhalten. Vielleicht zogen die Weibchen periodisch zu ihren bevorzugten Nistständen, um ihre Eier im warmen Sand abzulegen.

FENSTER IM PANZER

Der „Panzer" von Archelon *bestand aus Knochenstreben, die von einer dicken, ledrigen Haut überzogen waren. Die langen Finger und Zehen spreizten sich in die Flossen.*

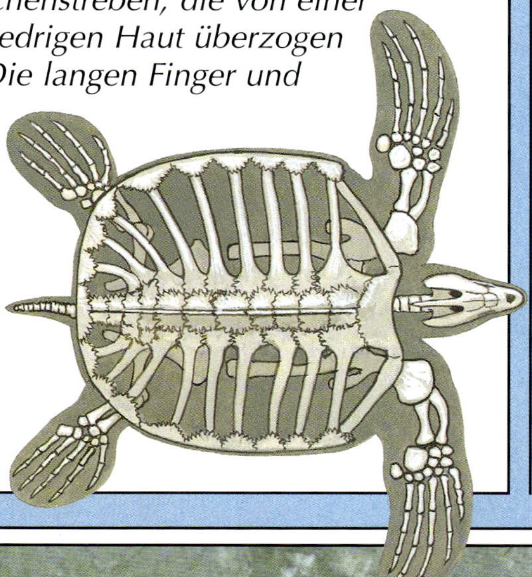

ZÄHER FEIND

Panzer und Flossen von *Archelon* waren von einer dicken, ledrigen Haut überzogen, die schwer zu durchbeißen und zu greifen war (die Haut unserer Lederschildkröte ist zäh wie ein Autoreifen!). Außerdem konnte sein papageienartiger Schnabel einen Angreifer schwer verletzen. Er war also keineswegs wehrlos.

Seine riesigen Vorderflossen waren so lang wie ein ausgewachsener Mensch. Sie sorgten für den Vortrieb. *Archelon* ruderte mit ihnen nicht, sondern bewegte sie auf und ab, sodass er durch das Wasser „flog" wie die Plesiosaurier, die heutigen Meeresschildkröten und Pinguine.

UNSICHTBARE MAHLZEIT

Wie unsere Lederschildkröte ernährte sich *Archelon* wohl überwiegend von Quallen, deren Brennhaare seinem horngeschützten Schnabel nichts anhaben konnten.

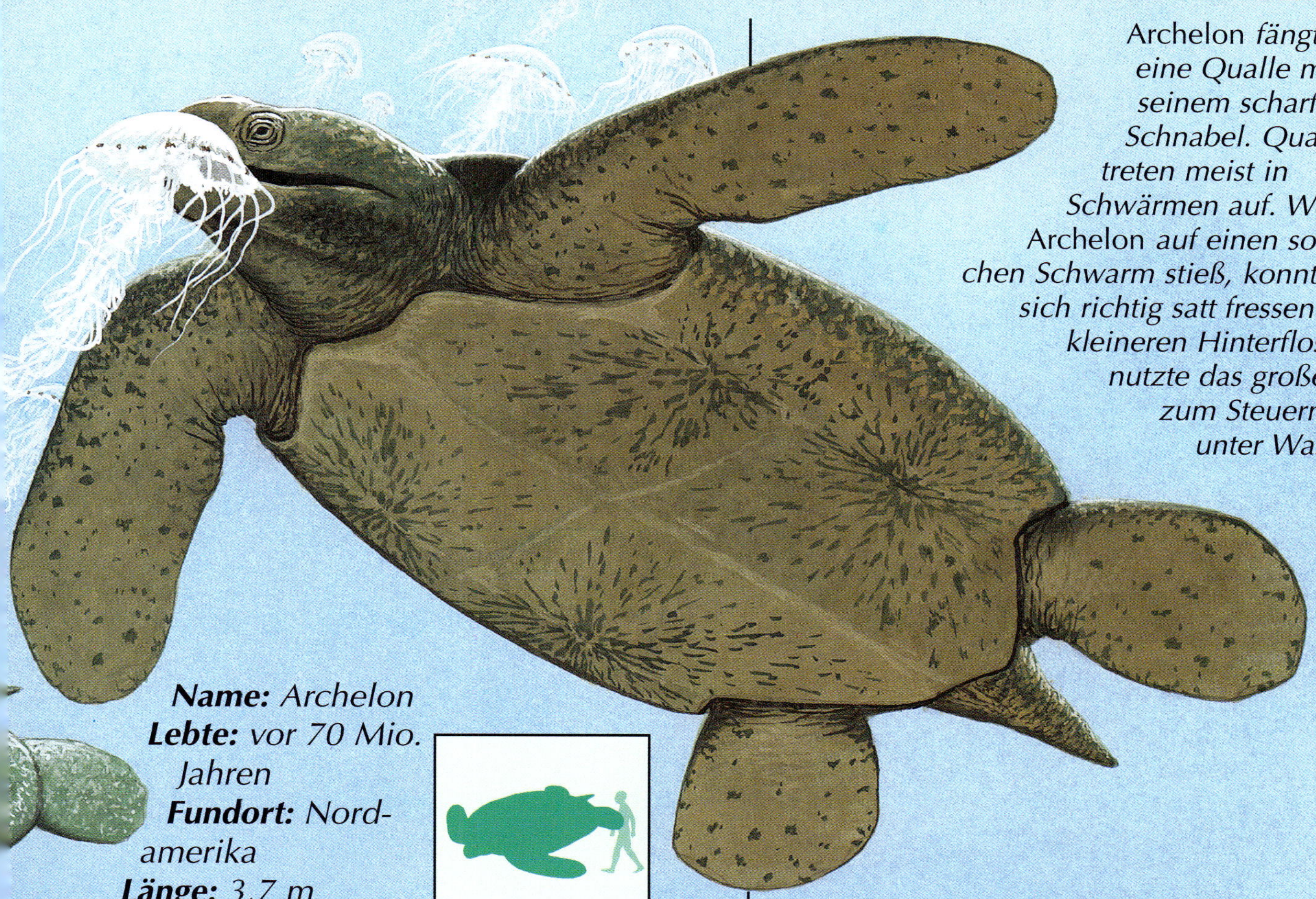

Archelon fängt eine Qualle mit seinem scharfen Schnabel. Quallen treten meist in Schwärmen auf. Wenn Archelon auf einen solchen Schwarm stieß, konnte er sich richtig satt fressen. Die kleineren Hinterflossen nutzte das große Tier zum Steuern unter Wasser.

Name: *Archelon*
Lebte: *vor 70 Mio. Jahren*
Fundort: *Nordamerika*
Länge: *3,7 m*
Nahrung: *Quallen*

BETT IM SAND

Einige unserer Meeresschildkröten ruhen für Stunden oder Tage ununterbrochen auf dem Meeresgrund. Ihre Körperfunktionen verlangsamen sich dabei so sehr, dass ein tiefer Atemzug mehrere Stunden dauern kann. Diese Form des „Winterschlafs“ hilft dem Tier über zu kaltes Wetter oder Zeiten der Nahrungsknappheit hinweg. Vermutlich ruhte auch *Archelon* im flachen Wasser auf dem Grund und kam nur wenige Male pro Tag an die Oberfläche, um Luft zu holen, bevor er wieder in Schlaf sank.

DER SCHÄDEL

Der Schädel einer Meeresschildkröte besteht aus weniger Knochen als der der meisten anderen Reptilien. Der Oberkiefer von Archelon war länger als sein Unterkiefer und verlieh ihm einen „Überbiss“ wie ihn etwa ein Ara-Papagei hat.

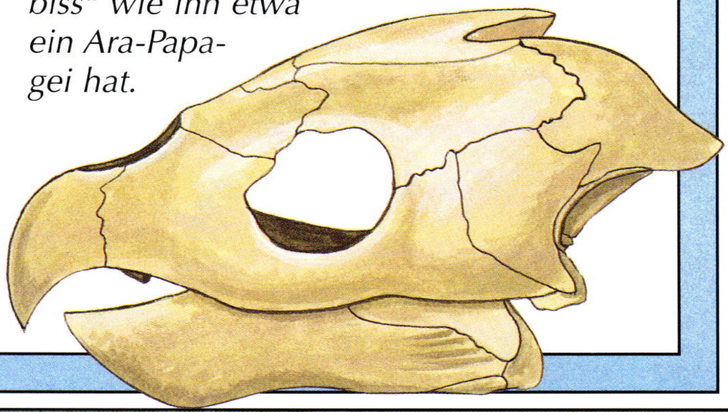

Alle hier vorgestellten Meeres-Reptilien, die Schildkröten ausgenommen, endeten wie die Dinosaurier – sie starben aus. Eine andere Gruppe von Meeresräubern hat sie alle überlebt. Diese perfekten Jäger lebten schon 150 Millionen Jahre vor den Dinosauriern und sind heute die gefürchtetsten Räuber der Meere. Dabei handelt es sich nicht um Reptilien, sondern um Fische: die Haie.

HYBODUS

Perm bis Kreide, vor 245–65 Mio. Jahren
weltweit
2 m lang

Hybodus war eines der weitest verbreiteten und langlebigsten aller Wirbeltiere. Seine Überreste finden sich in aller Welt und in Funden aus dem gesamten Zeitalter der Dinosaurier sowie den 20 Millionen Jahren davor. *Hybodus* ähnelte dem heutigen Blauhai und war wie er ein schneller, eleganter Jäger. Er konnte seine Beute mit seinen scharfen Vorderzähnen greifen und ihre Schalen oder Knochen mit den dahinter gelegenen, stumpferen Zähnen zermahlen.

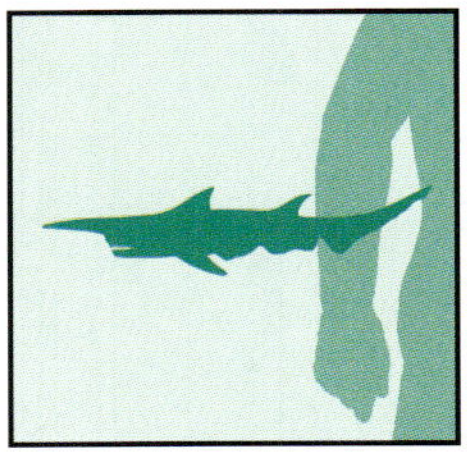

SCAPANORHYNCHUS

Kreide, vor
100 Mio. Jahren
weltweit
50 cm lang

Die Haie haben sich seit ihrem ersten Auftreten im Devon nur langsam verändert. Der kleine *Scapanorhynchus* war der erste einer „neuen Art", mit der sich Haie ihren heutigen Nachfahren annäherten. Im Vergleich zu früheren Familienmitgliedern besaß er ein kräftigeres Skelett, ein größeres Gehirn und schärfere Sinne sowie Kiefer, die sich für größere Beute weit öffnen konnten. Die Funktion seiner schwertförmigen Schnauze bleibt allerdings ein Geheimnis.

ZÄHNE

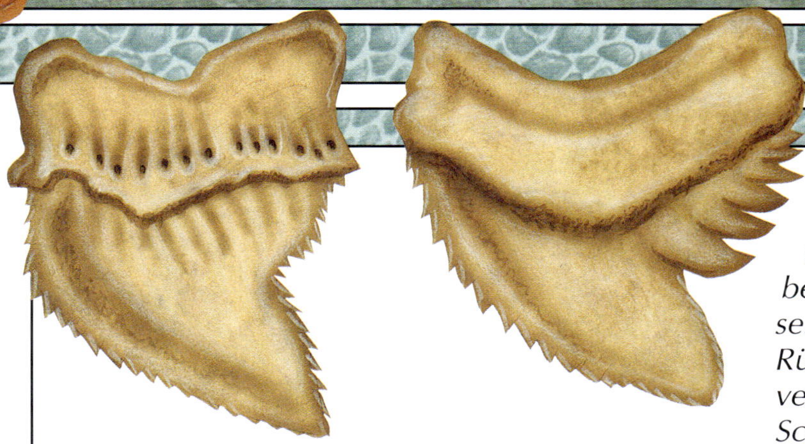

Versteinerter Zahn eines Ur-Hais

Zahn eines heutigen Tigerhais

Haie hinterlassen keine aussagekräftigen Fossilien, weil sie fast keine Knochen haben, denn ihr Skelett besteht hauptsächlich aus Knorpelmasse. Nur wenige Skelettteile wie die Rückenwirbel sind mit Knochenmaterial verstärkt und können versteinern. Auch Schuppen und Zähne bleiben erhalten. Letztere waren dünn und scharf und mit Sägekanten versehen.

CRETOXYRHINA

Kreide, vor 70 Mio. Jahren
Nordamerika
5,4 m lang

Haie wie *Cretoxyrhina* waren ernste Konkurrenten der Mosasaurier, Pliosaurier und Krokodile beim Kampf um die Position des führenden Jägers in den Meeren der Kreidezeit.

Dieser stromlinienförmige Schwimmer war der Weiße Hai seiner Zeit. Er konnte seiner Beute mit hoher Geschwindigkeit nachstellen und sich große Fleischstücke herausbeißen. Allerdings jagte er noch keine Meeressäuger – die entwickelten sich erst später –, sondern Fische und Reptilien.

LEBEND UND TOT

Von unseren heutigen Haien sind einige aktive Jäger, während andere Aas fressen oder nach Schalentieren im Meeresboden graben – wie im Zeitalter der Dinosaurier. Aasfresser wie Squalicorax *bissen zu und schwenkten dann den Kopf hin und her, um das Fleisch von toten und sterbenden Fischen und Meeresreptilien herauszureißen.*

KAPITEL ACHT

DIE WELT DER DINOSAURIER

ERDGESCHICHTE

Schon 150 Millionen Jahre vor den Dinosauriern hatten sich die ersten Lebewesen aus dem Meer an Land gewagt. Und Millionen Jahre davor waren die Meere bereits von zahllosen Tierarten bevölkert, darunter Quallen und Haie. Geht man noch weitere zwei Milliarden Jahre zurück, stößt man in den Urozeanen auf die ersten winzigen Organismen, die unseren heutigen Bakterien ähnelten.

ÄREN UND PERIODEN

Die Erdgeschichte wird in drei Äonen, der letzte Äon in drei Ären und jede Ära in mehrere Perioden unterteilt. Die drei Ären sind rechts mit ihren Perioden aufgelistet. Die Dinosaurier lebten im Erdmittelalter oder Mesozoikum.

DIE ZEITBESTIMMUNG

Die Einteilung der Erdgeschichte erfolgte danach, welche Gesteine sich in einem Zeitabschnitt bildeten und welche typischen Fossilien sie enthalten. Veränderungen in den Gesteinsarten markieren, verbunden mit neuen Fossilien, die Übergänge zwischen den Zeitaltern.

KÄNOZOIKUM (Erdneuzeit)	QUARTÄR	***HOLOZÄN (0,01–HEUTE)***	*Gut dokumentierte Geschichte*
		PLEISTOZÄN (2–0,01)	*Die ersten Menschen*
		TERTIÄR (65–2)	*Siegeszug der Säugetiere und Vögel*
MESOZOIKUM (Erdmittelalter)		***KREIDEZEIT (KREIDE) (144–65)***	*Die letzten Dinosaurier*
		JURA (206–144)	*Die Blütezeit der Dinosaurier*
		TRIAS (250–206)	*Reptilien und die ersten Dinosaurier*
PALÄOZOIKUM (Erdaltertum)		***PERM (286–250)***	*Säugerähnliche Reptilien*
		KARBON (360–286)	*Amphibien und die ersten Reptilien*
		DEVON (408–360)	*Die ersten Amphibien an Land*
		SILUR (438–408)	*Die Pflanzen breiten sich aufs Land aus.*

**Alle Zahlen bedeuten „vor x Millionen Jahren"*

DIE JUNGE ERDE

Unser Erde entstand vor etwa 4,6 Milliarden Jahren und blieb lange unwirtlich. Aus gewaltigen Stürmen ergoss sich endloser Regen und schossen kolossale Blitze. Vulkane explodierten und entluden rot glühendes Gestein. Nur langsam kühlte sich der Planet ab. Vor etwa drei Milliarden Jahren trieben mikroskopisch kleine Organismen in den frühen Ozeanen. Die Entwicklung des Lebens hatte begonnen.

DIE KONTINENTALDRIFT

Seit Jahrmillionen treiben die Landmassen der Erde, die Kontinente, langsam um den Globus. In der Trias, als die Dinosaurier auftraten (1), waren die Kontinente in einem einzigen Superkontinent namens Pangäa vereint. Er brach während des Jura auseinander (2). Zur Kreidezeit (3) ähnelte die Erde schon der, die wir kennen (4). Diese Vorgänge wirkten sich darauf aus, welche Dinosaurier wo auf der Erde lebten.

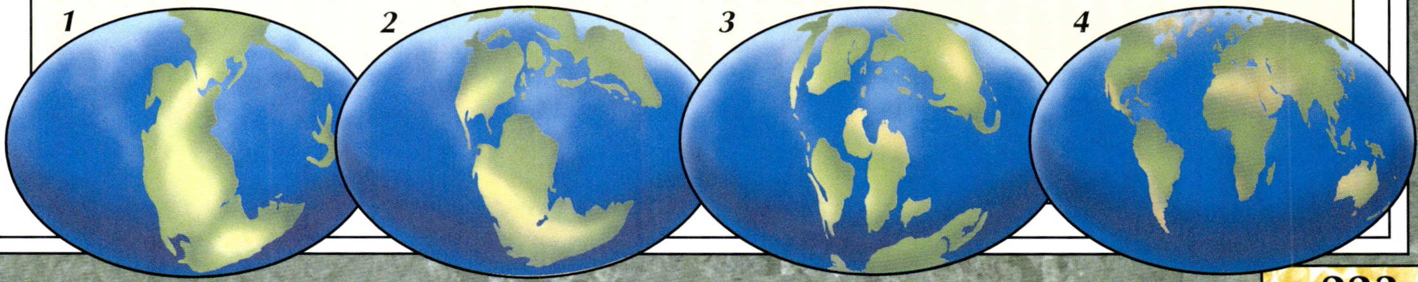

DIE TRIAS

Die ersten Dinosaurier-Fossilien fand man in Gesteinen aus der Mittleren Trias vor 230 Millionen Jahren. Die Welt sah damals völlig anders aus als heute. Ein wärmeres und trockeneres Klima machte riesige Landflächen zu Wüsten mit zähen, strauchigen Pflanzen und nur wenigen Bäumen.

Das Zentrum des triassischen Superkontinents war weit vom Meer entfernt. Der Wind blies die dünne Erdkrume von den nackten Felsplateaus – große Wüsten entstanden.

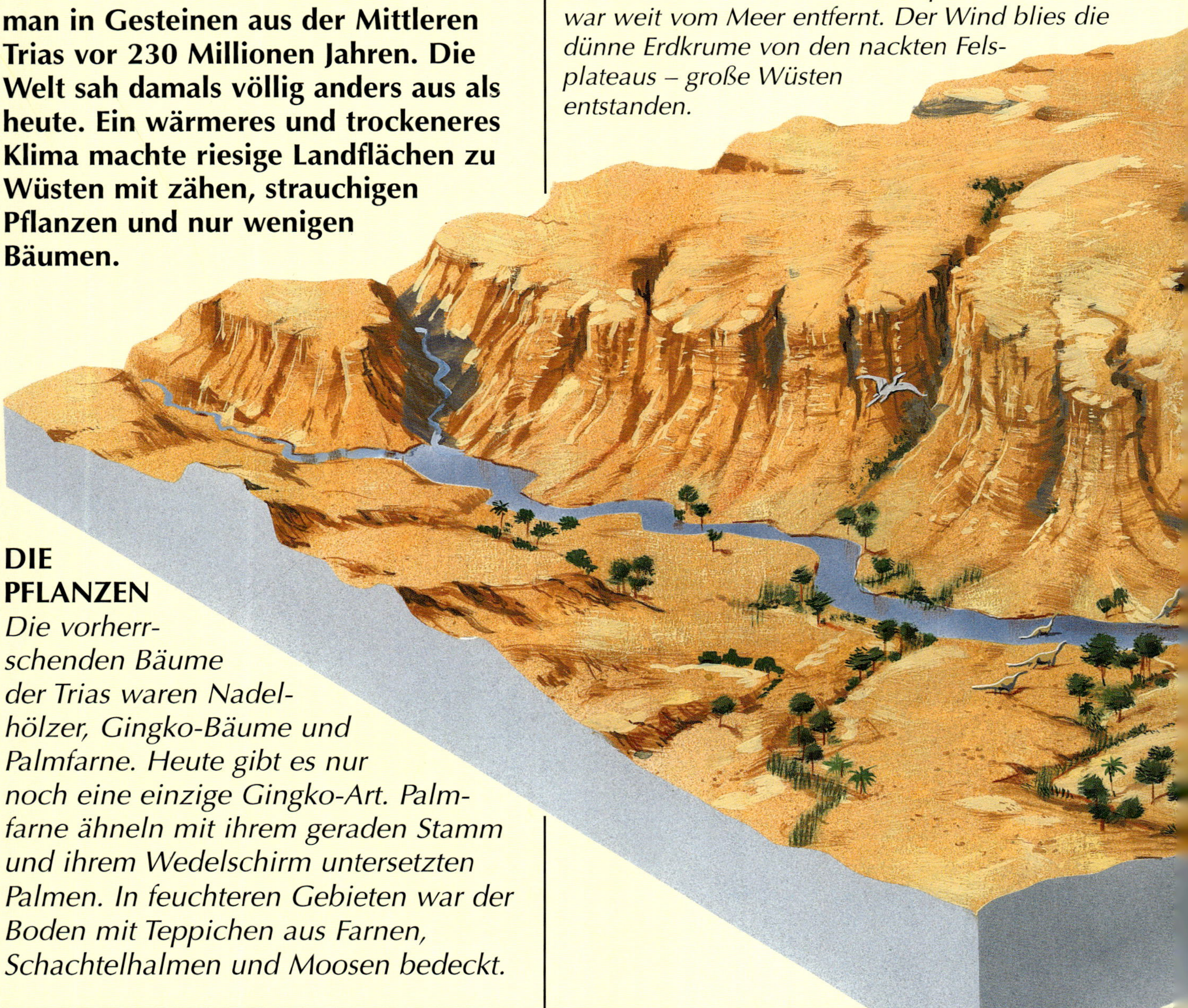

DIE PFLANZEN

Die vorherrschenden Bäume der Trias waren Nadelhölzer, Gingko-Bäume und Palmfarne. Heute gibt es nur noch eine einzige Gingko-Art. Palmfarne ähneln mit ihrem geraden Stamm und ihrem Wedelschirm untersetzten Palmen. In feuchteren Gebieten war der Boden mit Teppichen aus Farnen, Schachtelhalmen und Moosen bedeckt.

EVOLUTIONSTRENDS IN DER TRIAS

Die frühesten Dinosaurier wie der kleine Eoraptor *und der größere* Herrerasaurus *waren Fleischfresser. Pflanzen fressende Prosauropoden mit kleinen Köpfen, langen Hälsen und fassförmigen Körpern traten in Erscheinung. Sie wurden schnell größer, wogen bald eine Tonne oder mehr und konnten ihre vegetabile Nahrung in drei oder vier Metern Höhe erreichen. Die ersten Pterosaurier flatterten durch die Lüfte.*

In der Trias gab es keine Klimazonen wie wir sie kennen. Die Pole waren eisfrei. Pangäa trieb in Richtung Nordpol, der Südpol lag im offenen Meer. Die Temperaturen waren mild bis heiß, und Regen fiel selten.

In den Tälern flossen selbst in der Regenzeit nur kleine Flüsse, deren Betten über das Jahr meist ausgetrocknet waren.

DIE WELTKARTE DER TRIAS

Alle Kontinente waren im Superkontinent Pangäa vereint, der von einem riesigen Ozean namens Panthalassa umgeben war. Allerdings begann das Thetys-Meer bereits, Pangäa in zwei Hälften zu teilen.

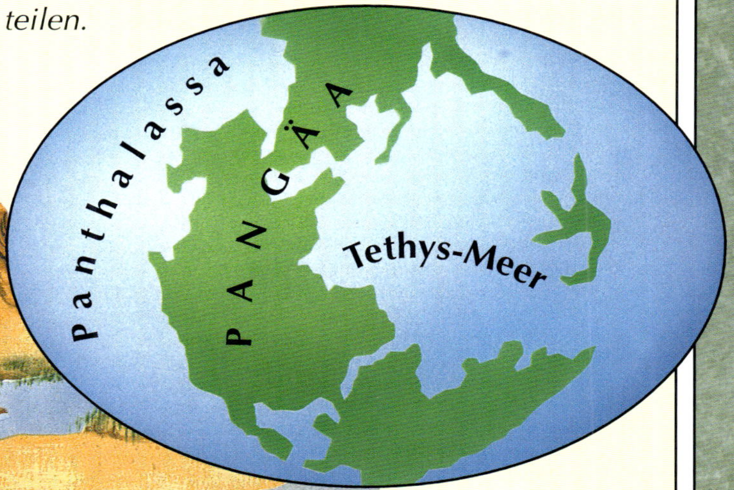

TIERE DER TRIAS

Neben den ersten Dinosauriern hatten in der Trias viele Reptilienarten eine Blütezeit. Dazu zählten die Pflanzen fressenden Rhynchosaurier und die hundeartigen Cynodonten. Frühe Krokodile krochen übers Land, in den Seen und Meeren schwammen Schildkröten. Auch die ersten winzigen Säugetiere entstanden.

DER JURA

Als die Trias vor 200 Millionen Jahren dem Jura wich, begann sich das Klima zu verändern. Weltweit kühlten die Temperaturen ab, auch wenn es nach heutigen Maßstäben noch immer warm war. Die Regenfälle nahmen zu und brachten Fruchtbarkeit in Dürreregionen. Die Dinosaurier erreichten ihre maximale Größe.

Durch das Auseinanderbrechen der Kontinente befanden sich nun einige Regionen näher am Meer, sodass feuchte Winde Regen ins Landesinnere bringen konnten. Dadurch verbreiteten sich die Wälder aus den Tälern bis in die Hochlande.

DIE PFLANZEN

Im Verlauf des Jura eroberten Pflanzen die früheren Wüstenregionen. Vorherrschende Bäume waren Nadelhölzer – Verwandte der heutigen Kiefern und Tannen – sowie Palmfarne und hohe Baumfarne. Zur niederen Vegetation zählten Lebermoos, Moose und vor allem Bärlapp, Farne und Schachtelhalme.

EVOLUTIONSTRENDS IM JURA

Durch den verstärkten Pflanzenwuchs in Form hoch aufragender Bäume und niedriger Bodendecker fanden die Herbivoren reichlich Nahrung. Die größten aller Dinosaurier, die gigantischen Sauropoden, erreichten ihre maximale Größe im Oberen Jura. Sie zogen, verfolgt von den größten Beutegreifern ihrer Zeit, z.B. Allosaurus, in großen Herden über das Land. Ebenfalls weit verbreitet waren die Stegosaurier. Und auch die Herrscher der Lüfte, die Pterosaurier, wurden langsam größer.

Im Tiefland bildeten sich riesige Sümpfe und Moore, ähnlich den „Kohlewäldern" des Karbon 150 Millionen Jahre zuvor. Das Klima war weltweit nahezu gleich. Lange, milde Regenzeiten wurden nur selten von kurzen Trockenperioden unterbrochen, in denen die Gewässer nur wenig schwanden.

Zahlreiche Flüsse und Seen beherbergten Fische – willkommene Nahrung für einige Dinosaurier.

DIE WELTKARTE IM JURA

Pangäa zerbrach in zwei große Landmassen. Gondwana im Süden bestand aus dem heutigen Südamerika, Afrika, Australien, Indien und der Antarktis. Die restlichen Kontinente waren in Laurasia vereint.

TIERE IM JURA

Zu Beginn des Jura existierten zahlreiche säugerähnliche Reptilien. Aber bald übernahmen die Dinosaurier die Herrschaft. Kleinere Reptilien waren die Echsen und Dinosaurier wie Compsognathus. *Ihre Zeitgenossen waren nach wie vor Insekten, Würmer, Schnecken und Spinnen. Außerdem traten die ersten Vögel auf.*

DIE KREIDEZEIT

Mit 80 Millionen Jahren war die Kreidezeit die längste Periode des Erdmittelalters. In ihr begannen sich die Klimazonen, die wir kennen, abzuzeichnen: mit kälterem Klima an den Polen und wärmerem am Äquator, wo sich die ersten Regenwälder bildeten.

Die Kreidezeit war eine der aktivsten Gebirgsbildungsperioden der Erdgeschichte. Lava und Dampf strömten aus den Vulkanen, die driftenden Erdteile sorgten für massive Verwerfungen in der oberen Erdkruste.

DIE PFLANZEN

In der Mittleren Kreidezeit erlebte die Pflanzenwelt eine folgenreiche Veränderung: Die ersten Blütenpflanzen erschienen – Vorläufer aller Kräuter, Blumen und breitblättrigen Bäume, die wir kennen. Die ersten dieser Bäume waren Magnolie, Ahorn, Eiche und Walnuss. Sie besiedelten Regionen, in denen zuvor Nadelhölzer vorgeherrscht hatten.

EVOLUTIONSTRENDS DER KREIDEZEIT

Die Dinosaurier diversifizierten sich in der Kreidezeit erheblich, da sie sich nun in isolierten Gruppen auf getrennten Kontinenten entwickelten. Auf Ornithopoden wie Iguanodon folgten die entenschnäbeligen Hadrosaurier. Daneben erschienen gepanzerte Ankylosaurier sowie, später, gehörnte Ceratopsia wie Triceratops. Andere Reptilgruppen der Oberen Kreidezeit waren die Straußen-Dinosaurier und die rundköpfigen Pachycephalosaurier. Der beherrschende Fleischfresser war Tyrannosaurus.

Die Jahreszeiten prägten sich in der Kreidezeit weiter aus. In den Tropen wechselten sich Regen- und Trockenzeiten ab. Es war generell noch immer warm, doch die Regenfälle fielen geringer aus und die Wälder wurden lichter. Im fernen Norden und Süden bildeten sich deutliche Sommer und Winter.

Flache Meere bedeckten große Teile des heutigen Festlands – Lebensraum für Fische und Krustentiere.

DIE WELTKARTE DER KREIDEZEIT

Die beiden Landmassen Laurasia und Gondwana zerbrachen in unsere heutigen Kontinente. Der Atlantik verbreiterte sich, als die beiden Amerikas von Europa und Afrika forttrieben.

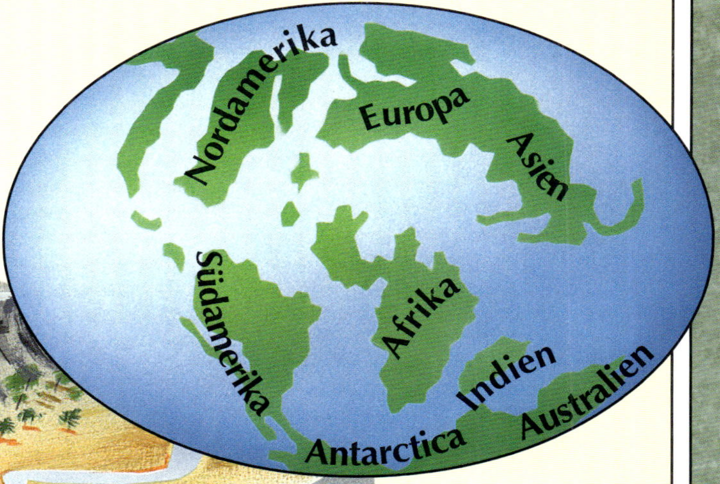

TIERE DER KREIDEZEIT

Neben den zahlreichen Dinosaurierarten erlebten auch andere Reptilien eine Blütezeit: Krokodile, Schildkröten, Echsen und erste Schlangen. Die frühen Vögel wurden vielgestaltiger, mussten sich aber bald den Himmel mit den Riesen-Pterosauriern teilen. Die Säugetiere waren immer noch klein und spielten eine untergeordnete Rolle.

DINOSAURIER-SKELETTE

Die meisten Dinosaurier-Fossilien überliefern uns nur einzelne Knochen. In ganz seltenen Fällen findet man ein vollständiges Skelett, noch seltener befinden sich alle Teile in der ursprünglichen Position. Ein typisches Dinosaurier-Skelett ähnelt weitgehend dem anderer Reptilien und Vierbeiner. Aber die Dinosaurier entwickelten auch charakteristische Merkmale, besonders bei ihren Kiefern, Schädeln, Becken und Beinen. Anhand der Becken lassen sie sich in zwei Gruppen unterteilen – die Ornithischia und die Saurischia (Seite 234).

DAS HÜFTBEIN

Das Hüftbein oder Becken besteht aus drei Knochenpaaren. Bei Saurischia weist das Schambein nach vorne und unten, bei Ornithischia nach hinten.

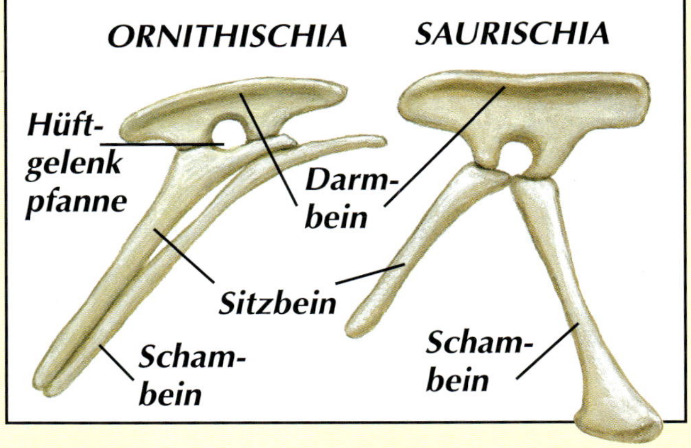

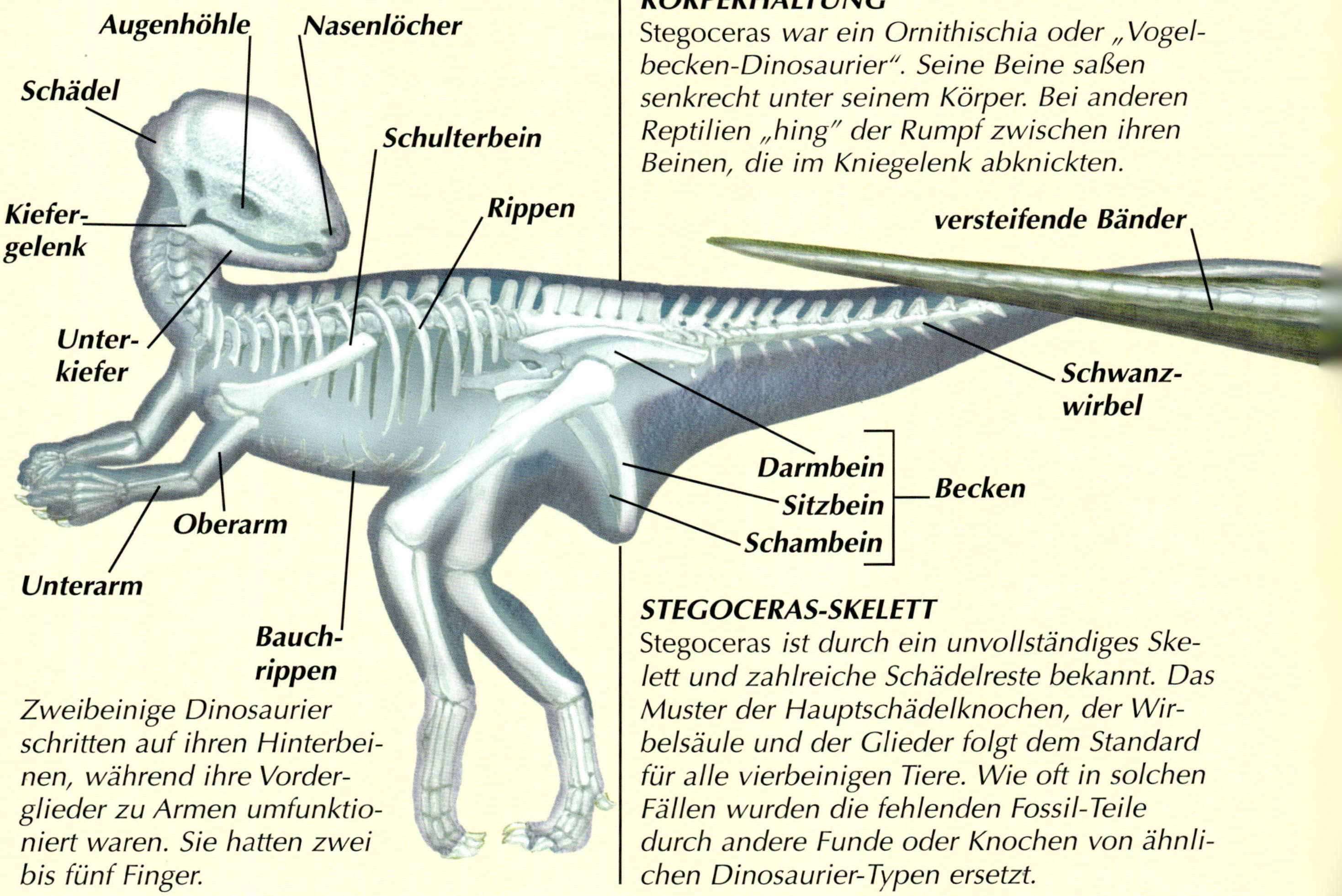

Zweibeinige Dinosaurier schritten auf ihren Hinterbeinen, während ihre Vorderglieder zu Armen umfunktioniert waren. Sie hatten zwei bis fünf Finger.

KÖRPERHALTUNG

Stegoceras *war ein Ornithischia oder „Vogelbecken-Dinosaurier". Seine Beine saßen senkrecht unter seinem Körper. Bei anderen Reptilien „hing" der Rumpf zwischen ihren Beinen, die im Kniegelenk abknickten.*

STEGOCERAS-SKELETT

Stegoceras *ist durch ein unvollständiges Skelett und zahlreiche Schädelreste bekannt. Das Muster der Hauptschädelknochen, der Wirbelsäule und der Glieder folgt dem Standard für alle vierbeinigen Tiere. Wie oft in solchen Fällen wurden die fehlenden Fossil-Teile durch andere Funde oder Knochen von ähnlichen Dinosaurier-Typen ersetzt.*

IM KNOCHEN

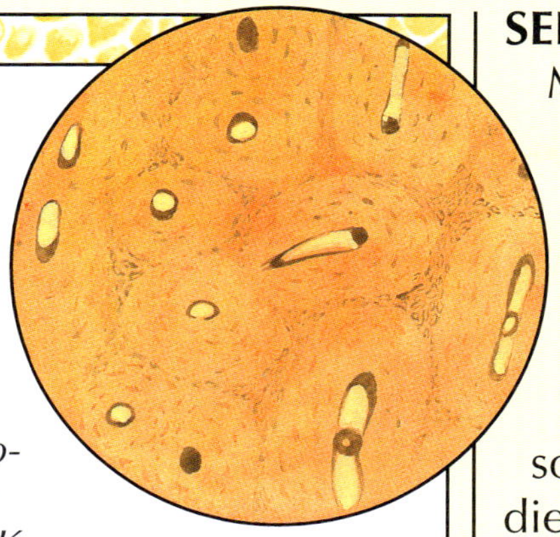

Bei einigen gut erhaltenen Fossilien kann man noch die interne Knochenstruktur erkennen. Sie gibt einen Hinweis darauf, ob der Dinosaurier warm- oder kaltblütig war. Die Knochenstruktur von Dinosauriern wie den Raptoren ähnelt derjenigen moderner Säugetiere, die, anders als die heutigen Reptilien, allesamt Warmblüter sind.

GELENKFORMEN

Deinonychus *war wie alle kleinen Fleischfresser ein Saurischia, ein „Echsenbecken- Dinosaurier". Die Knochenenden zeigen, ob Gelenke beweglich oder steif waren. Verstärkende knochige Bänder entlang des Schwanzes lassen darauf schließen, dass er starr war.*

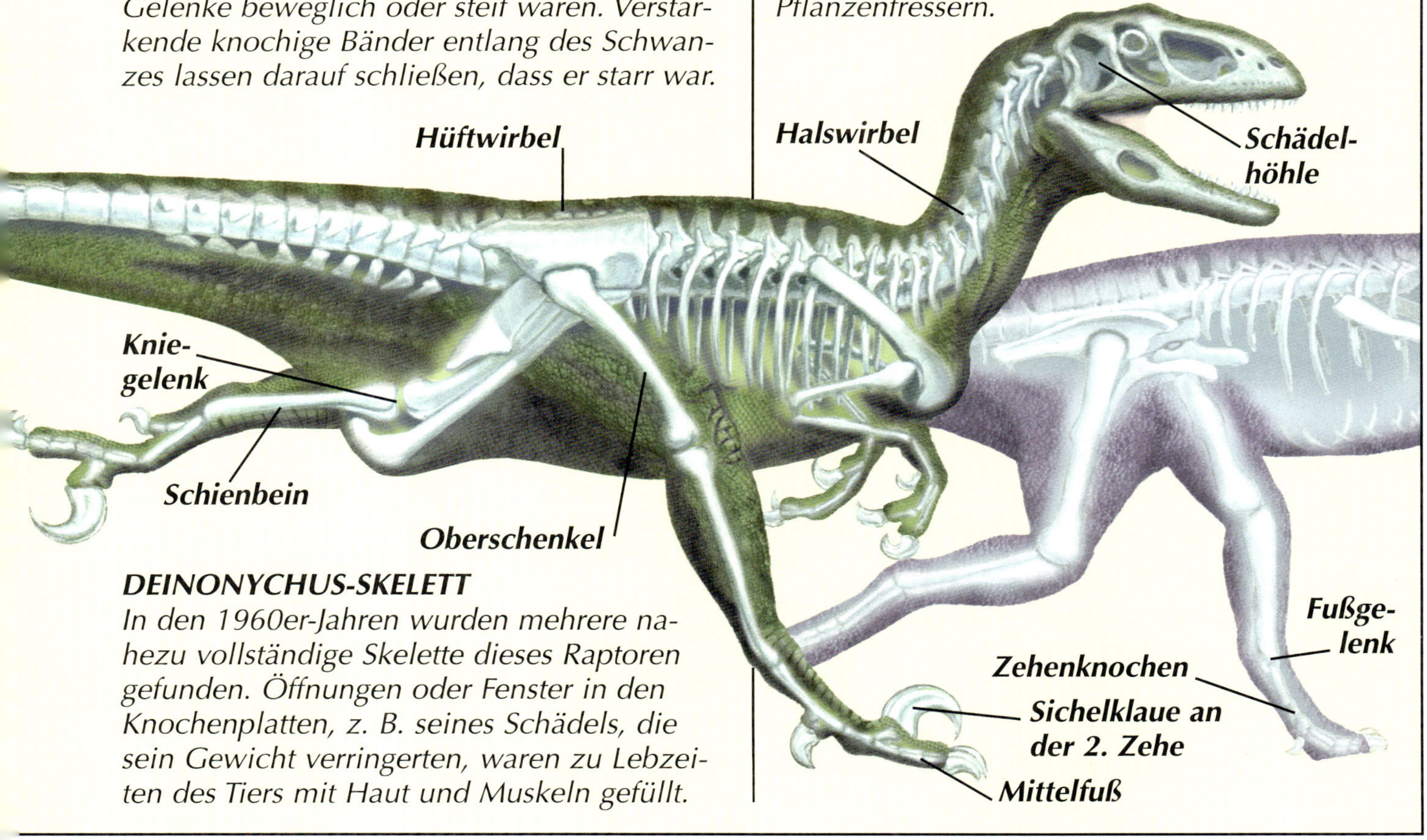

DEINONYCHUS-SKELETT

In den 1960er-Jahren wurden mehrere nahezu vollständige Skelette dieses Raptoren gefunden. Öffnungen oder Fenster in den Knochenplatten, z. B. seines Schädels, die sein Gewicht verringerten, waren zu Lebzeiten des Tiers mit Haut und Muskeln gefüllt.

SEHNEN

Muskeln sind an den Knochen mit seilartigen Sehnen befestigt. Sie verwesen für gewöhnlich vor der Versteinerung. Aber an stark beanspruchten Stellen sind sie durch Einlagerung von Knochenmaterial versteift. Wenn, dann fossilieren sie dort. An solchen Funden lässt sich erkennen, ob die benachbarten Gelenke eher steif als beweglich waren. So lassen verknöcherte Sehnen in den letzten zwei Dritteln des Schwanzes von *Deinonychus* den Schluss zu, dass er diesen Körperteil nur an der Wurzel bewegen konnte.

Aus der Größe der Schädelhöhle lässt sich auf die „Intelligenz" eines Dinosauriers schließen. Die Schädelhöhle des Deinonychus *war relativ groß, besonders im Vergleich zu den Pflanzenfressern.*

DINOSAURIER-MUSKELN UND -ORGANE

Fossilien von Dinosaurier-Knochen sind selten genug, aber erhaltene Weichteile sind noch seltener. Man fand kaum Überreste von Haut, und nur gelegentlich zeugt ein dunkler Ölfilm im Gestein vom Umriss eines Organs, etwa eines Magens. Die meisten Darstellungen von Weichteilen der Dinosaurier stützen sich darum auf Annahmen, denen lebende Tiere als „Modell" dienen – insbesondere die nächsten lebenden Verwandten der Dinosaurier, die Krokodile und Vögel. Spuren an den versteinerten Knochen zeigen, wo Muskeln befestigt waren, während Höhlungen darauf hinweisen, wo Nervenbahnen verliefen.

GEHIRNE

In seltenen Fällen ist bei einem Dinosaurier-Fossil die Schädelhöhle vollständig erhalten. Diesen Hohlraum kann man mit einer gummiartigen Masse ausgießen und erhält so einen detaillierten Abdruck der Schädelhöhle und der Oberfläche des Gehirns, das sich in ihr befand.

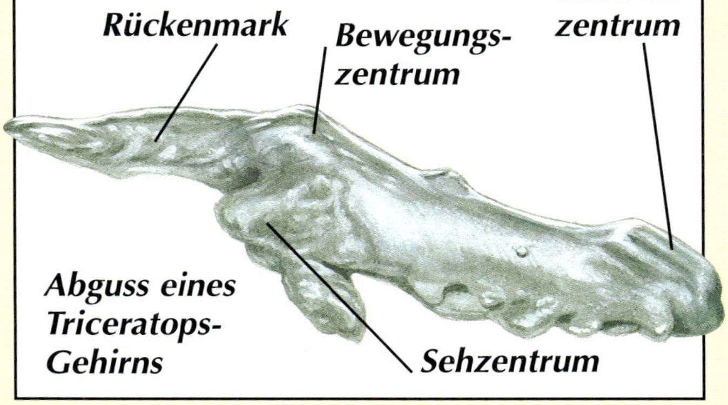

Abguss eines Triceratops-Gehirns

Die Anordnung der inneren Organe bei lebenden Reptilien wie Krokodilen, Echsen und Schildkröten dient als Modell für die Eingeweidekarte eines Dinosauriers.

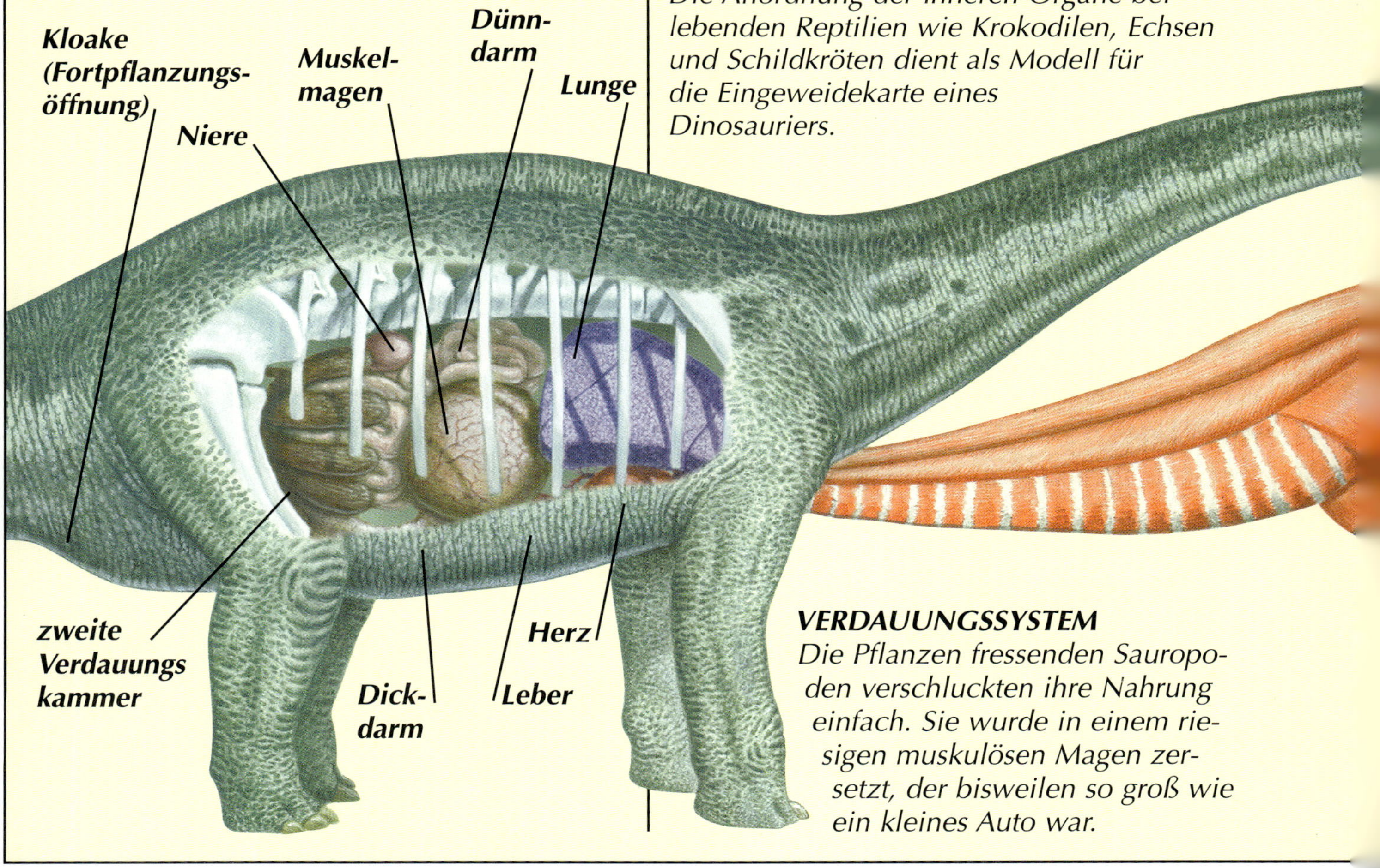

VERDAUUNGSSYSTEM

Die Pflanzen fressenden Sauropoden verschluckten ihre Nahrung einfach. Sie wurde in einem riesigen muskulösen Magen zersetzt, der bisweilen so groß wie ein kleines Auto war.

MUSKELNARBEN

Muskelnarben sind nicht die Spuren verheilter Verletzungen, sondern Folgen der Muskelaufhängung am Knochen. Sie zeigen sich bei den Dinosaurier-Knochen an den gleichen Stellen wie bei den Knochen moderner Reptilien.

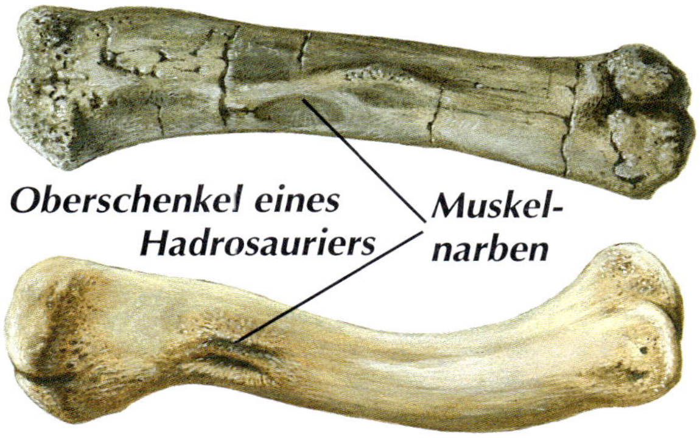

Oberschenkel eines heutigen Krokodils

MUSKELNAMEN

Muskeln werden nach ihrer Form benannt, z. B. Deltamuskel, oder nach den Knochen, an denen sie aufgehängt sind, wie der Oberschenkel-Schienbein-Muskel.

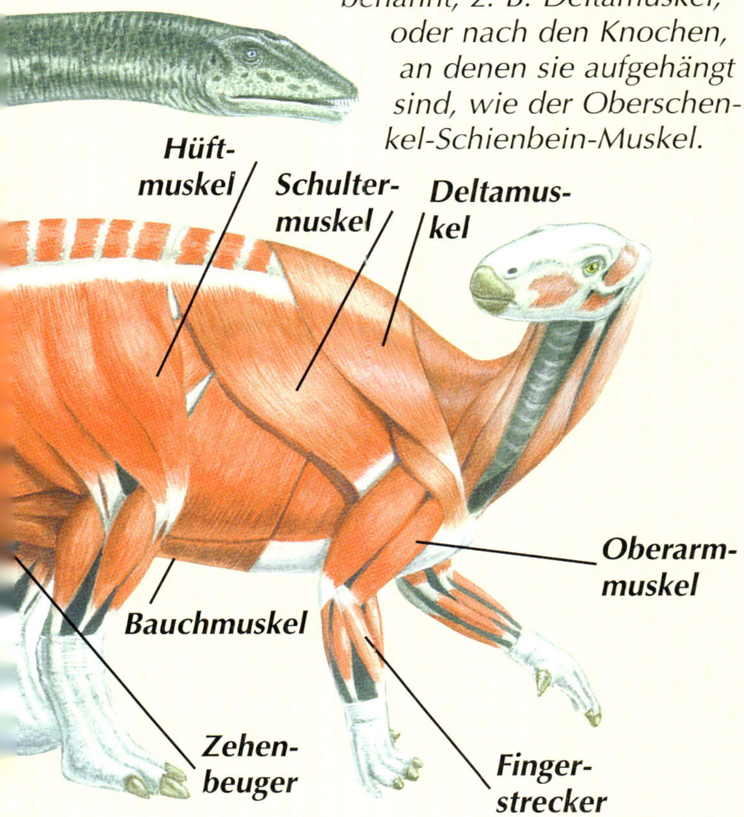

WAS MUSKELN SAGEN

Die meisten Knochen lebender Tiere weisen kleine Vorsprünge, Leisten oder aufgeraute Stellen (kurz „Narben“) dort auf, wo die Muskeln, die sie bewegen, aufgehängt sind. Diese Narben zeigen sich manchmal auch auf versteinerten Knochen. Die Forscher können daraus schließen, welche Muskeln bei dem lebenden Dinosaurier gut entwickelt waren und welche Bewegungen er mit ihnen mühelos und mit voller Kraft ausführen konnte. Einige Knochen zeigen auch Spuren verheilter Brüche, die vom erfolgreichen Überlebenskampf des jeweiligen Tiers zeugen.

DINOSAURIERNAMEN

Viele Dinosaurier sind nach ihren auffälligsten Merkmalen benannt.

acro – oben
allo – seltsam
alti – hoch
brachio – Arm
brachy – kurz
cera – gehörnt
cheirus – Hand
coelo – hohl
compso – hübsch
corytho – Helm
derm – Haut
di – zwei
diplo – doppelt
echino – dornig
elaphro – leicht
hetero – verschieden
hypsi – hoch
lepto – schlank
lopho – Kamm
mega – riesig
micro – klein
odon(t) – Zahn
ophthalmo – Auge
ornitho – Vogel
pachy – dick
physis – Körper
plateo – flach
pod, pus, pes – Fuß
poly – viel
ptero – geflügelt
quadri – vier
raptor – Dieb
rhino – Nase
salto – springend
saurus – Echse
stego – überdacht
thero – Biest
tops – Kopf, Gesicht
tri – drei
tyranno – Tyrann
veloci – schnell

STAMMBAUM DER DINOSAURIER

Im Zeitalter der Dinosaurier hat sich wiederholt eine Gruppe fortentwickelt und damit eine neue begründet. Klärt man diese Verwandtschaftsverhältnisse, ergibt sich ein aussagekräftiger Evolutionsstammbaum. Zu jeder Hauptgruppe gehören dabei mehrere kleinere Untergruppen oder Familien.

CERATOPSIA
Ceratopsidae
Protoceratopsidae
Psittacosauridar
„Horngesichter"

Styracosaurus

PACHYCEPHALOSAURIA
Pachycephalosauridae
Homalocephalidae
Chaoyangosauridae
„Dickschädel"

Goyocephale

ORNITHOPODA
Lambeosauridae
Hadrosauridae
Iguanodontidae
Camptosauridae
Dryosauridae
Hypsilophodontidae
Heterodontosauridae
„Vogelfüße"

Dryosaurus

Kentrosaurus

STEGOSAURIA
Stegosauridae
Huayango-sauridae
„Dach-Echsen"

ANKYLOSAURIA
(Scelidosauridae)
Ankylosauridae
Nodosauridae
„Steife Echsen"

Euoplocephalus

ORNITHISCHIA

Die Dinosaurier auf dieser Buchseite waren „Vogelbecken-Dinosaurier" aus der Ordnung der Ornithischia. Sie wurden aufgrund ihrer Beckenstruktur zusammengefasst. Nach heutiger Kenntnis waren alle Ornithischia Pflanzenfresser, viele von ihnen bewegten sich auf allen Vieren fort. In unserer Illustration stellt jeder grüne Kasten eine Sub-Ordnung dar. Zu jeder von ihnen zählten eine oder mehrere Dinosaurier-Familien – ihre Namen enden auf -idae.

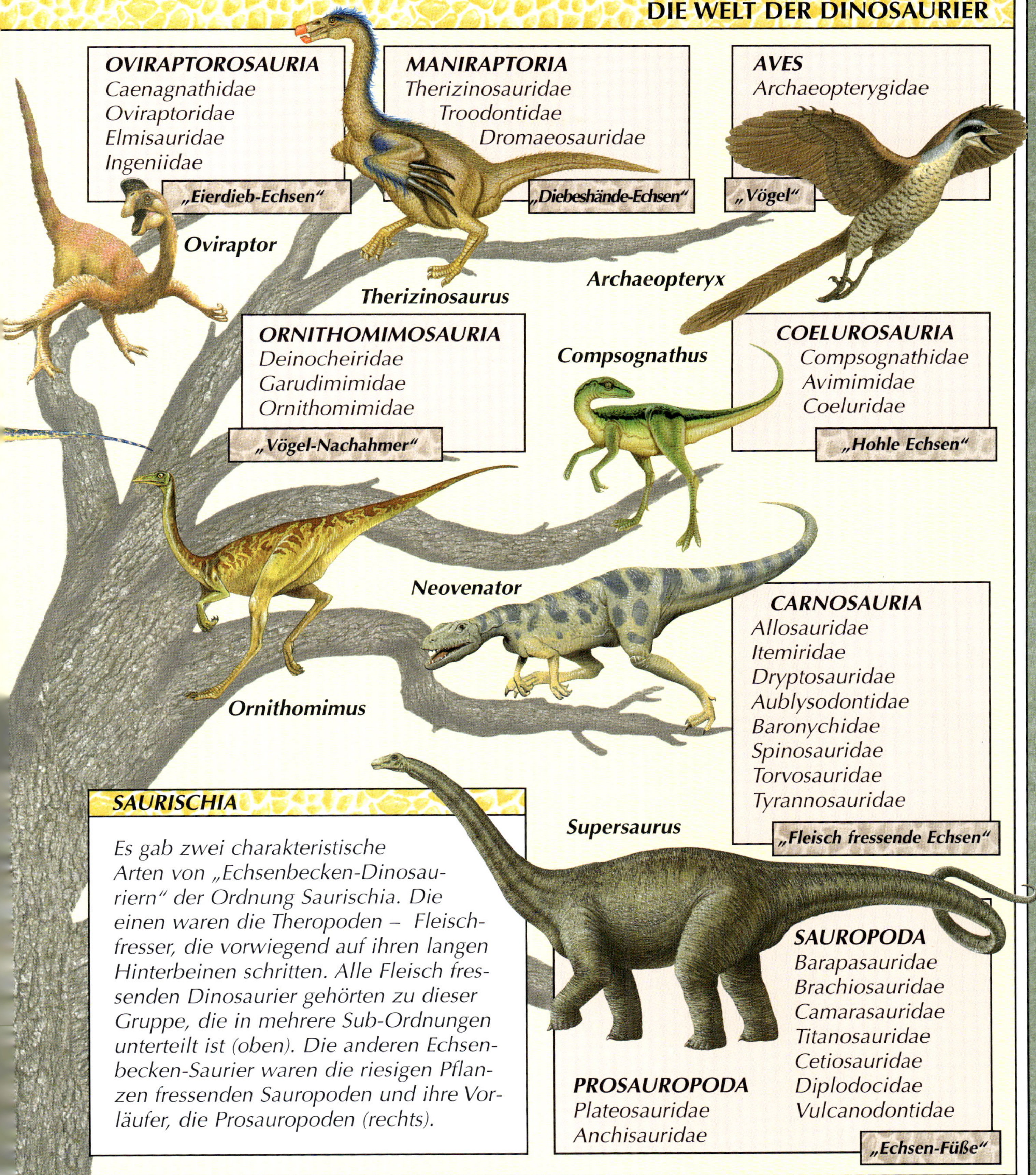

OVIRAPTOROSAURIA
Caenagnathidae
Oviraptoridae
Elmisauridae
Ingeniidae
„Eierdieb-Echsen“

MANIRAPTORIA
Therizinosauridae
Troodontidae
Dromaeosauridae
„Diebeshände-Echsen“

AVES
Archaeopterygidae
„Vögel“

ORNITHOMIMOSAURIA
Deinocheiridae
Garudimimidae
Ornithomimidae
„Vögel-Nachahmer“

COELUROSAURIA
Compsognathidae
Avimimidae
Coeluridae
„Hohle Echsen“

CARNOSAURIA
Allosauridae
Itemiridae
Dryptosauridae
Aublysodontidae
Baronychidae
Spinosauridae
Torvosauridae
Tyrannosauridae
„Fleisch fressende Echsen“

SAURISCHIA

Es gab zwei charakteristische Arten von „Echsenbecken-Dinosauriern“ der Ordnung Saurischia. Die einen waren die Theropoden – Fleischfresser, die vorwiegend auf ihren langen Hinterbeinen schritten. Alle Fleisch fressenden Dinosaurier gehörten zu dieser Gruppe, die in mehrere Sub-Ordnungen unterteilt ist (oben). Die anderen Echsenbecken-Saurier waren die riesigen Pflanzen fressenden Sauropoden und ihre Vorläufer, die Prosauropoden (rechts).

SAUROPODA
Barapasauridae
Brachiosauridae
Camarasauridae
Titanosauridae
Cetiosauridae
Diplodocidae
Vulcanodontidae

PROSAUROPODA
Plateosauridae
Anchisauridae
„Echsen-Füße“

WIE FOSSILIEN ENTSTEHEN

Fossilien sind versteinerte Überreste längst verstorbener Lebewesen – ein Dinosaurier-„Knochen" ist also gar kein Knochen, sondern seine steinerne Abbildung. Nur die wenigsten Lebewesen blieben durch Fossilien erhalten, und von diesen sind die meisten längst auf natürliche Weise wieder zerfallen. Darum sind Fossilienfunde äußerst selten und zugleich ungemein wertvoll.

WER HINTERLIESS FOSSILIEN?

Nicht nur Dinosaurier, sondern viele Lebewesen hinterließen Fossilien: Insekten, Pflanzen, sogar Mikroben. Die härtesten Teile eines Organismus erhalten sich am längsten, und nur sie haben in der Regel eine Chance, zu versteinern: Knochen, Zähne, Borke, Samen, Zapfen usw. Wasserbewohner wie die Ammoniten wurden von Sand bedeckt und versteinerten wie Landtiere.

Ammonit

KNOCHEN ZU STEIN

Die Versteinerung hängt von Zufällen ab. Das betreffende Lebewesen darf nicht völlig verzehrt werden oder verrotten. Zudem müssen seine Überreste bald von Sedimenten – Schlamm, Schlick oder Sand – bedeckt werden. Verbacken dann noch Mineralien diese Partikel zu solidem Stein, ensteht ein Fossil, das die Überreste des Kadavers birgt.

Heterodontosaurus-Schädel

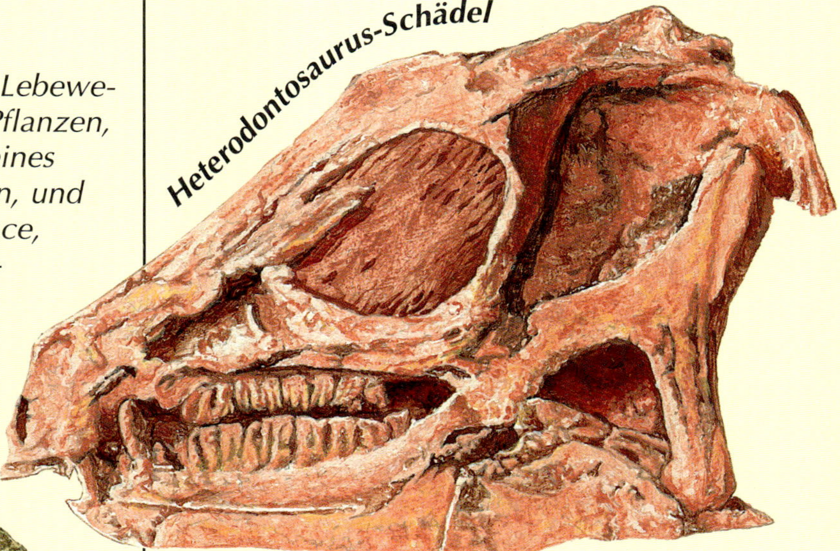

Tyrannosaurus-Zahn

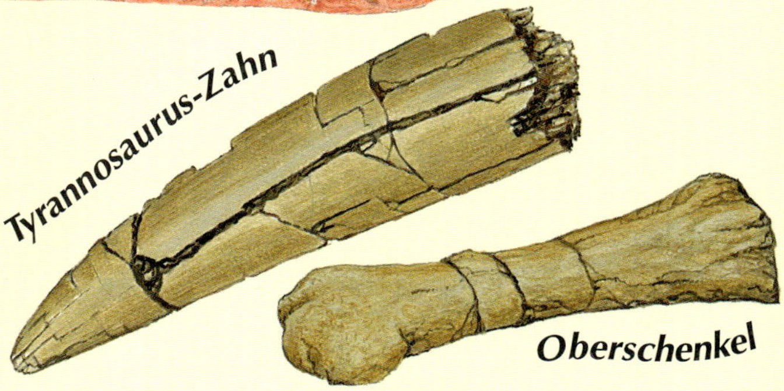

Oberschenkel

ABDRÜCKE UND FORMEN

Bei einem „Formfossil" wird ein Körperteil von Sedimenten bedeckt, die sich zu Stein verfestigen. Der Körperteil zerfällt mit der Zeit und hinterlässt im Stein einen Hohlraum, der seine äußere Form als Spiegelbild zeigt. Bei einem „Abdruckfossil" wird dieser Hohlraum mit Wasser und Mineralien gefüllt, die in ihm einen neuen Stein in Form des Originals bilden.

Ein toter Dinosaurier wird in einen Fluss gespült.

Die Knochen werden von Schlickschichten bedeckt, die zu Fels erstarren.

Die Knochen verwandeln sich chemisch in Stein – sie fossilieren.

Der Fels wird langsam abgetragen und gibt das Fossil frei.

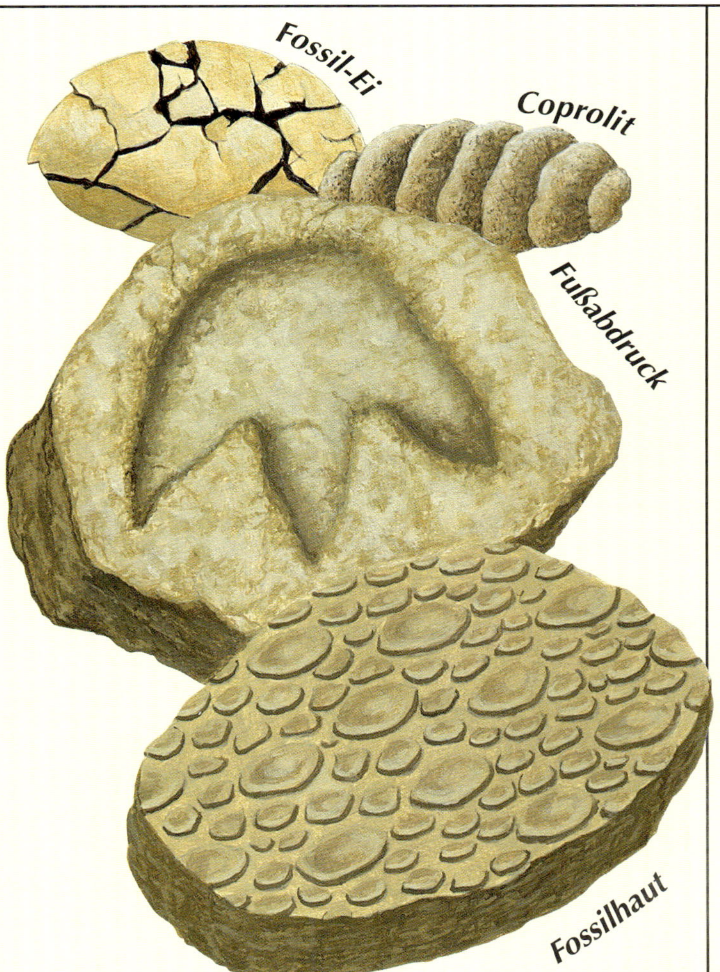

ECHTE FOSSILIEN

Fossilien von Körperteilen oder ganzen Körpern nennt man echte Fossilien. Darunter ist Dinosaurier-Haut am seltensten. Manchmal trocknete ein toter Dinosaurier auch unter Wüstenbedingungen aus, statt zu verrotten – übrig blieb eine Mumie, kein Fossil.

SPURENFOSSILIEN

Erhaltene Reste von Anzeichen der Existenz eines Tiers (im Gegensatz zu echten Fossilien) nennt man Spurenfossilien. Dazu zählen Eierschalen, Nester, Fußabdrücke, Klauenspuren, Magensteine (Gastrolithen) und sogar Ausscheidungen – die Coproliten. Indem man einen solchen Coproliten zerkleinert, fördert man Bestandteile wie Knochensplitter oder harte Pflanzensamen zu Tage, die verraten, was der Dinosaurier gefressen hat.

PERFEKT ERHALTEN

Bernstein – ein goldgelbes Material, das oft für Schmuck verwendet wird – war ursprünglich das klebrige Harz eines prähistorischen Baums, das aus dem Stamm austrat. Die klebrige Substanz lockte Fliegen, Bienen, Mücken und sogar Frösche an, die sich nicht wieder befreien konnten. Allmählich versteinerte das Harz und konservierte jedes Detail des gefangenen Tiers.

Seit jeher haben Menschen unbekannte versteinerte Zähne und Knochen gefunden und sich gefragt, von welchem Tier sie stammten. So berichtete vor 1700 Jahren ein Chang Qu über „Drachenknochen", die im chinesischen Wucheng entdeckt wurden – Dinosaurier-Überreste. Im Europa des 19. Jahrhunderts waren Naturaliensammlungen sehr beliebt. Darin fanden sich auch Fossilien. Man hielt sie für die Reste von Tieren, die in der biblischen Sintflut ertrunken waren. Aber einige Wissenschaftler suchten nach einer sachlicheren Erklärung.

ANNING UND OWEN

Im 19. Jahrhundert wurden viele bedeutende Funde gemacht. Seit den 1820er-Jahren sammelte Mary Anning Fossilien aus dem Juragestein an der Südküste Englands. Sie fand einige wunderschöne Stücke, vor allem von Meeres-Reptilien.

Richard Owen, bedeutender Biologe, untersuchte die Ähnlichkeiten zwischen verschiedenen Tiergruppen, betrieb also vergleichende Anatomie. Er war Leiter des Londoner Museums für Naturgeschichte.

ENDLICH EIN NAME

In den 1820er-Jahren fand der Arzt und Fossilien-Sammler Gideon Mantell in Südengland Zähne und Knochen, die er einer großen, ausgestorbenen Echse zuschrieb. 1825 nannte er das Tier Iguanodon. *Im Jahr zuvor hatte der Gesteins- und Fossilien-Experte William Buckland den Kieferknochen und die Zähne eines weiteren Riesen-Reptils beschrieben, das er* Megalosaurus *nannte.*

1833 untersuchte Mantell das unvollständige Skelett eines weiteren ausgestorbenen Reptils, des Hylaeosaurus. *1841 erkannte der Naturforscher Richard Owen, dass diese Tiere keine Echsen waren, sondern einer anderen ausgestorbenen Reptilien-Gruppe aus früher Zeit angehörten. 1842 gab er ihnen einen Namen, den heute jeder kennt: Dinosauria, „schreckliche Echsen".*

MARSH UND COPE

Die Fossilien-Suche in den USA erhielt einen frühen Anstoß durch zwei Sammler, Charles Marsh (links) und Edward Drinker Cope (rechts). Ab 1820 waren sie 20 Jahre lang erbitterte Rivalen beim Aufspüren und Benennen von Dinosauriern. Ihre Fehde führte zur Entdeckung von mehr als 130 Dinosaurier-Arten, vor allem im amerikanischen Mittelwesten.

WEIT UND BREIT

Die geheimnisvollen Dinosaurier regten immer wieder die Fantasie der Menschen an. Die Fossilien-Suche wurde zunächst in Europa und dann auch in Amerika populär, im frühen 20. Jahrhundert in Afrika und China. In den 1970er-Jahren gelangen in Südamerika und Australien spektakuläre Funde.

Im Stil des Wilden Westens trugen Marsh und Cope ihre Fossilien-Duelle aus. Ihre Leute spionierten einander aus, sabotierten den Nachschub, überfielen Lager, zerschlugen Funde und legten sogar falsche Fossilien aus, um die Konkurrenten möglichst in die Irre zu führen.

AUSGRABUNGEN

Die Chance, dass ein Dinosaurier zum Fossil wird, ist äußerst gering – ebenso wie die, dass jemand ein solches Fossil auch findet. In manchen Gegenden der Welt liegt Gestein aus dem Mesozoikum – der Ära der Dinosaurier – offen zu Tage. Die Felsen sind von Erdreich und Pflanzendecke befreit und von Wind, Sonne, Regen und Eis (oder menschlicher Bearbeitung) erodiert. Dies sind die besten Ausgrabungsorte.

IMMER NEUE FUNDE …

Noch immer werden in aller Welt aufregende neue Funde stets größerer und älterer Tiere gemacht. Der amerikanische Paläontologe Paul Sereno regte maßgebliche Neuerungen in der Einordnung der Dinosaurier an und entdeckte selbst frühe Arten wie Eoraptor *und* Herrerasaurus.

DIE SUCHE

Ein seltsam geformter Kiesel am Strand oder ein Stück Zahn oder Knochen, das aus einer Klippe ragt, können erste Hinweise auf Fossilien bieten. Experten prüfen eine solche Stelle, um zu entscheiden, ob sich eine Ausgrabung lohnt.

Viele Fundorte liegen in unzugänglichen, unwirtlichen Gegenden. Die Grabungsbedingungen sind oft hart: brütende Hitze am Tag, eisiger Frost in der Nacht, wenig Komfort im Lager. Ausgrabungen sind eine mühsame Sache, die große Sorgfalt und Geduld erfordert – und zuletzt vielleicht vergeblich bleibt.

WERKZEUGE UND TECHNIKEN

Erste Hilfsmittel bei der Ausgrabung von Fossilien sind nicht selten Sprengstoff und schweres Räumgerät wie Bagger und Bulldozer zum Wegschaffen von Erde und Geröll. Mit ihnen legt man den Fossilien tragenden Gesteinsabschnitt frei. Dann kommen große Spitzhacken, Schaufeln und Meißel zum Einsatz, um kleinere Felsbrocken zu entfernen. Sobald das Fossil ans Tageslicht kommt, benutzt man vorsichtig Handwerkzeuge wie Ahlen und Kellen, um den Fund nicht zu beschädigen. Mit noch sensibleren Werkzeugen wie Eispickel, Dentalhaken und Pinseln führt man die letzten Feinarbeiten aus.

WICHTIGE FUNDSTELLEN AUF DER WELT

Fossilien wurden auf allen Kontinenten, einschließlich der Antarktis, gefunden. Viele Orte sind zu Naturschutzparks oder zu Stätten des Weltnaturerbes erklärt worden.

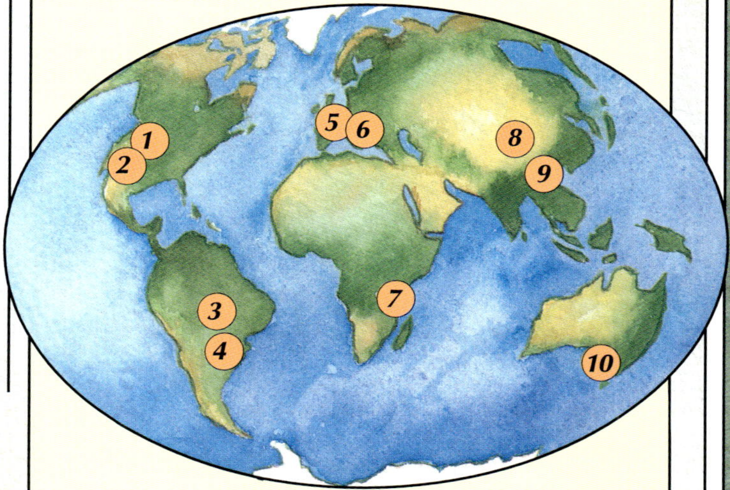

1. ***Dinosaur Provincial Park, Alberta, Kanada***
2. ***Dinosaur National Monument, USA***
3. ***Cerro Rajada, Argentinien***
4. ***Provinz Chubut, Argentinien***
5. ***Isle of Wight, Großbritannien***
6. ***Solnhofen, Bayern, Deutschland***
7. ***Tendaguru, Tansania***
8. ***Wüste Gobi, Mongolei (China)***
9. ***Provinz Lufeng, China***
10. ***Dinosaur Cove, Melbourne, Australien***

Bei jedem Arbeitsschritt machen die Ausgräber Notizen und Fotos und zeichnen Lagepläne und Skizzen. Jeder Gesteinsbrocken wird zur späteren Untersuchung im Labor etikettiert. Zerbrechliche Funde werden in feuchte Gipsbandagen eingeschlagen, um sie beim Transport zu schützen.

DINOSAURIER-AUSSTELLUNGEN

Dinosaurier-Fossilien werden in Museen in aller Welt ausgestellt. Es handelt sich dabei meist um die besterhaltenen, vollständigsten Exemplare der interessantesten Dinosaurier. Noch spektakulärer sind lebensgroße Modelle, die sich bewegen und brüllen können. Hinter diesen Rekonstruktionen steckt viel harte Arbeit.

REINIGUNG

Man nennt die Reinigung eines Funds auch Präparation oder Konservierung. Dazu wird, oft unter dem Mikroskop, das umgebende Gestein entfernt, um winzige Kratzer oder Bissspuren freizulegen. Dies geschieht mit feinen Geräten, wie sie auch ein Zahnarzt verwendet. Einige Gesteine lassen sich auch auf chemische Weise entfernen.

Heute verblüffen computergesteuerte Dinosaurier-Modelle Ausstellungsbesucher. Die Skelette sind durch Fossilien verbürgt, ihr Äußeres basiert meist auf reinen Vermutungen.

ZURÜCK IM LABOR

Nach der Ausgrabung werden die Fossilien zur Präparierung ins Labor gebracht. Dabei werden sämtliche Fossilien freigelegt, nicht nur die des Dinosauriers – so kann man erfahren, welche anderen Tiere zu dieser Zeit lebten und ob sie zur Beute des Dinosauriers zählten. Auch Pflanzenfossilien sind wichtig, um zu klären, woraus die Nahrung der großen Pflanzenfresser bestand. So entsteht ein umfassendes Bild des Lebens vor langer Zeit – die Experten sprechen von Paläoökologie.

KOPIERTE TEILE

Die allerwenigsten Dinosaurier-Skelette findet man komplett vor. Der Präparator greift darum zu Fragmentfunden ähnlicher Dinosaurier, um die fehlenden Teile zu ersetzen. Die gereinigten Fossilien dienen nur als Ausgangspunkt für die lebensechten Ausstellungsstücke. Für diese fertigt man Kopien der Fossilien etwa aus Fiberglas an, das leichter und stabiler als Gestein ist.

AUFSTELLUNG

Bei einem lebenden Dinosaurier bildeten die Knochen ein stabiles Gerüst, das allerdings ohne Muskeln haltlos zusammengefallen wäre. Bei der Rekonstruktion wird ein Metallgerüst zur Unterstützung und Ausrichtung des Skeletts verwendet. Um die richtige Haltung zu treffen, ist große Erfahrung nötig.

BEREIT FÜR DIE AUSSTELLUNG

Stand ein Dinosaurier aufrecht, vorgebeugt oder mit gesenktem Kopf? Konnte er Hals und Schwanz bewegen? Solche Fragen stellen sich, wenn man einen Dinosaurier in einer lebensechten Haltung rekonstruieren will. Selbst wenn man dabei zu einer schlüssigen Lösung kommt, können neue Entdeckungen eine komplette Überarbeitung nötig machen.

EIN BLICK IN FELSEN UND FOSSILIEN

Medizinische Scanner enthüllen das Innere eines Körpers, und Radar zeigt, was sich im festen Boden befindet. Diese modernen Abbildungs-Verfahren werden auch bei Fossilien angewendet. Sie können zeigen, ob ein Felsen ein gut erhaltenes Fossil enthält und eine lange, kostspielige Präparationsarbeit lohnt. Einige Fossilien bestehen aus so marodem Gestein, dass man nur mit diesen Verfahren an sie herankommt. Medizinische Tomografen können sogar Baby-Dinosaurier in ihren Eiern sichtbar machen.

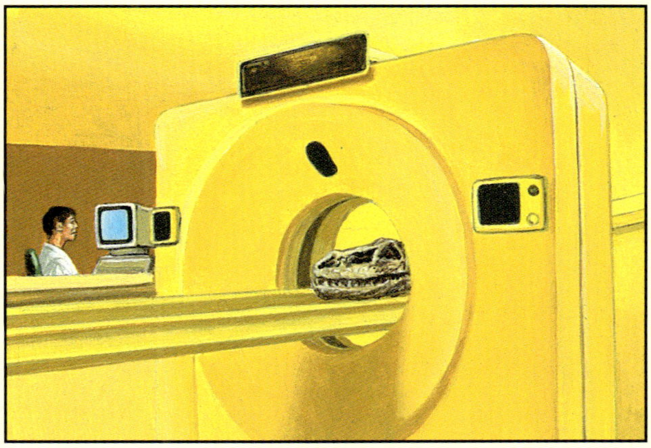

Im Verlauf der Erdgeschichte ereigneten sich mehrere Massenaussterben. Bei jedem wurden zahlreiche Lebewesen ausgelöscht. Vor etwa 65 Millionen Jahren kam es zu einem Massenaussterben, das vor allem die Dinosaurier traf – sie starben gänzlich aus.

NICHT NUR DIE DINOSAURIER

Opfer dieser großen Katastrophe wurden auch andere Reptilien wie die fliegenden Pterosaurier sowie die maritimen Mosasaurier und Plesiosaurier. Zeitgleich starben auch viele Schalentierarten und zahllose Pflanzen aus.

WIE LANGE DAUERTE ES?

Massenaussterben vollziehen sich relativ schnell – in weniger als einer Million Jahren. Das Aussterben der Dinosaurier gegen Ende der Kreidezeit könnte 100.000 Jahre gedauert haben – aber auch nur eine einzige Stunde.

Schon 70 Millionen Jahre zuvor scheinen allerdings die Dinosaurier in einigen Gegenden bereits im Niedergang begriffen gewesen zu sein. Fossilien zeigen, dass ihre Anzahl und Vielfalt abnahm. Aber aus dem lückenhaften Fossilienbericht kann man nicht schließen, ob dies auf der ganzen Welt so war.

EIN ASTEROIDENEINSCHLAG?

Jener Asteroid oder Meteorit, der vielleicht vor 65 Millionen Jahren unseren Paneten traf, könnte einen Durchmesser von 10 Kilometern und eine Geschwindigkeit von 60 Kilometern in der Sekunde gehabt haben. Beim Einschlag hätte er gigantische Wolken aus Staub, Dampf und Wasser aufgewirbelt sowie verheerende Flutwellen, Erdbeben und Vulkanausbrüche ausgelöst.

1 Der Asteroid verdampft beim Einschlag.

2 Die Druckwelle breitet sich rasant aus.

3 Der Asteroidenwinter beginnt.

DIE ASTEROIDENTHEORIE

Die populärste Theorie zum Aussterben der Dinosaurier geht vom Einschlag eines gigantischen Felsbrockens aus dem Weltraum auf der Erde aus. Der Einschlag hätte riesige Staub- und Gesteinswolken in die Luft gewirbelt, die den Himmel für Tage oder Jahre verdunkelt und das Sonnenlicht abgeschirmt hätten. Im kalten Zwielicht dieses „Asteroidenwinters" wären Pflanzen verkümmert und abgestorben. Ohne Nahrung wiederum wären die Pflanzen fressenden Tiere verhungert und in ihrem Gefolge die Fleischfresser, deren Beute sie waren.

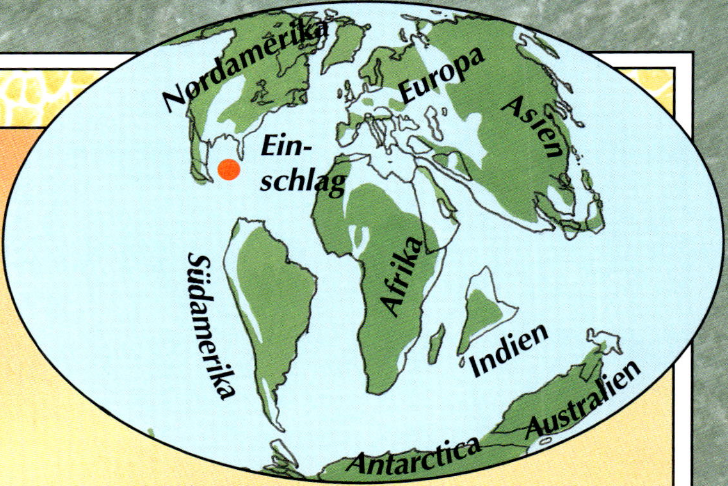

Ein riesiger, trichterförmiger Krater im Meeresboden vor der Küste Mexikos könnte die Einschlagstelle des Asteroiden sein.

Die Druckwelle des Einschlags rast über das Land und zerstört alles auf ihrem Weg.

ARGUMENTE FÜR DEN ASTEROIDEN

Die Asteroidentheorie wird von mehreren wissenschaftlichen Entdeckungen untermauert. Ein riesiger Krater aus der entsprechenden Zeit wurde vor Mexiko entdeckt. Außerdem findet sich in Gestein aus dem Übergang der Kreidezeit zum Tertiär eine interessante dünne Schicht, die so genannte K-T-Grenzschicht, die ungewöhnlich viel Iridium enthält. Dieses Metall ist auf der Erde sehr selten, nicht aber in Asteroiden.

STRAHLEN AUS DEM WELTRAUM

Erreicht ein Stern das Ende seines Lebens, kann er in einem gigantischen Feuerball, einer Supernova, explodieren. Dabei verströmt gefährliche Strahlung mit Lichtgeschwindigkeit. Kam es vor 65 Millionen Jahren in unserer relativen Nachbarschaft zu einer solchen Sternenexplosion? Die Strahlung erreichte die Erde und tötete alle Lebewesen, die sich nicht schützen konnten: die großen Landtiere und die Tiere an der Meeresoberfläche – so die Theorie.

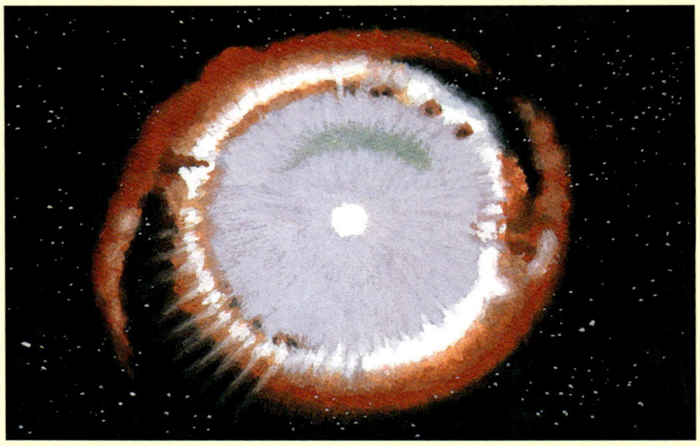

Eine Triceratops-Herde zieht auf der vergeblichen Suche nach Wärme über Land. Ein Klimawandel hat für eine globale Abkühlung gesorgt, und nur warmblütige Säugetiere und Vögel können überleben.

Neben der Asteroidentheorie gibt es noch andere Erklärungen des Massenaussterbens – etwa jene, die behauptet, dass Außerirdische auf der Erde landeten und alle Dinosaurier erlegten!

KRANKHEITEN

Weniger abwegig ist die Ansicht, dass einige Lebewesen von einer neuen und tödlichen Krankheit dahingerafft wurden. Sie hätte nur bestimmte Reptilien-Gruppen, einschließlich der Dinosaurier, heimgesucht, während andere Reptilien wie die Krokodile, Schildkröten, Schlangen und Echsen überlebten.

ÜBERLEBENDE?

Eine Epidemie erklärt freilich nicht, warum auch maritime Schalentiere und bestimmte Pflanzen ausgelöscht wurden. Hier liegt ein generelles Problem: Viele Aussterbe-Theorien können nicht begründen, warum nur einige Lebewesen betroffen waren und andere nicht. Nach heutiger Kenntnis wurden damals alle Landtiere, die größer als ein Schaf waren, in Mitleidenschaft gezogen, ebenso die meisten Tiere, die an der Meeresoberfläche lebten.

ERSTICKT

Auch gewaltige, lang anhaltende Vulkanausbrüche könnten das Massenaussterben verursacht haben. Dabei wären giftige Gase in die Atmosphäre gelangt und Aschewolken hätten den Himmel verdunkelt. Interessant sind hier die Deccan Traps, ein riesiges Gebiet aus Vulkangestein in Südindien. Teile dieser Region entstanden gegen Ende der Kreidezeit. Die Eruptionen könnten durch Erdbewegungen, die Kontinentaldrift oder einen Asteroiden ausgelöst worden sein.

KLIMAVERÄNDERUNG

Eine andere Theorie sieht die langsam dahindriftenden Kontinente als Ursache für Änderungen der Meeres- und Windströmungen, von Erdbeben und Vulkanausbrüchen, was zu einer rasanten Abkühlung des weltweiten Klimas geführt habe: Die Dinosaurier erfroren.

DER GNADENSTOSS

Theorie Nummer vier geht von einer rapide wachsenden Zahl kleiner Säugetiere aus, die sämtliche Dinosaurier-Eier fraßen, Theorie Nummer fünf von einer jähen Veränderung der Pflanzen, die die Dinosaurier nicht mehr verdauen konnten – aber vielleicht gab es gar keine einzelne Ursache für ihr Aussterben. Vielleicht bereiteten Umweltfaktoren und Evolution ihren Niedergang bereits vor, als sie ein Asteroideneinschlag wie ein „Gnadenstoß" traf.

Dinosaurier-Fossilien stammen alle aus der Zeit bis vor 65 Millionen Jahren. Seitdem füllen Fossilien einer anderen Tiergruppe diese Lücke, die Säugetiere. Eben vor 65 Millionen Jahren, im Tertiär, schickten sie sich an, die Welt zu erobern, so wie die Dinosaurier 160 Millionen Jahre zuvor.

EIN FRÜHER START

Die Säugetiere traten nicht erst nach dem Abgang der Dinosaurier auf. Es gab sie schon seit deren Erscheinen in der Milleren Trias vor etwa 220 Millionen Jahren. Aber zur Zeit der Dinosaurier waren die Säuger selten und nicht größer als eine Hauskatze.

DIE MACHTÜBERNAHME

Vor etwa 60 Millionen Jahren begannen die Säugetiere sich rasant über das Festland auszubreiten. Sie entwickelten rasch viele verschiedene Formen und Größen. Vor etwa 50 Millionen Jahren flatterten schon die ersten Fledermäuse am Himmel, andere Säuger schwammen als die ersten Wale im Meer. An Land produzierte die Säugetierevolution gefährliche Jäger, kompakte Pflanzenfresser wie Nashörner und Elefanten und flinke Weidetiere wie Hirsche und Kamele. Vor 25 Millionen Jahren entstand auch eine neue Gruppe von Pflanzen: die Gräser. Manche Säuger wie die Pferde akzeptierten sie als Nahrung.

DER LETZTE EROBERER

Die Ära der Säugetiere mündete in das Zeitalter des Menschen. Er entwickelte sich vor etwa vier Millionen Jahren in Afrika: Eine Affenart namens Australopithecus *begann auf zwei Beinen zu gehen. Später konnte* Homo habilis *schon mit Werkzeugen und Waffen umgehen und sein großes Gehirn zum Überleben einsetzen. Verschiedene Menschenarten kamen und verschwanden wieder. Nur der* Homo sapiens *überlebte – wir.*

NICHT ALLE ÜBERLEBTEN

Nicht alle Säugetierarten, die sich in dieser langen Zeit entwickelten, setzten sich auf Dauer durch. Die Creodonten etwa waren gefährliche Fleischfresser. Sie traten vor 60 Millionen Jahren auf, wurden aber vor sieben Millionen Jahren von den heutigen Carnivoren ersetzt. Mittlerweile werden aber die meisten Aussterbeereignisse von uns verursacht.

ÜBERALL DINOSAURIER?

Wie die Säugetiere waren auch die Vögel zur Zeit der Dinosaurier kleine und seltene Wesen. Aber im Tertiär verbreiteten sie sich ebenso rasant. Viele Experten vertreten die Meinung, dass sie sich vor über 150 Millionen Jahren aus den Dinosauriern entwickelten. Wenn das zutrifft, wären sie Reptilien mit Federn statt Schuppen und damit unsere zwitschernden Dinosaurier-Zeitgenossen!

Das Tertiär sah viele seltsame Säugetiere kommen und gehen, von riesigen Rhinozerossen mit mehreren Hörnern bis hin zu den winzigen frühen Pferden. Auch einige Reptilien überlebten – bis heute.

GLOSSAR

Amphibium Wirbeltier mit vier Beinen, das seine Eier wie ein Frosch im Wasser ablegt. Im Kaulquappenstadium lebt es im Wasser, im Erwachsenenstadium sowohl im Wasser als auch an Land.

Anapsid Reptil ohne Schädelfenster außer den Augenhöhlen, wie eine Schildkröte.

Ankylosaurier Mit Knochenplatten, Höckern und Dornen gepanzerter Dinosaurier.

Aussterben Das Verschwinden einer Tier- oder Pflanzenart.

Backenzähne Hinter den Vorderzähnen oder dem Schnabel liegende Mahlzähne, vor allem bei Pflanzenfressern.

Beutegreifer Tier, das andere Tiere als Nahrung (Beute) tötet.

Carnivor Tier, das nur Fleisch frisst.

Ceratopsia Großer, Pflanzen fressender Dinosaurier mit spitzen Hörnern und einem Knochenschild am Hinterkopf.

Coprolit Versteinerte Tierausscheidung.

Diapsid Reptil, dessen Schädel zwei Fenster auf jeder Seite aufweist, wie eine Echse.

Dinosaurier Landreptil mit aufrechter Körperhaltung.

Embryo Frühes Entwicklungsstadium eines Tiers oder einer Pflanze.

Evolution Der Entwicklungsprozess, durch den sich eine Pflanzen- oder Tierart mit der Zeit verändert.

Familie Gruppe von Tieren oder Pflanzen, die miteinander verwandt sind.

Farn Nicht blühende Pflanze mit fein geteilten Blättern, den Wedeln.

Fossil Versteinertes Zeugnis einer vergangenen tierischen oder pflanzlichen Lebensform. Dinosaurier-Fossilien konservieren Knochen und Zähne, Fußabdrücke, Coproliten, Gastrolithen, Eier und Hautabdrücke.

Gastrolithen Steine, die in den Mägen einiger Pflanzen fressender Dinosaurier gefunden wurden und ihnen beim Zerkleinern und Verdauen der Nahrung halfen.

Gingko Uralte Baumart, die unseren Nadelbäumen ähnelt, aber im Winter ihr Laub abwirft. Heute existiert nur noch eine Gingko-Art.

Gondwanaland Der ehemalige südliche Superkontinent, der aus Afrika, Australien, der Antarktis, Südamerika und Indien bestand.

Habitat Der natürliche Lebensraum einer bestimmten Tierart.

Hadrosaurier Großer, Pflanzen fressender Dinosaurier mit einem breiten, flachen Schnabel. Wird auch Entenschnabel-Dinosaurier genannt.

Herbivor Tier, das nur Pflanzen frisst.

Ichthyosaurier Delfinähnliches Meeres-Reptil.

Iguanodont Pflanzen fressender Dinosaurier mit hufartigen Nägeln an den Hinterzehen und Dornen anstelle von Daumen.

Kaltblüter Populärer Begriff für ein Tier, das seine Körperwärme zum größten Teil oder ganz von einer externen Quelle wie der Sonne bezieht.

Laurasia Der ehemalige nördliche Superkontinent, der aus Nordamerika, Europa und Asien bestand.

Nadelholz Baum oder Strauch, der Samenzapfen produziert, wie eine Tanne oder Fichte.

Omnivor Tier, das Fleisch und Pflanzen frisst.

Ordnung Gruppe von Tieren oder Pflanzen, die zu verwandten Familien gehören. Es gibt zwei Ordnungen von Dinosauriern: Ornithischia und Saurischia.

Ornithischia Vogelbecken-Dinosaurier, eine Ordnung der Dinosaurier. Pflanzenfresser wie Ceratopsia, Ankylo- und Stegosaurier.

Ornithomimid Schnell laufender, Fleisch fressender Dinosaurier mit langem Hals und schlanken Beinen. Ähnelt einem heutigen Strauß.

Ornithopode Zweibeiniger Pflanzenfresser. Einige Tiere trugen Kämme auf den Köpfen.

Pachycephalosaurier Zweibeiniger Pflanzenfresser mit verstärktem Schädeldach.

Palmfarn Nicht blühende, astlose Pflanze mit dickem Stamm und Palmwedeln ähnlichen Blättern. Mit den heutigen Nadelhölzern verwandt.

Pangäa Der Superkontinent im Perm, der alle damaligen Kontinente vereinigte. Er zerbrach in der Trias. Der Name bedeutet „Ganze Erde".

Plesiosaurier Langhalsiges Meeres-Reptil.

Reptil Kaltblütiges Wirbeltier mit Schuppenhaut, das seine Eier an Land legt.

Säugetier Warmblütiges Tier mit fellbedecktem Körper, das seine Jungen mit Milch säugt.

Saurischia Echsenbecken-Dinosaurier, eine der zwei Dinosaurier-Ordnungen. Dazu zählen alle Theropoden und Sauropoden.

Sauropode Massiver, langhalsiger, langschwänziger Pflanzenfresser, der auf allen Vieren lief.

Schachtelhalm Pflanze mit aufrechtem Stängel und winzigen Blättern. Verwandter der Farne.

Schuppe Knochige Hautplatte.

Stegosaurier Großer, Pflanzen fressender Dinosaurier mit Reihen dreieckig ochenplatten auf dem Rücken und Dornen am Schwanz.

Synapsid Säugerähnliches Reptil, dessen Schädel je ein Fenster auf jeder Seite aufweist.

Thecodont Großes, schweres Reptil, das auf allen Vieren kroch. Die Thecodonten waren vermutlich die Vorfahren der Dinosaurier.

Theropode Zweibeiniger, Fleisch fressender Dinosaurier wie *Allo-* und *Tyrannosaurus*.

Vierbeiner Tier, das auf allen Vieren steht, geht und läuft.

Warmblüter Populärer Begriff für ein Tier, das seine eigene Körpertemperatur kontrollieren kann, wie ein Säugetier oder ein Vogel.

Wirbel Knochenbaustein der Wirbelsäule.

Wirbelloser Tier ohne Wirbelsäule.

Wirbeltier Tier mit einer Wirbelsäule.

Zahnbatterie Eine große Anzahl ineinander greifender Zähne in Reihen, die eine schneidende und mahlende Oberfläche bilden.

Zweibeiner Tier, das auf seinen beiden Hinterbeinen steht, geht oder läuft.

REGISTER